THE BASIC SPANISH SERIES
BASIC SPANISH FOR GETTING ALONG

SECOND EDITION

ANA C. JARVIS
Chandler-Gilbert Community College

RAQUEL LEBREDO
California Baptist University

HEINLE
CENGAGE Learning™

Australia • Brazil • Japan • Korea • Mexico • Singapore • Spain • United Kingdom • United States

Basic Spanish for Getting Along, Second Edition
Ana C. Jarvis and Raquel Lebredo

Publisher: Beth Kramer

Acquisitions Editor: Lara Semones

Managing Development Editor: Harold Swearingen

Assistant Editor: Katie Latour

Editorial Assistant: María Colina

Media Editor: Morgen Murphy

Senior Marketing Manager: Ben Rivera

Marketing Coordinator: Janine Enos

Marketing Communications Manager: Stacey Purviance

Associate Content Project Manager: Anne Finley

Senior Art Director: Linda Jurras

Print Buyer: Denise Powers

Senior Rights Acquisition Account Manager, Text: Mardell Glinski Schultz

Production Service: Pre-PressPMG

Senior Photo Editor: Jennifer Meyer Dare

Cover Designer: Riezebos Holzbaur Design Group

Cover Image: istock

Compositor: Pre-PressPMG

© 2011, 2006 Heinle, Cengage Learning

ALL RIGHTS RESERVED. No part of this work covered by the copyright herein may be reproduced, transmitted, stored, or used in any form or by any means graphic, electronic, or mechanical, including but not limited to photocopying, recording, scanning, digitizing, taping, Web distribution, information networks, or information storage and retrieval systems, except as permitted under Section 107 or 108 of the 1976 United States Copyright Act, without the prior written permission of the publisher.

> For product information and technology assistance, contact us at **Cengage Learning Customer & Sales Support, 1-800-354-9706**
> For permission to use material from this text or product, submit all requests online at **cengage.com/permissions**
> Further permissions questions can be emailed to **permissionrequest@cengage.com**

Library of Congress Control Number: 2009939975

ISBN-13: 978-0-495-90267-6

ISBN-10: 0-495-90267-5

Heinle
20 Channel Center Street
Boston, MA 02210
USA

Cengage Learning is a leading provider of customized learning solutions with office locations around the globe, including Singapore, the United Kingdom, Australia, Mexico, Brazil and Japan. Locate your local office at **international.cengage.com/region**

Cengage Learning products are represented in Canada by Nelson Education, Ltd.

For your course and learning solutions, visit **www.cengage.com.**

Purchase any of our products at your local college store or at our preferred online store **www.ichapters.com.**

Printed in the United States of America
1 2 3 4 5 6 7 13 12 11 10 09

CONTENTS

Preface xi

Lección preliminar I: Conversaciones breves 1

Structures from *Basic Spanish*:
1. Greetings and farewells   5
2. Cardinal numbers 0–39   7
3. The alphabet   8
4. Days of the week   9
5. Months of the year   10
6. Colors   11

Communication: Greetings and farewells—Polite expressions—Days of the week—Months of the year

Culture: How to address and greet people—Names and surnames

Lección preliminar II: En el club 7

Structures from *Basic Spanish*:
1. Gender and number   17
2. The definite and indefinite articles   19
3. Subject pronouns   21
4. The present indicative of **ser**   22
5. Uses of **hay**   23
6. Cardinal numbers 40–299   24

Communication: Answering the phone—Inquiring about origin—Discussing quantities

Culture: Different ways to answer the phone according to countries—How to address adults with respect

Lección 1: En el restaurante Don Pepe, en Madrid 11

Structures from *Basic Spanish*:
1. The present indicative of regular **-ar** verbs   29
2. Interrogative and negative sentences   31
3. Forms and position of adjectives   33
4. Telling time   35
5. Cardinal numbers 300–1,000   38

Communication: How to order a meal—Asking for the check and discussing method of payment

Culture: España
Eating habits in Spanish-speaking countries—Methods of payment

v

Lección 2: ¡Feliz aniversario! 25

Structures from *Basic Spanish*:
1. Agreement of articles, nouns, and adjectives   45
2. The present indicative of regular **-er** and **-ir** verbs   46
3. Possession with **de**   47
4. Possessive adjectives   48
5. The personal **a**   50

Communication: More restaurants and eating out

Culture: México
Celebrations—Mealtime customs—Godparents

Lección 3: Navidad en Guatemala 39

Structures from *Basic Spanish*:
1. The irregular verbs **ir, dar,** and **estar**   57
2. **Ir a +** infinitive   58
3. Uses of the verbs **ser** and **estar**   60
4. Contractions   62

Communication: How to describe people and circumstances—Exchanges at a party—How to discuss plans

Culture: Guatemala
Family ties—Celebrations—Salsa

Lección 4: En el hotel 51

Structures from *Basic Spanish*:
1. The irregular verbs **tener** and **venir**   69
2. Expressions with **tener**   71
3. Comparative forms   73
4. Irregular comparative forms   75

Communication: Discussing accommodations and prices at a hotel—Getting additional information

Culture: Honduras and El Salvador
Types of hotels in Latin America—The naming of children

Lección 5: De vacaciones en Managua 63

Structures from *Basic Spanish*:
1. Stem-changing verbs **(e:ie)**   83
2. Some uses of the definite article   85
3. The present progressive   87
4. Ordinal numbers   88

Communication: How to discuss prices and accommodations at a boarding house—Errands and excursions while traveling

Culture: Nicaragua
Meals—Boarding houses in the Hispanic world

Repaso (Lecciones 1–5) 77

Lección 6: En una pensión en San José 85

Structures from *Basic Spanish:*
1. Stem-changing verbs (**o:ue**)   103
2. Affirmative and negative expressions   105
3. Pronouns as object of a preposition   106
4. Direct object pronouns   108

Communication: Commenting on accommodations at a boarding house—Making plans

Culture: Costa Rica and Panamá
Living arrangements for students—Pharmacies in the Hispanic world

Lección 7: ¡Buen viaje! 97

Structures from *Basic Spanish:*
1. Stem-changing verbs (**e:i**)   117
2. Irregular first-person forms   119
3. **Saber** contrasted with **conocer**   120
4. Indirect object pronouns   122

Communication: How to make travel arrangements and get information about traveling

Culture: Puerto Rico
Traveling to Cuba

Lección 8: Los deportes y las actividades al aire libre. 109

Structures from *Basic Spanish:*
1. **Pedir** contrasted with **preguntar**   131
2. Special construction with **gustar, doler,** and **hacer falta**   132
3. Demonstrative adjectives and pronouns   135
4. Direct and indirect object pronouns used together   138

Communication: Planning outdoor activities and talking about sports

Culture: Cuba and República Dominicana
Soccer and baseball in the Hispanic world

Lección 9: Un día con Adela y Mario 121

Structures from *Basic Spanish:*
1. Possessive pronouns   147
2. Reflexive constructions   149
3. Command forms: **Ud.** and **Uds.**   153
4. Uses of object pronouns with command forms   155

Communication: How to talk about daily routine—At the hairdresser—Getting ready to go out

Culture: Venezuela
Women in Hispanic countries—American products in Spain and Latin America—Popular forms of entertainment

Lección 10: Los quehaceres de la casa **135**

Structures from *Basic Spanish*:
1. The preterit of regular verbs   164
2. The preterit of **ser, ir,** and **dar**   167
3. Uses of **por** and **para**   168
4. Seasons of the year and weather expressions   170

Communication: How to talk about what took place—How to talk about household chores

Culture: Colombia
Coffee in social situations—Markets and supermarkets in the Hispanic world

Repaso (Lecciones 6–10) **147**

Lección 11: Hoy tenemos mucho que hacer **155**

Structures from *Basic Spanish*:
1. Time expressions with **hacer**   187
2. Irregular preterits   188
3. The preterit of stem-changing verbs (**e:i** and **o:u**)   191
4. Command forms: **tú**   193

Communication: How to talk about the preparation of meals—More about household chores

Culture: Ecuador
Women's and men's roles—Nicknames

Lección 12: Un matrimonio peruano va de compras **169**

Structures from *Basic Spanish*:
1. **En** and **a** as equivalents of **at**   201
2. The imperfect tense   202
3. The past progressive   204
4. The preterit contrasted with the imperfect   205

Communication: Shopping for clothes

Culture: Perú
Different ways of shopping in the Hispanic world

Lección 13: En una tienda por departamentos en La Paz **183**

Structures from *Basic Spanish*:
1. Changes in meaning with the imperfect and preterit of **conocer, saber,** and **querer**   214
2. **Hace** meaning **ago**   216
3. Uses of **se**   217
4. **¿Qué?** and **¿cuál?** used with **ser**   218

Communication: More about shopping: clothes, shoes, jewelry

Culture: Bolivia
Stores in Hispanic cities

Lección 14: Problemas con el coche 197

Structures from *Basic Spanish*:
1. The past participle   224
2. The present perfect tense   226
3. The past perfect (pluperfect) tense   228

Communication: How to deal with situations related to automobiles

Culture: Paraguay
The use of the automobile in the Hispanic world

Lección 15: Alquilando un coche 209

Structures from *Basic Spanish*:
1. The future tense   234
2. The conditional tense   238
3. Some uses of the prepositions **a, de,** and **en**   241

Communication: How to discuss car rental

Culture: Chile
The metric system—Driving in Spain and Latin America

Repaso (Lecciones 11–15) 221

Lección 16: De viaje 229

Structures from *Basic Spanish*:
1. The present subjunctive   260
2. The subjunctive with verbs of volition   264
3. The absolute superlative   267

Communication: Traveling by train and by bus

Culture: Argentina
Seasons and climates

Lección 17: En la sala de emergencia 243

Structures from *Basic Spanish*:
1. The subjunctive to express emotion   274
2. The subjunctive with some impersonal expressions   277
3. Formation of adverbs   279

Communication: How to talk about medical emergencies and doctor's recommendations

Culture: Uruguay
Hospitals and medical care in the Hispanic world

Lección 18: En la universidad 257

> **Structures from *Basic Spanish*:**
> 1. The subjunctive to express doubt, disbelief, and denial   286
> 2. The subjunctive to express indefiniteness and nonexistence   290
> 3. Diminutive suffixes   291

Communication: How to talk about college life

Culture: Los puertorriqueños
The educational system in Spain and Latin America

Lección 19: La señora Duarte está enferma 271

> **Structures from *Basic Spanish*:**
> 1. The subjunctive after certain conjunctions   298
> 2. The present perfect subjunctive   302
> 3. Uses of the present perfect subjunctive   302

Communication: How to discuss health problems with the doctor

Culture: Los méxicoamericanos
More about health care in the Hispanic world

Lección 20: Haciendo diligencias 285

> **Structures from *Basic Spanish*:**
> 1. The imperfect subjunctive   310
> 2. Uses of the imperfect subjunctive   311
> 3. **If** clauses   313

Communication: At the post office and at the bank

Culture: Los cubanoamericanos
National currencies of different Spanish-speaking countries

Repaso (Lecciones 16–20) 297

Appendix A: Introduction to Spanish Sounds and the Alphabet 305

Appendix B: Verbs 311

Appendix C: Useful Classroom Expressions 328

Appendix D: Weights and Measures 329

Spanish-English Vocabulary 330

English-Spanish Vocabulary 340

PREFACE

Designed to fit multiple classroom styles, **The Basic Spanish Series** offers a flexible, concise introduction to Spanish grammar and communication and state-of-the-art online learning tools to better address the needs of today's students and professionals who need a working knowledge of Spanish.

Basic Spanish for Getting Along

As a key component of *The Basic Spanish Series, Basic Spanish for Getting Along* is a communication manual designed to serve those who seek basic conversational skills in Spanish. Written for use in two-semester or three-quarter courses, it presents everyday situations that students may encounter when traveling or living in Spanish-speaking countries or when dealing with Spanish-speaking people in the United States.

Basic Spanish for Getting Along introduces essential vocabulary and provides students with opportunities to apply, in a wide variety of practical contexts, the grammatical structures presented in the corresponding lessons of the *Basic Spanish* core text.

When used in combination, *Basic Spanish* and *Basic Spanish for Getting Along* create a perfect introductory conversation class at the college level or in adult education classes.

Organization of the text

Basic Spanish for Getting Along contains two preliminary lessons, twenty regular lessons, and four review sections (*Repasos*).

Each lesson contains the following sections:

- The **lesson opener** consists of a cultural photo and lesson objectives divided into three categories: Structures practiced from *Basic Spanish,* Communication, and Culture.

- The *Aprenda estas palabras* section opens each regular lesson with illustrations, captioned in Spanish, depicting the thematic active vocabulary.

- A **Spanish dialogue** introduces and employs key vocabulary and grammatical structures in the context of the lesson theme. They feature country-specific contexts to promote and enhance discovery of different customs of the Spanish-speaking world. Each dialogue is divided into manageable segments and is accompanied by illustrations to help students visualize what the characters are saying, thereby encouraging them to think in Spanish rather than English. Audio recordings of the dialogues can be found on The Basic Spanish Resource Center in downloadable MP3 format. Translations of the dialogues can be found on the Instructor's side of The Basic Spanish Resource Center.

- The *¡Escuchemos!* activity, together with recordings on the In-Text Audio MP3s, encourage students to listen to the dialogue and check their comprehension with true/false questions.

- The *Vocabulario* section summarizes new, active words and expressions presented in the dialogue and categorizes them according to their parts of speech. The vocabulary highlights the most important communication tools needed in a variety of real-life situations. A special subsection of cognates heads up the vocabulary list so students can readily identify these terms. The *Vocabulario adicional* subsection supplies supplementary vocabulary related to the lesson theme.

- ***Notas culturales*** give students insights into important aspects of Hispanic culture, from practical information about everyday life to useful facts about history, geography, and civilization. A corresponding set of personal questions, called *En tu mundo...,* offers students the opportunity to compare their own cultural values with what they learn in the lesson. These cultural notes are in English in the first half of the manual and in accessible Spanish in the second half.
- ***Dígame...*** questions check students' comprehension of the dialogue.
- The ***Hablemos*** section provides personalized questions spun off from the lesson theme, where students are encouraged to work in pairs, asking and answering each question presented.
- The ***¿Cómo lo decimos?*** activity reviews grammar and vocabulary topics that students need to know before proceeding in the lesson.
- ***¿Qué pasa aquí?*** questions guide students as they describe illustrations depicting situations related to the lesson theme.
- The ***En estas situaciones*** section develops students' communication skills through role-playing in pairs or small groups and encourages more interactive speaking practice.
- ***Una encuesta*** is a survey that allows students to interview each other in class to discover information about one another. This whole-class activity promotes interaction between classmates and allows students to warm up before doing the more interactive, open-ended speaking activities.
- The ***¿Qué dice aquí?*** realia-based activity exposes students to authentic documents such as advertisements, menus, and weather maps. Questions guide students through the documents and elicit their personal reactions.
- ***Una actividad especial*** transforms the classroom into a real-world setting such as a restaurant, food market, or airport. The entire class participates in open-ended role-playing that re-creates and expands on the situations introduced in the dialogue and the *En estas situaciones* section.
- The ***Un paso más*** section features an activity that practices the supplementary words and expressions in the *Vocabulario adicional* section.
- All lessons conclude with ***Un dicho,*** a Spanish saying, proverb, riddle, tongue twister, song, or cartoon related to the lesson theme.
- Pair and group icons indicate pair and group activities.
- Audio icons show what is available as downloadable In-Text Audio MP3s on The Basic Spanish Series Resource Center.
- iLrn icons indicate that there are additional resources and practice available at the *Basic Spanish for Getting Along* iLrn Learning Center.
- Web-search icons indicate activities related to the *Notas culturales.*
- Web-audio icons indicate vocabulary available in audio flashcards on The Basic Spanish Series Resource Center.
- Web-grammar icons indicate grammar help is available through Grammar Tutorials and Grammar videos on The Basic Spanish Series Resource Center.

- **Five maps** of the Spanish-speaking world are included in the front and back of the text to support the focus on more country-specific contexts in all of the opening dialogues.
- For easy reference and to aid in lesson planning, the table of contents lists the **grammar structures** presented in the corresponding *Basic Spanish* text and practiced in *Basic Spanish for Getting Along*, plus the communication objective for each lesson.
- The text's grammatical sequence parallels the core text of the series, *Basic Spanish*.

Organization of the *Repasos*

After every five lessons, a review section contains the following materials:

- *Práctica de vocabulario* exercises check students' cumulative knowledge and use of active vocabulary in a variety of formats: matching, identifying related words, selecting the appropriate word to complete a sentence, and puzzles.
- A *Práctica oral* section features questions that review key vocabulary and structures presented in the preceding five lessons. To develop students' listening and oral skills, the questions are also recorded and available as downloadable MP3s on The Basic Spanish Series Resource Center.
- Also recorded and available as MP3s on The Basic Spanish Resource Center, the *Para leer y entender* reading comprehension section presents a passage that ties together the themes, vocabulary, and structures of the preceding five lessons. Follow-up questions check students' understanding.

Appendixes

The appendixes of this book include the following information:

- **Appendix A, Introduction to Spanish Sounds and the Alphabet,** presents the alphabet and briefly explains vowel sounds, consonant sounds, linking, rhythm, intonation, syllable formation, and accentuation.
- **Appendix B, Verbs,** presents charts of the three regular conjugations and of the regular **-ar, -er,** and **-ir** stem-changing verbs, as well as lists of orthographic-changing verbs and some common irregular verbs.
- **Appendix C, Useful Classroom Expressions,** consists of a list of the most common expressions and directions used in the introductory Spanish-language class.
- **Appendix D, Weights and Measures,** features conversion formulas for temperature and metric weights and measures, as well as Spanish terms for U.S. weights and measures.

End Vocabularies

Comprehensive Spanish-English and English-Spanish vocabularies contain all words and expressions from the *Aprenda estas palabras* and *Vocabulario* sections. Each term is followed by the lesson number where the active vocabulary is introduced. All passive vocabulary items found in the *Vocabulario adicional* sections, in marginal glosses to readings, and in glosses of direction lines or exercises are also included.

New to the Second Edition

For this second edition, we are proud to offer an extensive technology program, which will give students easier access to required materials and give instructors the freedom to design their courses in the way that best meets their students' needs.

Basic Spanish for Getting Along **iLrn Heinle Learning Center,** new to the second edition, allows students and instructors to access all the materials they need to prepare for class.

- Online, the core text *Basic Spanish* is transformed into a sophisticated, interactive version of the text with built-in audio, note-taking features, and more.
- Students can **complete assignments** from *Basic Spanish for Getting Along* entirely online. Many activities can be graded automatically, giving students instant results and saving the instructor hours of correcting time.
- Results from completed activities flow into the instructor **gradebook,** a customizable tool that allows instructors to grade open-ended writing activities—**including communicative and role-playing activities**—and assign scores according to his/her own schema.
- **Diagnostic tests** appear in every chapter in iLrn, and automatically design an individualized review plan for questions answered incorrectly.
- Brief **grammar videos** feature a professor teaching specific grammar topics presented in the core text; Flash-based **grammar tutorials** help students learn and understand Spanish grammar through succinct, interactive explanations and quizzes.

The Basic Spanish Series Resource Center, new to this edition and available for *Basic Spanish for Getting Along*, offers additional online practice and support.

Assets
Available on The Basic Spanish Resource Center

For Students

- The **in-text audio** is available in downloadable MP3 format.
- **Grammar videos and tutorials** offer additional clarification and practice of the trickier concepts of Spanish grammar.
- An **answer key** for *Basic Spanish for Getting Along* exercises is available to help students review for exams.
- **Web-search activities** encourage students to learn more about the target country and coordinate with the culture notes in each chapter of *Basic Spanish for Getting Along*.
- Short **podcasts,** downloadable to a computer or MP3 device, review Spanish grammar and pronunciation for studying on-the-go.
- **Text glossaries** provide support for learning and practicing vocabulary.
- The downloadable **audio** *Basic Spanish for Getting Along Phrasebook* provides vocabulary and phrases for real-life situations.
- The **Resource Center** includes access to all content on the free **Companion Website** for the *Basic Spanish* core text, which includes additional quizzes, web-search activities, related links, downloadable In-Text Audio MP3s, audio-enabled flashcards, and Spanish pronunciation help.

For Instructors

- Instructors have access to **all Resource Center content,** including resources for students. Instructor-specific content is password-protected and is not available to students.
- For instructors transitioning to *The Basic Spanish Series* from a different text, a **sample syllabus** offers suggestions for dividing the material evenly through the course of a typical semester.

- A series of **PowerPoint presentations** include explanations of Spanish grammar and correlate to each chapter of *Basic Spanish*. An additional set of PowerPoints review Spanish vocabulary from *Basic Spanish for Getting Along*.
- **Audioscripts** for dialogues and audio activities in *Basic Spanish for Getting Along* are available for download.
- **Answer keys** are provided for exercises in *Basic Spanish for Getting Along,* as well as the self-directed tests in each worktext.
- **Situation cards** and the corresponding guide provide ideas for oral assessment and in-class role-play.

Acknowledgments

We wish to thank our colleagues who have used previous editions of *Basic Spanish for Getting Along* for their many constructive comments and suggestions.

> Robert Adler, *University of North Alabama*
> Herbert J. Brant, *Indiana University at Purdue*
> William Clamurro, *Emporia State University, KS*
> Carmen Coracides, *Scottsdale Community College*
> Gustavo Garcia, *Indiana University at Purdue*
> Brenda Morand, *Edison Community College*
> John Parrack, *University of Central Arkansas*
> Carmen Rivera Villegas, *Providence College*
> Tomás Ruiz-Fabrega, *Albuquerque Technical Vocational Institute*
> Juan Sempere-Martínez, *San Jose State University*
> Edith Valladares, *Central Piedmont Community College*
> Valerie Watts, *Asheville Community College*

We also extend our sincere appreciation to the World Languages team at Heinle Cengage Learning: Publisher, Beth Kramer; Executive Editor, Lara Semones; Assistant Editor, Katie Latour; Editorial Assistant, María Colina; Media Editor, Morgen Murphy; Content Project Manager, Anne Finley; Managing Development Editor, Harold Swearingen; Senior Art Director, Linda Jurras; and Senior Marketing Manager, Ben Rivera.

Ana C. Jarvis
Raquel Lebredo

LECCIÓN PRELIMINAR I

CONVERSACIONES BREVES

OBJECTIVES

Structures
- Greetings and farewells
- Cardinal numbers 0–39
- The alphabet
- Days of the week
- Months of the year
- Colors

Communication
- Greetings and farewells
- Polite expressions
- Days of the week
- Months of the year

Culture
- How to address and greet people
- Names and surnames

Nombre _____ Sección _____ Fecha _____

🔊 Conversaciones breves

A. —Hola, ¿qué tal, José María?
—Bien, ¿y tú? ¿Qué hay de nuevo?
—No mucho.
—Chau. Nos vemos el lunes.
—Sí. ¡Adiós!

B. —Buenas tardes, doctora Ramírez. Con permiso.
—Buenas tardes. Pase. Tome asiento, por favor.
—Gracias.
—¿Cómo se llama usted?
—Me llamo María Isabel Paz Medina.

C. —Buenos días, señorita Vega. ¿Cómo está usted?
—Muy bien, gracias, señor Pérez. ¿Y usted?
—Bien, gracias.
—Hasta mañana.
—Hasta mañana, señorita.

D. —Profesora Ortiz: el señor Méndez.
—Mucho gusto.
—El gusto es mío.
—Tomen asiento, por favor.
—Gracias.

E. —¿Qué fecha es hoy?
—Hoy es el cuatro de enero.
—¿Hoy es martes?
—No, señora. Hoy es lunes.

F. —Muchas gracias, María Inés.
—De nada, Jorge. Hasta luego.
—Hasta la vista. Saludos a Claudia.

🌐 VOCABULARIO (Vocabulary)

Saludos (Greetings)
Buenas tardes.[1] *Good afternoon.*
Buenos días. *Good morning.*
¿Cómo está usted?[2] *How are you? (formal)*
Hola. *Hello.*
Muy bien. ¿Y usted? *Very well. And you?*
¿Qué hay de nuevo? *What's new?*
¿Qué tal? *How is it going?*

Despedidas (Farewells)
Adiós. *Good-bye.*
Chau. *Bye.*
Hasta la vista. *I'll see you around. (Until we meet again.)*
Hasta luego. *I'll see you later.*
Hasta mañana. *I'll see you tomorrow.*
Nos vemos. *See you.*

Títulos (Titles)
doctor(a) (Dr. / Dra.) *doctor (m., f.)*
profesor(a) *professor, teacher (m., f.)*
señor (Sr.) *Mr., sir, gentleman*
señora (Sra.) *Mrs., madam, lady*
señorita (Srta.) *Miss, young lady*

Expresiones de cortesía (Polite expressions)
Con permiso. *Excuse me.*
De nada. *You're welcome.*
El gusto es mío. *The pleasure is mine.*
Gracias. *Thanks.*
Muchas gracias. *Thank you very much.*
Mucho gusto. *It's a pleasure (to meet you).*
por favor *please*

---

[1] **Buenas noches:** *Good evening*
[2] **¿Cómo estás?** is used when addressing a friend or a very young person.

Nombre _____ Sección _____ Fecha _____

Otras palabras y expresiones
(*Other words and expressions*)
bien *well, fine*
¿Cómo se llama usted?[1] *What's your name?*
conversaciones breves *brief conversations*
hoy *today*
lunes *Monday*
martes *Tuesday*
Me llamo... *My name is . . .*

mucho *much, a lot*
muy *very*
no *no, not*
Pase. *Come in.*
¿Qué fecha es hoy? *What's the date today?*
Saludos a... *Say hello to . . .*
Tome(n) asiento.[2] *Have a seat.*
y *and*

Search

Notas Culturales

- Notice the difference between dialogue A and dialogue C, on page 2: In dialogue A, José María and his friend, who are both young, call each other **tú**. Their relationship is informal. In dialogue C, Mr. Pérez greets Miss Vega and calls her **usted**. Their relationship is amicable, but formal.

- **Hola** is used to greet relatives, friends, and acquaintances; it is not used when addressing strangers.

- In most Spanish-speaking countries, lawyers and members of many other professions who hold the equivalent of a Ph.D. are addressed as **doctor** or **doctora.**

- In Spain and Latin America, the week starts on Monday (**lunes**), as you can see in the calendar in Figure E, on page 3.

- Many people in Spanish-speaking countries use two last names: the father's (first) and the mother's maiden name (second). Notice the name **María Isabel Paz Medina.**

- When saying hello or good-bye, and when being introduced, Hispanic men and women almost always shake hands. When greeting each other, girls and women often place their cheeks together, kissing not each other's cheek, but the air. In Spain, this kissing is done on both cheeks. Men who are close friends sometimes embrace and pat each other on the back.

- **María** is a very popular name in Spain and Latin America. It is frequently used in conjunction with other names: **María Inés, Ana María, María Isabel,** etc. It is also used as a middle name for men, for example, **José María, Luis María,** etc.

---

[1] When addressing a very young person or a child, **¿Cómo te llamas?** is used.
[2] When talking to one person, **"Tome asiento"** is used. When talking to two or more people, **"Tomen asiento"** is used.

Nombre _____ Sección _____ Fecha _____

ACTIVIDADES

 Hablemos (*Let's talk*) With a partner, take turns responding to the following greetings and questions.

1. Buenos días (Buenas tardes, Buenas noches, señor [señora, señorita]).
2. Hola, ¿qué tal?
3. ¿Cómo está usted?
4. Mucho gusto, señor (señora, señorita).
5. ¿Qué fecha es hoy?
6. ¿Qué día es hoy?
7. ¿Qué hay de nuevo?
8. Hasta la vista.
9. Muchas gracias.
10. ¿Cómo se llama usted?

 En estas situaciones (*In these situations*) With 2 or more classmates, act out the following situations in Spanish.

1. You encounter your professor in the morning and want to know how he/she is.
2. You greet Mrs. Peña in the evening. You ask her to come in and have a seat.
3. You see your professors in the afternoon.
4. You greet your friend Carlos and ask what's new with him.
5. You are leaving a friend whom you are going to see again that same day.
6. You tell someone to say hello to your best friend.
7. You thank María Inés for a favor, and tell her you'll see her tomorrow.
8. You ask a little girl what her name is.
9. You want to talk to your professor who is in his office.
10. You want to know today's date.

UN POEMA PARA MEMORIZAR (*A POEM TO MEMORIZE*)

Treinta días trae° noviembre   *brings*
con abril, junio y septiembre.
De veintiocho sólo° hay uno,   *only*
y los demás° de treinta y uno.   **los demás** *the others*

LECCIÓN PRELIMINAR II

EN EL CLUB

 OBJECTIVES

Structures
- Gender and number
- The definite and indefinite articles
- Subject pronouns
- The present indicative of **ser**
- Uses of **hay**
- Cardinal numbers 40–299

Communication
- Answering the telephone
- Inquiring about origin
- Discussing quantities

Culture
- Different ways to answer the telephone according to countries
- How to address adults with respect

En el club

Por teléfono

A. Recepcionista —Club Náutico, buenos días.
Un señor —Buenos días. ¿Está la señorita Ana Reyes?
Recepcionista —¿De parte de quién?
Un señor —De Mario Vargas.
Recepcionista —Un momento, por favor.

B. Recepcionista —Bueno.
Una señora —¿Está el señor Calderón?
Recepcionista —No, no está. Lo siento. ¿Algún mensaje?
Una señora —No, gracias. Llamo más tarde.

En la cafetería

C. La Sra. Paz —¿De dónde eres tú, Maribel?
Maribel —Yo soy de Quito, doña Ana. ¿De dónde son ustedes?
La Sra. Paz —Nosotros somos de Bogotá.

D. Empleado —¿Cuántas mesas hay aquí?
Empleada —Hay veinte mesas.
Empleado —¿Cuántas sillas hay?
Empleada —Hay ochenta sillas.

Nombre _____ Sección _____ Fecha _____

VOCABULARIO

Cognados (*Cognates*)[1]
la cafetería
el club
el (la) recepcionista[2]
el teléfono

Nombres (*Nouns*)
el club náutico *marina club, yacht club*
el (la) empleado(a) *employee*
el mensaje *message*
la mesa *table*
la silla *chair*

Verbo (*Verb*)
ser *to be*

Otras palabras y expresiones (*Other words and expressions*)
algún mensaje *any message*
aquí *here*
Bueno *Hello*
¿cuántos(as)? *how many?*
de *from*
de dónde *where from*
¿De parte de quién? *Who's speaking (calling)?*
¿Está... + *name*? *Is . . . (name) there?*
hay *there is, there are*
Lo siento. *I'm sorry.*
Llamo más tarde. *I'll call later.*
No está. *He (She) is not here.*
por teléfono *on the telephone*
un momento *one moment*

Notas Culturales

- In Spanish-speaking countries, people use different expressions when answering the telephone. The following are the most commonly used:

    In Mexico: "Bueno"

    In Spain: "Diga", "Dígame", "¿Sí?"

    In Cuba and other Caribbean countries: "Oigo"

    In Argentina: "¿Sí?", "Hable", "Hola"

- **Don** (for men) and **doña** (for women) are titles of respect used with a first name when addressing an older person: **don Antonio; doña Marta.**

---

[1] Cognates are words that resemble one another and have similar meanings in Spanish and English. Note that English cognates often have different spellings and always have different pronunciations than their Spanish counterparts.
[2] In nouns ending in **-ista,** only the article will change to indicate gender: **el recepcionista** (*m.*); **la recepcionista** (*f.*).

Nombre _____ Sección _____ Fecha _____

ACTIVIDADES

Más personal... (*More personal . . .*) With a partner, re-read the dialogues. This time, insert your names instead of the names used in the dialogues, and make other changes.

Hablemos With a partner, take turns responding to the following questions.

1. ¿De dónde eres tú?
2. ¿De dónde es el profesor (la profesora)?
3. ¿Cuántos estudiantes hay aquí hoy?
4. ¿Cuántos empleados hay en la oficina (*office*)?
5. ¿Hay un teléfono aquí?
6. ¿Hoy es lunes?

En estas situaciones With a partner, act out the following situations in Spanish.

1. You are on the telephone. You ask whether Mr. Campos is there.
2. You are answering the telephone. Someone wants to speak with Miss Valdivia. Ask who is speaking and tell the person to wait a moment.
3. Someone wants to speak with your mother. Tell the person she is not home and ask if there's any message.
4. The person you are calling is not home. Say that you will call later.
5. Someone is checking your answering machine. Ask how many messages there are.
6. Someone asks you where you are from. Reply.
7. You want to know where your new classmate is from.
8. You just did an inventory of the college cafeteria. Report that there are fifty-six tables and two hundred and seventy chairs.

UN DICHO PARA MEMORIZAR (*A SAYING TO MEMORIZE*)

Querer es poder.   *Where there is a will, there is a way.*

LECCIÓN 1

EN EL RESTAURANTE DON PEPE, EN MADRID

 OBJECTIVES

Structures
- The present indicative of regular -**ar** verbs
- Interrogative and negative sentences
- Forms and position of adjectives
- Telling time
- Cardinal numbers 300–1,000

Communication
- How to order a meal
- Asking for the check and discussing method of payment

Culture: España
- Eating habits in Spanish-speaking countries
- Methods of payment

Aprenda estas palabras (Learn these words)

[1]Mexico and Puerto Rico.
[2]Also called **una nieve** in Mexico and **un mantecado** in Puerto Rico.

En el restaurante Don Pepe, en Madrid

En el restaurante, Ana, una turista de California, habla con el mozo.

Ana	—Deseo una ensalada mixta, sopa de verduras y bistec con papas fritas.
Mozo	—¿Qué desea tomar? ¿Vino blanco...? ¿Vino tinto...? ¿Agua mineral...?
Ana	—No, deseo un vaso de agua con hielo.
Mozo	—¿Y de postre? ¿Fruta con queso? ¿Helado?
Ana	—Helado de vainilla.
Mozo	—¿Desea una taza de café?
Ana	—No, un vaso de té frío.
Mozo	—No hay té frío, señorita. ¿Desea té caliente?
Ana	—No, tráigame un cortado, por favor.

Más tarde:

Ana	—¡Camarero! La cuenta, por favor.
Mozo	—Sí, señorita.
Ana	—¿Aceptan ustedes cheques de viajero?
Mozo	—No, no aceptamos cheques de viajero, pero aceptamos tarjetas de crédito.
Ana	—Bien, ¿qué hora es, por favor?
Mozo	—Son las dos y cuarto.
Ana	—Gracias.

Ana paga la cuenta y deja una propina. A las tres y media regresa a la pensión.

Nombre _____ Sección _____ Fecha _____

🔊 **¡Escuchemos!** While listening to the dialogue, circle **V (verdadero)** if the statement is true and **F (falso)** if it is false.

1. Ana habla con el mozo. — V   F
2. Ana desea bistec con papas fritas. — V   F
3. Ana toma vino. — V   F
4. Ana no toma agua. — V   F
5. Ana no desea postre. — V   F
6. Ana desea tomar té frío. — V   F
7. Ana no paga la cuenta. — V   F
8. El restaurante no acepta tarjetas de crédito. — V   F
9. Ana deja una propina. — V   F
10. Ana regresa a la pensión a las dos y cuarto. — V   F

🌐 VOCABULARIO

Cognados

el cheque
la fruta
el minuto
el restaurante
el té
el (la) turista

Nombres

el agua mineral *mineral water*
el bistec *steak*
el cheque de viajero *traveler's check*
el helado de chocolate *chocolate ice cream*
el helado de vainilla *vanilla ice cream*
el hielo *ice*
la papa, la patata (Spain) *potato*

las papas fritas *French fries*
la pensión *boarding house*
la propina *tip*
el queso *cheese*
la sopa *soup*
la sopa de verduras *vegetable soup*
el té frío (helado) *iced tea*
las verduras, los vegetales *vegetables*

Verbos

aceptar *to accept*
dejar *to leave (behind)*
desear *to wish, to want*
pagar *to pay*
regresar *to return*
tomar *to drink*

14   Basic Spanish for Getting Along

Adjetivos

blanco(a) *white*
caliente *hot*
frío(a) *cold*
frito(a) *fried*
mixto(a) *tossed (ref. to salad), mixed*
tinto *red (ref. to wine)*

Otras palabras y expresiones

con *with*
de *of*
de postre *for dessert*
más tarde *later*
o *or*
pero *but*
¿qué? *what?*
sí *yes*
tráigame *bring me*

VOCABULARIO ADICIONAL (Additional vocabulary)

Frutas (*Fruits*)

la banana, el plátano *banana, plantain*
el durazno, el melocotón *peach*
las fresas *strawberries*
la manzana *apple*
el melón *melon*
la naranja, la china (*Puerto Rico*) *orange*
la pera *pear*
la piña *pineapple*
la sandía, el melón de agua (*Cuba*) *watermelon*
el tomate *tomato*
la toronja, el pomelo (*Spain*) *grapefruit*
las uvas *grapes*

Jugos (*Juices*)[1]

jugo de
- durazno, melocotón
- fresa
- manzana
- melón
- naranja
- pera
- piña
- tomate
- toronja
- uva

Notas Culturales

- In Spanish-speaking countries, coffee is generally served very strong (what we call *espresso*), and is prepared in individual two- or three-ounce servings. At breakfast, hot milk is added to create *café con leche*. Coffee is never drunk during other meals, but is served after dessert. Coffee with a splash of milk is called *un cortado*. Wine is often drunk with meals.

- In Spain, people often have fruit and cheese for dessert.

---

[1] **zumos,** in Spain

Nombre _____ Sección _____ Fecha _____

- Except in some resort areas, traveler's checks generally are not accepted as cash at restaurants and shops in the Hispanic world, as they are in the United States. They must be cashed at banks, currency exchanges, or hotels. Credit cards are widely used, especially in urban areas, but personal checks are not.
- In many Spanish-speaking countries, gratuities are included in the price of the meal.
- In Spanish-speaking countries, restaurants generally have waiters, not waitresses.

En tu mundo... (In your world . . .)

1. Generalmente, ¿qué toman los norteamericanos con las comidas (*meals*)?
2. En este país, ¿aceptan los restaurantes cheques de viajero? ¿Aceptan cheques personales?
3. Generalmente, ¿la propina está incluida (*is included*) en el precio?

Actividades

En el restaurante With a partner, pretend that you are at a restaurant and take turns ordering food, dessert, and drinks.

Dígame... (Tell me . . .) Answer the following questions, basing your answers on the dialogue.

1. ¿Qué desea Ana?

2. ¿Desea tomar vino? ¿Qué desea tomar?

3. De postre, ¿Ana desea fruta con queso? ¿Qué desea?

4. En el restaurante, ¿hay té frío o té caliente? ¿Qué toma Ana?

5. ¿Aceptan cheques de viajero en el restaurante Don Pepe? ¿Qué aceptan?

6. ¿Qué paga Ana? ¿Qué deja?

Nombre _____ Sección _____ Fecha _____

7. ¿Qué hora es?
_____

8. ¿A qué hora regresa a la pensión?
_____

Hablemos
Imagine that you are at a restaurant with a classmate. Ask him or her the following questions. When you have finished, switch roles.

1. ¿Deseas una copa de vino o un vaso de agua con hielo? ¿Tomas agua mineral a veces (*sometimes*)?
_____

2. ¿Deseas sopa o ensalada mixta?
_____

3. ¿Deseas bistec con papas fritas o sopa de verduras?
_____

4. ¿Qué deseas de postre: helado de vainilla o fruta con queso?
_____

5. ¿Qué deseas tomar, café o té?
_____

6. ¿Tomas té frío o té caliente?
_____

7. ¿Deseas crema y azúcar con el café?
_____

8. ¿Pagamos con cheque o con tarjeta de crédito?
_____

9. ¿Dejamos propina? ¿Cuánto (*How much*)?
_____

10. ¿Qué hora es?
_____

Nombre _____ Sección _____ Fecha _____

¿Cómo lo decimos? *(How do we say it?)* Complete the following, using the Spanish equivalent of the words in parentheses.

1. ¿_____ una taza de té caliente, Anita? *(Do you want to drink)*

2. Nosotros deseamos _____ y _____. *(French fries / white wine)*

3. Eva desea _____ y _____. *(mixed salad / iced tea)*

4. _____ la cuenta y _____ la propina. *(We pay / they leave)*

5. _____ cheques de viajero. *(They don't accept)*

6. Yo necesito *(need)* _____ dólares y ella necesita *(needs)* _____ dólares. *(five hundred / one thousand)*

7. _____ de la tarde. *(It's two-thirty)*

8. Nosotros _____ a la pensión _____. *(don't return / in the afternoon)*

¿Qué pasa aquí? *(What's happening here?)* With a partner, decide what the people are saying according to what you see in the pictures.

1.

2.

Nombre _____ **Sección** _____ **Fecha** _____

3.

4.

5.

LECCIÓN 1: EN EL RESTAURANTE DON PEPE, EN MADRID

Nombre _____ Sección _____ Fecha _____

Una encuesta Survey your classmates and your instructor to find someone who fits each of the following descriptions and write the person's name in the space provided. Remember to use the **tú** form when speaking with your classmates and the **Ud.** form when speaking to your instructor. Then, in groups of three, discuss the result of the survey.

ESTA PERSONA...

1. ☐ es camarero(a). _____
2. ☐ trabaja en un restaurante. _____
3. ☐ toma agua mineral. _____
4. ☐ desea una taza de café. _____
5. ☐ toma café con crema y azúcar. _____
6. ☐ desea jugo de naranja. _____
7. ☐ toma jugo de tomate. _____
8. ☐ toma jugo de uvas. _____
9. ☐ desea una botella de vino. _____
10. ☐ paga con tarjeta de crédito. _____
11. ☐ deja buenas propinas. _____
12. ☐ regresa a la universidad mañana. _____

En estas situaciones With 2 or more classmates, act out the following situations in Spanish.

1. You are at a restaurant. You are very hungry and tell the waiter to bring you soup, salad, a main course, wine, dessert, and coffee. When it's time to pay the bill, you discover that you don't have any cash in your wallet.

2. Two friends have dropped by unexpectedly. The only drinks you have on hand to offer are mineral water and iced tea.

3. You and a friend have just finished dinner at a restaurant. You volunteer to pay the bill and suggest that your friend leave the tip.

4. You ask someone whether he/she wants to drink red or white wine.

5. You ask a friend what time he/she returns home (**a casa**).

6. Someone asks you the time. You say it's thirteen (minutes) after six.

Nombre _____ Sección _____ Fecha _____

Una actividad especial *(A special activity)*

Organize the class so that three or four students play the roles of waiters and waitresses (the number will depend on class size). Divide the rest of the students into groups of two or three. The class should be set up to resemble a restaurant. The waiters and waitresses should pass out the menus, take the customers' orders, and shout them to the instructor. The customers will then ask for the bill and discuss how to pay it. Copies of this menu from *Restaurante Don Pepe* should be made in advance.

RESTAURANTE Don Pepe

PARA COMER[1]

Ensalada de lechuga[2] y tomate	eu[3] 3.50
Sopa (de verduras o de pollo[4])	eu 3.50
Bistec	eu 12.00
Langosta[5]	eu 15.00
Bistec con langosta	eu 19.50
Arroz con pollo[6]	eu 9.50
Hamburguesa	eu 5.00

POSTRES

Flan con crema	eu 2.50
Helado (de chocolate o de vainilla)	eu 2.00
Flan con helado	eu 3.50
Fruta	eu 3.00
Fruta con queso	eu 4.50

PARA TOMAR

Agua mineral	eu 2.00
Limonada	eu 2.50
Vino tinto	eu 3.50
Vino blanco	eu 3.00
Cerveza	eu 2.50
Café	eu 2.00
Té	eu 2.00
Refrescos[7]: Coca-Cola o Fanta de naranja	eu 2.00

---

[1] **comer** *to eat*
[2] **lechuga** *lettuce*
[3] All prices are in euros.
[4] **pollo** *chicken*
[5] **langosta** *lobster*
[6] **arroz con pollo** *chicken and rice*
[7] **refrescos** *soft drinks*

LECCIÓN 1: EN EL RESTAURANTE DON PEPE, EN MADRID

Nombre _____ Sección _____ Fecha _____

Un paso más *(One step farther)*

A Review the **Vocabulario adicional** in this **lección,** and give the ingredients and amounts needed for a fruit salad, based on the following pictures.

Modelo   Para la ensalada de frutas necesitamos tres bananas (plátanos).

_____

_____

_____

_____

_____

_____

_____

_____

_____

Nombre _____ Sección _____ Fecha _____

B Use the appropriate forms of **desear** to do the following.

1. Say what kind of juice everyone wants: You and a friend want orange juice, another friend wants tomato juice, and two others want grapefruit juice.

2. Ask a classmate (using the **tú** form) if he or she wants grape juice or strawberry juice and ask your instructor (using the **Ud.** form) if he or she wants a certain kind of juice.

UN TRABALENGUAS *(A TONGUE TWISTER)*

Tres tristes° tigres   *sad*

Lección 1: En el restaurante Don Pepe, en Madrid

Lección 2

¡Feliz aniversario!

Objectives

Structures
- Agreement of articles, nouns, and adjectives
- The present indicative of regular **-er** and **-ir** verbs
- Possession with **de**
- Possessive adjectives
- The personal **a**

Communication
- More restaurants and eating out

Culture: México
- Celebrations
- Mealtime customs
- Godparents

Aprenda estas palabras

¡Salud! ¡Salud!

1. el brindis
2. el vermut
3. el ron
4. el pastel
5. la torta
6. la langosta
7. el camarón[1]
8. el pescado

MARISCOS (shellfish)

9. el cangrejo
10. el pato
11. el cordero

[1] **La gamba,** *in Spain.*

¡Feliz aniversario!

Para celebrar su aniversario de bodas, Raúl lleva a su esposa, Nora, a cenar a un restaurante muy elegante en la Zona Rosa en la Ciudad de México.

Mozo —Por aquí, por favor. Aquí está el menú. ¿Desean tomar algo?
Raúl —Sí, tráiganos un vermut, por favor.
Mozo —Muy bien, señor. En seguida regreso.
Raúl —¿Qué deseas comer, mi amor? El pescado y los mariscos son la especialidad de la casa.
Nora —No me gusta el pescado. (*Lee el menú.*) Cordero asado con papas al horno... o con puré de papas.
Raúl —(*Lee también.*) Chuletas de cerdo con papas fritas y vegetales con salsa de queso.

LECCIÓN 2: ¡FELIZ ANIVERSARIO!

Nombre _____ **Sección** _____ **Fecha** _____

Raúl y Nora deciden pedir las chuletas de cerdo con papas fritas y media botella de vino tinto.

Nora —(*Lee la lista de postres.*) Pastel de coco... torta al ron... pudín... ¿Qué te gusta?
Raúl —Me gusta el pastel de coco. Es muy sabroso.

El mozo regresa, anota el pedido y después trae la comida y abre la botella de vino.

Raúl —(*A Nora*) ¡Un brindis! ¡Salud, dinero y amor!
Nora —¡Y feliz aniversario!

Cuando terminan de cenar conversan un rato y beben café. Después deciden ir a la casa de la madrina de Nora porque hoy es el día de su santo.

🔊 **¡Escuchemos!** While listening to the dialogue, circle **V (verdadero)** if the statement is true and **F (falso)** if it is false.

1. Raúl y Nora celebran su aniversario.	V	F
2. Raúl y Nora cenan en su casa.	V	F
3. Raúl y Nora toman vermut.	V	F
4. Nora desea comer pescado.	V	F
5. Raúl y su esposa comen chuletas de cerdo con papas fritas.	V	F
6. Raúl y Nora toman vino blanco.	V	F
7. Raúl abre la botella de vino.	V	F
8. Nora y Raúl beben té.	V	F
9. Nora y Raúl deciden ir a la casa de la madrina de Nora.	V	F
10. La madrina de Nora celebra el día de su santo.	V	F

Nombre _____ Sección _____ Fecha _____

🌐 VOCABULARIO

Cognados
el coco
elegante
la especialidad
la lista
el pudín, el budín

Nombres
el amor *love*
el aniversario de bodas *wedding anniversary*
la casa *house*
la ciudad *city*
la comida *food*
la chuleta de cerdo *pork chop*
el día *day*
el dinero *money*
la esposa, la mujer *wife*
el esposo, el marido *husband*
la madrina *godmother*[1]
los mariscos *shellfish*
la papa al horno *baked potato*
el pedido *order*
el puré de papas *mashed potatoes*
la salsa *sauce*
la salud *health*
el (la) santo(a) *saint*
la torta al ron *rum cake*

Verbos
abrir *to open*
anotar *to write something down*
beber *to drink*
brindar *to toast*
celebrar *to celebrate*
cenar *to have dinner (supper)*
comer *to eat*
conversar *to talk, to chat*
decidir *to decide*
ir[2] *to go*
leer *to read*
llevar *to take (someone or something some place)*
pedir (e:i) *to order, to ask for*
terminar *to finish*
traer[3] *to bring*

Adjetivos
asado(a) *roasted*
feliz *happy*
medio(a) *half*
sabroso(a), rico(a) *tasty*

Otras palabras y expresiones
Aquí está el menú. *Here is the menu.*
cuando *when*
después (de) *later, after*
en seguida *right away*
En seguida regreso. *I'll be right back.*
media botella *half a bottle*
mi amor *darling, my love*
(no) me gusta *I (don't) like*
(no) te gusta *you (don't) like*
para *in order to*
por aquí *this way*
porque *because*
también *too, also*
tomar algo[4] *to have something to drink*
tráiganos *bring us*
un rato *a while*

---

[1] **padrino** *godfather*
[2] **Ir** is an irregular verb. It is presented in Lesson 3.
[3] Irregular first person: **yo traigo**
[4] **comer algo:** *to have something to eat*

LECCIÓN 2: ¡FELIZ ANIVERSARIO!

VOCABULARIO ADICIONAL

RESTAURANTE MIRAMAR
Especialidad en carnes y mariscos

Sopas

Sopa de pollo	$ 20,00[1]	Sopa de fideos (*noodles*)	$ 20,00
Sopa de arroz (*rice*)	$ 20,00	Sopa de cebollas (*onion*)	$ 25,00

Ensaladas

De tomate	$ 30,00	Mixta	$ 35,00
De lechuga (*lettuce*)	$ 30,00	De papas	$ 30,00

Todos los platos de la lista se sirven[2] con entremeses, la sopa del día y ensalada.

Pescados y mariscos

Bacalao (*Cod*)	$ 40,00	Trucha (*Trout*)	$ 45,00
Langosta	$150,00	Camarones	$ 90,00
Salmón	$ 50,00	Cangrejo	$ 95,00

Carne (Meat)

Albóndigas (*Meatballs*)	$ 70,00	Chuletas de cerdo	$ 65,00
Bistec (filete)	$ 80,00	Pato asado	$ 75,00
Cordero asado	$ 75,00	Pavo relleno (*stuffed turkey*)	$ 70,00
Guisado (guiso) (*stew*)	$ 70,00	Pollo frito (*fried chicken*)	$ 70,00

Postres

Arroz con leche (*rice pudding*)	$ 15,00	Flan con crema (*caramel custard*)	$ 20,00
Pudín	$ 20,00	Helado	$ 15,00
Torta de chocolate	$ 25,00	Frutas	$ 15,00
Pastel de coco	$ 20,00		
Torta al ron	$ 25,00		

Bebidas (Drinks)

Cerveza (*Beer*)	$ 25,00	Café	$ 20,00
Champán	$ 60,00	Té	$ 20,00
Vino blanco	$ 35,00	Agua mineral	$ 20,00
Vino tinto	$ 35,00	Jugo de frutas	$ 20,00

[1] All prices are in Mexican pesos. Notice the use of a comma, rather than a decimal point.
[2] *se sirven:* are served

Nombre _____ Sección _____ Fecha _____

Para hablar de la comida (*To talk about food*)

la comida
- mexicana
- italiana
- china (*Chinese*)
- francesa (*French*)
- alemana (*German*)
- japonesa (*Japanese*)

el bistec
- medio crudo *rare*
- término medio *medium rare*
- bien cocido *well done*

Notas Culturales

- In most Spanish-speaking countries, restaurants do not start serving dinner before 9:00 P.M.
- In Spain and Latin America, most people are reluctant to leave the table right after they finish eating. They prefer to remain seated and chat, discuss events, exchange ideas, tell jokes, and just enjoy each other's company. This lingering at the table after lunch or dinner is called **hacer la sobremesa.**
- When a child is baptized, the parents invite two friends or relatives to participate in the baptism ceremony. They are the child's godfather (**padrino**) and godmother (**madrina**).
- In Spain and Latin America people generally celebrate their birthday and also the day of their patron saint. For example, if a boy is born in June and his name is Miguel, he celebrates his birthday in June and the day of his "santo" on September 29, the day of Saint Michael.

EN TU MUNDO...

1. Generalmente, ¿a qué hora comienzan (*begin*) los restaurantes a servir la cena (*dinner*) en este país?
2. En este país, generalmente, ¿hacen la sobremesa las familias?
3. ¿Celebran el día de su santo muchos norteamericanos?

ACTIVIDADES

En el restaurante With a partner, take turns asking each other whether you like certain foods.

Dígame... Answer the following questions, basing your answers on the dialogue.

1. ¿Adónde lleva Raúl a su esposa a cenar? ¿Para qué? (*What for?*)

_____

LECCIÓN 2: ¡FELIZ ANIVERSARIO!

Nombre _____ **Sección** _____ **Fecha** _____

2. ¿Cuál es la especialidad de la casa?
   _____

3. ¿Qué lee Nora? ¿Desea ella comer pescado?
   _____

4. ¿Qué deciden pedir Nora y Raúl?
   _____

5. ¿Qué postre es muy sabroso?
   _____

6. ¿Qué trae el mozo? ¿Qué abre?
   _____

7. ¿Conversan Nora y Raúl cuando terminan de comer?
   _____

8. ¿Qué beben Nora y Raúl después de cenar?
   _____

9. ¿Por qué deciden ellos ir a la casa de la madrina de Nora?
   _____

Hablemos
Imagine that you are at a restaurant with a classmate. Ask him or her the following questions. When you have finished, switch roles.

1. ¿Te gusta la comida mexicana? ¿italiana? ¿china?
2. La especialidad de la casa es pescado. ¿Te gusta?
3. ¿Qué mariscos comes? ¿Qué pescados comes?
4. En el menú hay papas fritas, papas al horno y puré de papas. ¿Qué deseas pedir?
5. ¿Deseas sopa de arroz, sopa de fideos o sopa de cebollas?
6. ¿Deseas comer albóndigas, guisado o pollo frito?
7. ¿Bebes vino blanco, vino tinto o refrescos?
8. ¿Deseas pedir una copa de vino o media botella de vino?
9. ¿Qué más (*What else*) deseas beber? ¿Bebes café con las comidas? ¿Bebes jugos de frutas?
10. Hay pastel de coco, pudín y torta al ron. ¿Qué deseas comer de postre?

Nombre _____ Sección _____ Fecha _____

11. ¿Tú celebras el día de tu santo?

12. ¿Cuándo es el aniversario de bodas de tus padres (*parents*)?

¿Cómo lo decimos? Give the Spanish equivalent of the words in parentheses.

1. _____ chuletas de cerdo y _____ pescado. (*We eat / they eat*)

2. En seguida regreso con _____. (*his order*)

3. ¿Qué _____, señores? ¿Ron o vermut? (*do you drink*)

4. _____ la comida y _____ dos botellas de vino. (*They bring / open*)

5. _____ es muy _____. (*The sauce / tasty*)

6. _____ cena en el restaurante Miramar. (*Olga's godmother*)

7. ¿Tú llevas _____ y _____ a la fiesta (*party*)? (*Carmen / Marta*)

8. Ellos conversan con _____. (*our professor's wife*)

9. ¿Ud. trae _____ a la universidad, señor Vega? (*your wife*)

10. Yo regreso a _____ a las ocho de la noche. (*my house*)

LECCIÓN 2: ¡FELIZ ANIVERSARIO!

Nombre _____ **Sección** _____ **Fecha** _____

¿Qué pasa aquí? With a partner, answer the following questions according to what you see in the pictures.

A.

1. ¿Cuál es la especialidad de la casa según (*according to*) el mesero?
2. ¿Juan desea comer langosta?
3. ¿Qué desea comer Yolanda?
4. ¿Qué desea beber Yolanda?

B.

1. ¿Qué lee Mario?
2. ¿Qué decide pedir Mario de postre?
3. ¿Sara desea pedir helado?

C.

1. ¿Qué anota el mozo?
2. ¿Qué desea comer Rosa?
3. ¿Ana desea comer pato o camarones?

D.

1. ¿Cuántos dólares desea Lola que le dejen de propina?
2. ¿Deja mucho dinero Jorge?

34   BASIC SPANISH FOR GETTING ALONG

Nombre _____ Sección _____ Fecha _____

Una encuesta Survey your classmates and your instructor to find someone who fits each of the following descriptions and write the person's name in the space provided. Remember to use the **tú** form when speaking with your classmates and the **Ud.** form when speaking to your instructor. Then, in groups of three, discuss the result of the survey.

Esta persona...

1. ☐ come camarones. _____
2. ☐ come langosta. _____
3. ☐ come chuletas de cerdo. _____
4. ☐ come pollo frito. _____
5. ☐ come albóndigas. _____
6. ☐ come mucha comida mexicana. _____
7. ☐ come pastel de fresas. _____
8. ☐ come torta de chocolate. _____
9. ☐ bebe cerveza. _____
10. ☐ bebe vino tinto. _____
11. ☐ lee un rato después de comer. _____
12. ☐ celebra su aniversario de bodas en un restaurante. _____
13. ☐ brinda con champán. _____
14. ☐ come mucha comida china. _____

En estas situaciones With 2 or more classmates, act out the following situations in Spanish.

1. You are hosting an anniversary party for your parents. You offer a guest two different desserts, asking if he or she likes each one of them. After offering a selection of beverages, you propose a toast and wish your parents a happy anniversary.
2. You are a waiter/waitress. Tell customers to follow you and give them a menu. Tell the customers you'll be right back.
3. You are dining at a restaurant. When the waiter/waitress comes to your table, order a meat or fish dish, a baked potato or French fries, and vegetables.

Lección 2: ¡Feliz aniversario!

Nombre _____ Sección _____ Fecha _____

👥 ¿Qué dice aquí? You and a classmate have decided to go out to dinner tonight. Read the following ad and, with a partner, take turns answering the following questions.

Don José
Restaurante Típico

TENEMOS LA MÁS DELICIOSA COMIDA TÍPICA E INTERNACIONAL

Servimos
18 platos de mariscos y pescados
13 platos de carnes y de aves
6 platos variados para vegetarianos
Postres deliciosos para todos.

MÚSICA EN VIVO DESDE LAS 6 DE LA TARDE

Estamos ubicados en lo mejor de la Zona Rosa.
Amplio parqueo exclusivo para nuestros clientes

Para reservaciones llamar al teléfono 342-6518, después de las 11 de la mañana

---

1. ¿Cuál es el nombre (*name*) del restaurante?
2. ¿Qué tipo (*type*) de comida sirven (*serve*) en el restaurante?
3. ¿Podemos comer mariscos en el restaurante? ¿Qué más (*What else*) podemos comer?
4. En el restaurante, ¿sirven platos para personas que no comen carne?
5. ¿Cómo son los postres?
6. ¿Qué hay en el restaurante desde (*since*) las 6 de la tarde?
7. ¿Dónde está ubicado (*located*) el restaurante?
8. ¿A qué teléfono y a qué hora debo llamar (*call*) para hacer reservaciones?

Nombre _____ Sección _____ Fecha _____

Una actividad especial
The class will be divided into seven groups. Each group will prepare a lunch and dinner menu (including dessert and drinks) for a different day of the week. A member of each group will read the menus aloud. Vote on which group has created the healthiest menu (**el menú más sano**), the least healthy menu (**el menú menos sano**), and the most original menu (**el menú más original**).

Un paso más
Review the **Vocabulario adicional** in the menu from Restaurante Miramar on page 30 in this **lección,** and match the questions in column A with the corresponding answers in column B.

A

1. ¿Deseas comer ravioles? _____
2. ¿Cómo te gusta el bistec? _____
3. ¿Deseas una ensalada mixta? _____
4. ¿Comes bacalao? _____
5. ¿Tú comes tacos? _____
6. ¿Te gusta el bistec casi crudo? _____
7. ¿Él desea albóndigas? _____
8. ¿Deseas pedir *sauerkraut*? _____
9. ¿Desean Uds. chuletas? _____
10. ¿Comen trucha Uds.? _____
11. ¿Te gusta la comida china? _____
12. ¿Ud. come pavo relleno? _____

B

a. No, de papas.
b. Sí, me gusta la comida mexicana.
c. No, él no come carne.
d. Sí, de cerdo.
e. Sí, especialmente el chou-mein.
f. No, no me gusta el pescado.
g. No, término medio.
h. No, no me gusta la comida italiana.
i. No, como guiso.
j. No, no me gusta la comida alemana.
k. Bien cocido.
l. No, comemos atún.

Un proverbio para memorizar

No sólo de pan vive el hombre. *Man does not live by bread alone.*

LECCIÓN 3

NAVIDAD EN GUATEMALA

OBJECTIVES

Structures
- The irregular verbs **ir, dar,** and **estar**
- **Ir a** + infinitive
- Uses of the verbs **ser** and **estar**
- Contractions

Communication
- How to describe people and circumstances
- Exchanges at a party
- How to discuss plans

Culture: Guatemala
- Family ties
- Celebrations
- Salsa

Aprenda estas palabras

1. LA FAMILIA
2. la madre (mamá)
3. el padre (papá)
4. la hija
5. los padres
6. el hijo¹
7. el novio
8. la novia
9. rubia
10. morena
11. alto y delgado
12. bajo y gordo
13. la Navidad
14. bailar
15. cansado
16. una copa de champán

---

¹**Los hijos,** meaning *children,* can refer to either sons or sons and daughters.

Navidad en Guatemala

El profesor Gómez y su esposa dan una fiesta de Navidad en su casa. Él invita a muchos de sus estudiantes a la fiesta. Allí los muchachos y las chicas bailan y conversan.

Sandra y Julio están ahora en la sala. Ella es bonita, de estatura mediana y muy inteligente. Él es alto, moreno y guapo. Los dos son muy simpáticos.

Julio —¿De dónde eres tú, Sandra? ¿De los Estados Unidos?
Sandra —Sí, yo soy norteamericana, pero mi familia es de aquí.
Julio —¿Tú vives aquí ahora?
Sandra —No, yo asisto a la Universidad de California, pero siempre paso la Navidad con mi familia.
Julio —Y Luis... ¿es tu novio?
Sandra —No, es el novio de mi hermana.
Julio —Oye, tocan una salsa. ¿Bailamos?
Sandra —Ahora no... estoy un poco cansada.
Julio —¿Tú vas a la fiesta de Marta mañana?
Sandra —Sí, voy con mis primos. ¿Con quién vas tú?
Julio —Yo voy solo. ¿Deseas tomar algo? ¿Una cerveza?
Sandra —No, una copa de champán, por favor.

Julio trae el champán.

Sandra —Julio, ¿tú vas a asistir a la conferencia del Dr. Salgado el viernes?
Julio —No, las conferencias de él son muy aburridas. Yo voy a ir al cine con un amigo.
Sandra —¿Qué película van a ver?
Julio —Una película americana.
Sandra —Entonces, voy con ustedes.

Nombre _____ **Sección** _____ **Fecha** _____

🔊 **¡Escuchemos!** While listening to the dialogue, circle **V (verdadero)** if the statement is true and **F (falso)** if it is false.

1. El profesor Gómez y su esposa invitan a muchos muchachos a su fiesta.   V   F
2. Sandra es una chica muy alta.   V   F
3. Sandra es estudiante.   V   F
4. El 25 de diciembre, Sandra está con su familia.   V   F
5. Sandra es la novia de Luis.   V   F
6. Sandra no desea bailar porque está cansada.   V   F
7. Marta da una fiesta mañana.   V   F
8. Julio no va a la fiesta.   V   F
9. Julio va a dar una conferencia.   V   F
10. Julio va a ir al cine solo.   V   F

🌐 VOCABULARIO

Cognados
inteligente
invitación
norteamericano(a), americano(a)
la universidad

Nombres
el (la) amigo(a) *friend*
la cerveza *beer*
la chica, la muchacha *girl, young woman*
el chico, el muchacho *boy, young man*
el cine *movie theatre*
la conferencia *lecture*
los Estados Unidos *United States*
el (la) estudiante *student*
la fiesta *party*
la hermana *sister*
el hermano *brother*
la película *movie, film*
el ponche *punch*
el (la) primo(a) *cousin*
la sala *living room*

Verbos
asistir *to attend*
dar (yo doy) *to give*
estar (yo estoy) *to be*
pasar *to spend (time)*
pasar (por) *to pick up, to go get*
tocar *to play (i.e., music)*
ver (yo veo) *to see*

Adjetivos
aburrido(a) *boring*
bonito(a) *pretty*

Nombre _____ Sección _____ Fecha _____

guapo(a) *handsome*
muchos(as) *many*
simpático(a) *nice, charming*
todos(as) *all*

Otras palabras y expresiones

ahora *now*
allí *there*
¿Bailamos? *Shall we dance?*
de estatura mediana *of medium height*
entonces *then, in that case*
los (las) dos *both*
mañana *tomorrow*
más tarde *later*
mi mejor amigo(a) *my best friend*
¡oye! *listen!*
¿por qué?[1] *why?*
¿quién? *who?, whom?*
quizá(s) *perhaps*
siempre *always*
solo(a) *by oneself, alone*
un poco *a little*

VOCABULARIO ADICIONAL

Otros miembros de la familia (*Other members of the family*)

la abuela *grandmother*
el abuelo *grandfather*
la nieta *granddaughter*
el nieto *grandson*
la sobrina *niece*
el sobrino *nephew*
la tía *aunt*
el tío *uncle*

Parientes políticos (*In-laws*)

la cuñada *sister-in-law*
el cuñado *brother-in-law*
la nuera *daughter-in-law*
la suegra *mother-in-law*
el suegro *father-in-law*
el yerno *son-in-law*

Otros parientes (*Other relatives*)

la hermanastra *stepsister*
el hermanastro *stepbrother*
la hijastra *stepdaughter*
el hijastro *stepson*
la madrastra *stepmother*
el padrastro *stepfather*

Notas Culturales

- In Spain and Latin America, people generally celebrate Christmas Eve (*la Nochebuena*) with a late dinner. Catholics go to midnight mass (**misa del gallo**). Most children do not believe in Santa Claus, but rather in the Three Wise Men (**los Tres Reyes Magos**), who come on the night of January 5, bringing presents. Instead of hanging up a stocking, children leave their shoes on the windowsill to be filled with presents.

- In Spanish-speaking countries, children, teenagers, and their parents do many things together, including going to parties. This practice generally is more common than it is in the United States.

---

[1] **porque** *because*

LECCIÓN 3: NAVIDAD EN GUATEMALA

Nombre _____ Sección _____ Fecha _____

> - **Familia** generally means extended family, and includes not only the nuclear family but also all relatives. Family ties are very strong in the Hispanic world.
> - The word **salsa**, meaning "sauce" refers to the Caribbean music with influence from jazz. It is based on Afro-Cuban music but was developed by Puerto Rican musicians in New York. It is very popular around the world.

EN TU MUNDO...

1. Generalmente, ¿los norteamericanos celebran la Nochebuena o la Navidad?
2. Los adolescentes norteamericanos, ¿van a fiestas con sus padres?
3. ¿Qué tipo de música bailan los muchachos en este país (*this country*)?

ACTIVIDADES

Dígame... Answer the following questions, basing your answers on the dialogue.

1. ¿Quiénes dan una fiesta en su casa? ¿A quiénes invitan?
   _____

2. ¿Dónde están Julio y Sandra? ¿Ellos bailan o conversan?
   _____

3. ¿Cómo es Julio?[1] ¿Cómo es Sandra?
   _____

4. ¿Sandra es de Guatemala o de los Estados Unidos?
   _____

5. ¿De dónde es la familia de Sandra? ¿Ella vive con ellos?
   _____

6. ¿Luis es el novio de Sandra?
   _____

7. ¿Con quién va Sandra a la fiesta de Marta? ¿Con quién va Julio?
   _____

---

[1] *What is Julio like?*

Nombre _____ Sección _____ Fecha _____

8. ¿Sandra desea tomar cerveza? ¿Qué desea tomar?
   _____

9. ¿Por qué no va a asistir Julio a la conferencia del Dr. Salgado? ¿Adónde va a ir?
   _____

10. ¿Con quién va Julio?
    _____

Hablemos
Interview a classmate, using the following questions. When you have finished, switch roles.

1. ¿De dónde eres tú? ¿De dónde son tus padres?
2. ¿Tu mamá es rubia o morena? ¿Es alta, baja o de estatura mediana?
3. ¿Tu papá es gordo o delgado?
4. ¿Dónde viven tus padres? ¿Tú vives con ellos?
5. ¿Tú das muchas fiestas en tu casa? ¿Das fiestas de Navidad?
6. ¿Vas a una fiesta mañana? ¿Aceptas muchas invitaciones?
7. Generalmente (*Generally*), ¿vas solo(a) a las fiestas? ¿Y al cine?
8. En una fiesta, ¿tú bailas o conversas? ¿Bailas bien?
9. ¿Tú bebes cerveza, champán o refresco? ¿Bebes ponche?
10. ¿Tú vas a estar en tu casa mañana?
11. ¿Tú asistes a muchas conferencias? ¿Son aburridas?
12. ¿Estás cansado(a) ahora?

¿Cómo lo decimos?
Complete the following, using the Spanish equivalent of the words in parentheses.

1. ¿Cómo _____ ustedes? ¿Bien? (*are*)
2. Mis amigos _____ a la fiesta porque _____. (*aren't going / they are tired*)
3. Nosotros _____ fiestas los sábados. (*give*)
4. Las fiestas _____ en el club. (*are*)
5. Mis primos _____ los viernes. (*go to the movies*)

LECCIÓN 3: NAVIDAD EN GUATEMALA

Nombre _____ **Sección** _____ **Fecha** _____

6. Los estudiantes _____ en Guatemala. (*are going to live*)

7. _____ de Colombia, pero ahora _____ en Venezuela. (*Mr. Vega's niece is / she is*)

8. Ana _____ rubia, de estatura mediana. _____ profesora. (*is / She is a*)

9. ¿Dónde _____ sus nietos, Sr. Molina? ¿En la sala? (*are*)

10. ¿_____? ¿Guapo? (*What is your brother like*)

¿Qué pasa aquí? With a partner, answer the following questions according to what you see in the picture.

1. ¿Quién da una fiesta?
2. ¿Es una fiesta de Navidad o de aniversario?
3. ¿Con quién conversan Paco y Ana?
4. ¿Es gorda Elena?
5. ¿Es alto Julio?
6. ¿De dónde es Dora?

Nombre _____ Sección _____ Fecha _____

7. ¿Está Pedro en la sala?
8. ¿Está Raquel en la fiesta?
9. ¿Con quién baila Rita?
10. ¿Qué toma Dora?
11. ¿Es bonita Estela?
12. ¿Quién toma champán?
13. ¿Es delgado Alberto?
14. ¿Mario es rubio o moreno?

Una encuesta Survey your classmates and your instructor to find someone who fits each of the following descriptions and write the person's name in the space provided. Remember to use the **tú** form when speaking to your classmates and the **Ud.** form when speaking to your instructor. Then, in groups of three, discuss the result of the survey.

ESTA PERSONA...

1. ☐ da muchas fiestas en su casa. _____
2. ☐ baila muy bien. _____
3. ☐ siempre pasa la Navidad con su familia. _____
4. ☐ va a ir a una fiesta el sábado. _____
5. ☐ bebe champán. _____
6. ☐ va al cine con sus amigos. _____
7. ☐ ve películas extranjeras (*foreign*). _____
8. ☐ va a asistir a una conferencia. _____
9. ☐ toca el piano. _____
10. ☐ es el nieto (la nieta) favorito(a) de su abuela. _____
11. ☐ es el sobrino (la sobrina) favorito(a) de su tía. _____
12. ☐ está un poco cansada. _____
13. ☐ va a estar en la universidad más tarde. _____
14. ☐ bebe ponche en las fiestas. _____

LECCIÓN 3: NAVIDAD EN GUATEMALA

Nombre _____ Sección _____ Fecha _____

En estas situaciones
With 2 or more classmates, act out the following situations in Spanish.

1. Someone asks you to describe your best friend.
2. Someone asks you to dance at a party, but you're very tired. Say "Maybe later."
3. You are having a party. Ask a friend if he/she wants to drink beer, wine, champagne, or a soft drink. Your friend wants to know where your brother is, and whether he's going to the party by himself or with his wife. Your brother is at your father's house.
4. Someone invites you to attend a lecture. You say that you don't go to lectures because they are always boring.
5. Your friends are going to the movies. Ask them what movie they're going to see.
6. You tell a new acquaintance where and with whom you spend Christmas.

Una actividad especial
It's show-and-tell time! Bring pictures of your family and friends and pair up with a classmate to talk about them. Find out at least three things about your partner's family and friends and be ready to report your findings to the rest of the class.

Un paso más
With a partner, review the **Vocabulario adicional** in this **lección** and complete the following exchanges.

1. —¿Susana es tu _____?
   —Sí, es la hermana de mi papá. Yo soy su _____ favorita.

2. —¿Carlos es tu esposo?
   —No, es mi _____. Es el esposo de mi hermana.

3. —¿Con quién vas a la fiesta?
   —Con mis _____, las hijas de mi tío Rafael.

4. —¿Elba es tu mamá, Rosita?
   —No, es mi _____. Es la esposa de mi papá. Yo soy su _____.

5. —¿De dónde son la esposa de tu hijo y el esposo de tu hija?
   —Mi _____ es de Chile y mi _____ es de Venezuela.

6. —¿Tu suegro va a llevar a tu hijo a México?
   —Sí, porque (*because*) él es su _____ favorito.

7. —El Sr. Valenzuela es tu _____?
   —Sí, es el papá de mi mamá.

8. —¿Sergio y César son tus hermanos?
   —No, son mis _____; son los hijos de mi padrastro.

48 BASIC SPANISH FOR GETTING ALONG

Una canción para cantar (A song to sing)

(To the tune of *Row, row, row your boat*)

Voy, voy, voy, feliz;°	*happy*
río abajo,° **voy.**	**río abajo** *down the river*
En mi barquito de vela,° **señora,**	**barquito de vela** *little sailboat*
¡qué contento° **estoy!**	**qué contento** *how happy*

La fiesta es especialmente para él.

Lección 4

En el hotel

Objectives

Structures
- The irregular verbs **tener** and **venir**
- Expressions with **tener**
- Comparative forms
- Irregular comparative forms

Communication
- Discussing accommodations and prices at a hotel
- Getting additional information

Culture: Honduras y El Salvador
- Types of hotels in Latin America
- The naming of children

Nombre _____ Sección _____ Fecha _____

Aprenda estas palabras

1. el cuarto (la habitación)
2. la cama chica[1]
3. la cama doble[2]
4. el baño
5. la ducha
6. la bañadera[3]
7. la llave
8. el televisor
9. el botones
10. las maletas
11. la piscina[4]

---

[1] also called **cama de una plaza**   [2] also called **cama matrimonial, cama de dos plazas**   [3] also called **bañera**   [4] also called **alberca** (*Mexico*) and **pileta de natación** (*South America*)

En el hotel

El Sr. Carlos Vega, de El Salvador, está en Tegucigalpa, Honduras en un viaje de negocios. Su esposa y su hijo, un niño de siete años, están con él. Ahora están en el hotel y, el Sr. Vega habla con el gerente.

Gerente —¿En qué puedo servirle?
Sr. Vega —Necesito una habitación para tres personas.
Gerente —¿Desea una cama doble y una cama chica?
Sr. Vega —Sí. El cuarto tiene baño privado, ¿no?
Gerente —Sí, y también tiene televisor, teléfono y aire acondicionado.
Sr. Vega —¿Cuánto cobran por noche?
Gerente —Cien dólares. ¿Por cuántas noches necesitan el cuarto?
Sr. Vega —Por tres noches.
Gerente —¿Cómo desea pagar?
Sr. Vega —Con tarjeta de crédito.
Gerente —Muy bien. Aquí tiene la llave.

LECCIÓN 4: EN EL HOTEL

Nombre _____ Sección _____ Fecha _____

Sr. Vega —Gracias. ¡Ah! Aquí vienen mi esposa y mi hijo.
Sra. Vega —Carlos, tenemos que ir a comer porque Carlitos tiene mucha hambre.
Sr. Vega —¡Carlitos! ¡Acabas de comer!
Carlitos —¡Tengo hambre y tengo sed! ¡Y tengo calor! ¿Dónde está la piscina?
Sr. Vega —Tienes que esperar. (*Al gerente.*) ¿Es bueno el restaurante que queda en la esquina?
Gerente —Sí, es uno de los mejores restaurantes de la ciudad. No es barato, pero no es tan caro como otros.
Sr. Vega —Bien. ¿A qué hora debemos desocupar el cuarto?
Gerente —Al mediodía. (*Llama al botones.*) ¡Jorge! Tienes que llevar las maletas de los señores al cuarto 125.

El botones lleva las maletas al cuarto mientras Carlitos corre a la piscina.

🔊 **¡Escuchemos!** While listening to the dialogue, circle **V (verdadero)** if the statement is true and **F (falso)** if it is false.

1. El hijo del Sr. Vega tiene siete años.	V	F
2. La familia Vega necesita dos camas dobles.	V	F
3. El Sr. Vega paga con tarjeta de crédito.	V	F
4. La Sra. Vega tiene mucha hambre.	V	F
5. Carlitos acaba de comer.	V	F
6. Carlitos tiene hambre y sed.	V	F
7. El restaurante queda en la esquina.	V	F
8. El restaurante es muy caro.	V	F
9. La familia Vega tiene que desocupar el cuarto al mediodía.	V	F
10. El botones lleva las maletas de la familia Vega al cuarto.	V	F

🌐 VOCABULARIO

Cognados
el dólar
el hotel
la Internet
la persona
privado(a)
servicio de Internet *Internet service*

Nombres
el aire acondicionado *air conditioning*
el año *year*

la cama *bed*
la esquina *corner*
el (la) gerente(a) *manager*
el mediodía *noon*
el (la) niño(a) *boy, (girl) child*
la noche *night*
el viaje *trip*
el viaje de negocios *business trip*

Nombre _____ Sección _____ Fecha _____

Verbos

cobrar *to charge*
correr *to run*
deber *must, should*
desocupar *to vacate*
esperar *to wait for*
hablar *to talk, to speak*
llamar *to call*
llevar *to carry*
necesitar *to need*
quedar *to be located*
tener[1] *to have*
venir[2] *to come*

Adjetivos

barato(a) *inexpensive*
bueno(a) *good*
caro(a) *expensive*
chico(a) *small*
mejor *better, the best*
otro(a) *other, another*

Otras palabras y expresiones

¿A qué hora? *At what time?*
acabar de + infinitivo *to have just (done something)*
Aquí tiene... *Here's . . .*
¿cuánto(a)? *how much?*
dame *give me*
¿dónde? *where?*
¿En qué puedo servirle? *May I help you? (How can I serve you?)*
mientras *while*
para *for*
por *for*
por noche *per night*
tan... como *as . . . as*
tener calor *to be hot*
tener mucha hambre *to be very hungry*
tener que + infinitivo *to have to (do something)*
tener sed *to be thirsty*
tener sueño *to be sleepy*

🌐 Audio VOCABULARIO ADICIONAL

Otros muebles (*Other pieces of furniture*)

la butaca *armchair*
la cómoda *chest of drawers*
el escritorio *desk*
la mesa de centro *coffee table*
la mesita de noche *nightstand*
la reclinadora *recliner*
la silla *chair*
el sofá *sofa, couch*
el tocador *dresser*

Otros cuartos (*Other rooms*)

la cocina *kitchen*
el comedor *dining room*
el dormitorio, la recámara (Méx.) *bedroom*
la sala de estar, el salón de estar *den, family room*

Más sobre hoteles (*More about hotels*)

confirmar (cancelar) una reservación *to confirm (to cancel) a reservation*
hacer una reservación *to make a reservation*
el servicio de habitación, el servicio de cuarto *room service*

---

[1] Irregular first person: **yo tengo**
[2] Irregular first person: **yo vengo**

LECCIÓN 4: EN EL HOTEL

Nombre _____ **Sección** _____ **Fecha** _____

> **Notas Culturales**
>
> - Most budget through middle-range hotels throughout Latin America and Spain require guests to leave their room key at the front desk on leaving the hotel for the day. In fact, this is the norm almost anywhere in the world.
> - Many hotels in Latin America quote prices in American dollars.
> - Hotels in a range of categories, including many owned by North American chains, exist in all Latin American cities and can usually be reserved through a travel agency or on the Internet. In choosing a hotel, remember that room prices quoted usually don't include taxes, which are very high in some countries.
> - In Spain and Latin America, it is common practice to name the oldest son after the father. In these cases the diminutive is used: Carlos - **Carlitos**; Luis - **Luisito**.

EN TU MUNDO...

1. En los Estados Unidos, ¿es necesario dejar (*leave*) la llave en el registro del hotel cada vez (*each time*) que salimos (*we leave*)?

2. Generalmente, ¿los precios de los hoteles tienen los impuestos (*taxes*) incluidos (*included*)?

3. Aquí, ¿cuáles son algunos diminutivos populares para los nombres de los niños?

ACTIVIDADES

Dígame... Answer the following questions, basing your answers on the dialogue.

1. ¿En qué ciudad está el Sr. Vega? ¿Por qué está allí?
   _____

2. ¿Dónde está el Sr. Vega ahora? ¿Con quién habla?
   _____

3. ¿Cuánto cobran por noche en el hotel? ¿Por cuántas noches necesita el cuarto el Sr. Vega?
   _____

4. ¿Tiene el cuarto baño privado? ¿Qué más (*What else*) tiene?
   _____

5. ¿Cómo desea pagar el Sr. Vega?
   _____

Nombre _____ Sección _____ Fecha _____

6. ¿Qué problemas tiene Carlitos?
_____

7. ¿Es barato el restaurante que queda en la esquina? ¿Es bueno?
_____

8. ¿A qué hora debe desocupar el cuarto la familia Vega?
_____

9. ¿A qué cuarto tiene que llevar las maletas el botones?
_____

10. ¿Quién corre a la piscina?
_____

Hablemos Interview a classmate, using the following questions. When you have finished, switch roles.

1. ¿Tienes televisor en tu habitación?
2. ¿Tienes una cama doble o una cama chica? ¿Qué otros muebles tienes?
3. ¿Tu baño tiene ducha o bañadera?
4. ¿Tu casa (apartamento) tiene piscina? ¿Tiene aire acondicionado?
5. ¿Tienes la llave de tu casa? ¿Qué otras personas tienen la llave?
6. ¿Qué días vienes a la universidad? ¿Con quién vienes?
7. ¿Eres más (*more*) alto(a) o más bajo(a) que tu mamá?
8. ¿Quién es el (la) más (*the most*) inteligente de tu familia?
9. ¿Cuál (*Which*) es el mejor hotel de la ciudad donde vives? ¿Es muy caro?
10. En un hotel, ¿quién lleva tus maletas al cuarto?
11. ¿Qué comes cuando tienes hambre? ¿Qué bebes cuando tienes sed? ¿Tienes sueño?
12. ¿Adónde (*Where*) tienes que ir mañana?

¿Cómo lo decimos?
Complete the following sentences, using the Spanish equivalent of the words in parentheses.

1. Ellos _____ una cama doble y yo _____ una cama chica. (*have / have*)

2. ¿Tú _____ la llave del cuarto? (*have*)

LECCIÓN 4: EN EL HOTEL

Nombre _____ Sección _____ Fecha _____

3. El hotel México es _____ la ciudad. (*the best in*)

4. Mi cuarto es _____ el cuarto de Uds. (*much smaller than*)

5. ¿El cuarto _____ aire acondicionado? Nosotros _____. (*has / are very hot*)

6. Ana _____, pero _____. (*isn't hungry / is very thirsty*)

7. El restaurante Miramar no es _____ el restaurante que queda en la esquina. (*as good as*)

8. Yo no necesito _____ tú, Anita. (*as much money as*)

9. Yo _____ los sábados y el gerente _____ los domingos. (*come / comes*)

10. Elsa es _____ yo. Yo soy _____ la familia. (*much older than / the youngest in*)

¿Qué pasa aquí? With a partner, take turns answering the questions according to what you see in the picture.

1. ¿En qué hotel está la familia Soto?
2. ¿Con quién habla el Sr. Soto?
3. ¿Con quién habla la Sra. Soto?
4. ¿Cómo se llama la hija del Sr. Soto?
5. ¿Qué número tiene la habitación de la familia Soto?
6. ¿Tiene aire acondicionado la habitación de la familia Soto? ¿Televisor?
7. ¿Cuántas maletas tienen los Soto?
8. ¿Quién lleva las maletas al cuarto?
9. ¿Cuánto cobran por una persona en el hotel Caracas?
10. ¿Cuánto cobran por dos personas?
11. ¿Cuánto necesita pagar el Sr. Soto?
12. ¿Es caro el hotel Caracas?

Una encuesta Survey your classmates and your instructor to find someone who fits each of the following descriptions and write the person's name in the space provided. Remember to use the **tú** form when speaking to your classmates and the **Ud.** form when speaking to your instructor. Then, in groups of three, discuss the result of the survey.

Esta persona...

1. ☐ tiene una cama doble en su dormitorio. _____
2. ☐ tiene un televisor grande en su dormitorio. _____
3. ☐ tiene una cómoda en su dormitorio. _____
4. ☐ tiene dos mesitas de noche en su dormitorio. _____
5. ☐ tiene una reclinadora en su sala de estar. _____
6. ☐ tiene ducha y bañadera en su baño. _____
7. ☐ tiene piscina en su casa o apartamento. _____
8. ☐ corre por la mañana. _____
9. ☐ tiene que trabajar mañana. _____
10. ☐ siempre lleva dos maletas cuando viaja. _____

Lección 4: En el hotel

Nombre _____ Sección _____ Fecha _____

11. ☐ viene a la universidad los sábados. _____
12. ☐ tiene sed. _____
13. ☐ tiene hambre. _____
14. ☐ tiene sueño. _____

En estas situaciones
With 2 or more classmates, act out the following situations in Spanish.

1. You are at a hotel in Tegucigalpa. The manager asks if he (she) can help you. You want a room for three people with a private bathroom, a double bed, and a single bed. Discuss with the manager the price of the room. Ask whether the hotel has Internet service.
2. You don't like your room. You want a better one, so you call the hotel manager.
3. You just met a man from El Salvador; ask whether he is here on a business trip.
4. You tell someone that you need to have something to drink because you are very hot and thirsty.

¿Qué dice aquí?
You and a partner want to make hotel reservations for a trip to Tegucigalpa that you are planning. Read the following ad to find the information you need about the hotel, and answer the questions.

Hotel Honduras INTERNACIONAL

Avenida Robles, 554
Tegucigalpa
(504) 932-3312

- ☑ Habitaciones dobles y sencillas con baño privado, aire acondicionado y televisor
- ☑ Restaurante con comida internacional
- ☑ Servicio de habitación las 24 horas del día
- ☑ Música en vivo de jueves a domingo, de 7 a 10 de la noche
- ☑ Piscina, gimnasio y cancha de tenis
- ☑ Amplio estacionamiento

Se aceptan tarjetas de crédito y cheques de viajero
Situado a 15 minutos del aeropuerto

BASIC SPANISH FOR GETTING ALONG

Nombre _____ Sección _____ Fecha _____

1. ¿Cómo se llama el hotel?
2. ¿Cuál es la dirección del hotel?
3. ¿Las habitaciones tienen baño privado? ¿Qué más (*What else*) tienen?
4. ¿Qué tipo (*type*) de comida sirven (*serve*) en el hotel?
5. ¿Podemos (*Can*) comer en la habitación? ¿Por qué?
6. ¿Qué tienen en el hotel de jueves a domingo? ¿A qué hora?
7. ¿El hotel tiene piscina? ¿Qué más tiene?
8. ¿Podemos estacionar (*park*) en el hotel? ¿Por qué?
9. Para pagar, ¿qué aceptan en el hotel?
10. ¿El hotel está situado (*located*) cerca (*near*) del aeropuerto?

Una actividad especial Two or more hotels can be set up in different corners of the classroom. Two or more students are hotel clerks. The rest of the students play the roles of customers. Some suggestions: a couple and their child, two women traveling together, two men on business, a couple on their honeymoon, etc. Students should ask about prices and accommodations, and also try to find out about restaurants. Students should "shop around" before deciding where to stay.

Un paso más

A Review the **Vocabulario adicional** in this **lección** and identify the furniture Alicia has in her house.

1. En su dormitorio, Alicia tiene una _____ chica, un _____, una _____ y dos _____ de noche.
2. En el comedor, Alicia tiene una _____ y ocho _____.
3. En la sala, Alicia tiene dos _____ y una mesa de _____.
4. En el salón de estar, Alicia tiene un _____, dos _____ y un _____.

B Complete the following sentences.

1. No voy a El Salvador. Tengo que _____ la reservación en el hotel.
2. ¿Tienen Uds. _____ de habitación?
3. Deseo _____ una reservación para el quince de mayo en el hotel Azteca.
4. Mis padres van a Honduras el sábado. Tienen que _____ la reservación en el hotel.

LECCIÓN 4: EN EL HOTEL

LETRA DE UNA CANCIÓN INFANTIL (WORDS TO A CHILDREN'S SONG)

Los pollitos° dicen
pío,° pío, pío,
cuando tienen hambre,
cuando tienen frío.
Pío, pío, pío,
pío, pío, pío.

los pollitos *baby chicks*
pío *chirp*

... ¡Y también tiene piscina!

LECCIÓN 5

DE VACACIONES EN MANAGUA

OBJECTIVES

Structures
- Stem-changing verbs (e:ie)
- Some uses of the definite article
- The present progressive
- Ordinal numbers

Communication
- How to discuss prices and accommodations at a boarding house
- Errands and excursions while traveling

Culture: Nicaragua
- Meals
- Boarding houses in the Hispanic world

Aprenda estas palabras

1. el desayuno
2. el almuerzo
3. la cena
4. el periódico (diario)
5. la revista
6. la frazada (cobija, manta)
7. la almohada
8. la toalla
9. el jabón
10. el equipaje
11. la calefacción
12. la semana

De vacaciones en Managua

Ana y Eva, dos chicas mexicanas, están de vacaciones en Managua, la capital de Nicaragua. Ahora están en una pensión del centro. Están hablando con el dueño de la pensión.

Ana —¿Cuánto cobran por un cuarto para dos personas?
El dueño —Con comida, el precio es de 3,300 córdobas[1] por semana.
Eva —¿Eso incluye el desayuno, el almuerzo y la cena?
El dueño —Sí, señorita. ¿Cuánto tiempo piensan estar aquí?
Eva —Pensamos estar una semana en Managua.
Ana —Yo siempre tengo frío por la noche. ¿Tienen calefacción los cuartos?
El dueño —No, pero hay mantas en todas las habitaciones.
Eva —¿Tenemos que pagar por adelantado?
El dueño —Sí, señorita. ¿Llevo el equipaje a la habitación?
Ana —Sí, por favor.

En la habitación, que está en el segundo piso, las dos chicas están conversando.

---

[1] Nicaraguan currency: current rate of exchange: $1.00 = 20 córdobas (*subject to change*)

LECCIÓN 5: DE VACACIONES EN MANAGUA

Nombre _____ **Sección** _____ **Fecha** _____

Eva —¿A qué hora empiezan a servir la cena?
Ana —A las nueve. ¿Por qué? ¿Tienes hambre?
Eva —No, pero quiero ir a la tienda porque necesito comprar jabón y una toalla.
Ana —Vamos. Yo quiero periódicos y revistas. ¿A qué hora cierran la tienda?
Eva —A las diez. Oye, ¿adónde vamos de excursión el lunes?
Ana —Vamos a ir al Palacio Nacional y al Teatro Rubén Darío.
Eva —Bueno, y si tenemos tiempo vamos a ir a ver el lago Nicaragua la semana próxima, ¿verdad?
Ana —Sí, yo quiero ir. Eva ¿dónde está la llave del cuarto?
Eva —¿No está en tu bolso? ¡Ay, mujer! ¡Tú siempre pierdes las benditas llaves!
Ana —¡Aquí están! Vamos.

🔊 **¡Escuchemos!** While listening to the dialogue, circle **V (verdadero)** if the statement is true and **F (falso)** if it is false.

1. Ana y Eva están en un hotel.	V	F
2. El precio de la pensión no incluye el almuerzo.	V	F
3. Eva y Ana piensan estar en Managua por siete días.	V	F
4. Los cuartos de la pensión no tienen calefacción.	V	F
5. Hay frazadas en las habitaciones.	V	F
6. Eva y Ana no tienen que pagar.	V	F
7. Empiezan a servir la cena a las cuatro de la tarde.	V	F
8. Ana no lee revistas.	V	F
9. Ana y Eva piensan ir de excursión.	V	F
10. Las chicas quieren ver el lago Nicaragua.	V	F

Basic Spanish for Getting Along

Nombre _____ Sección _____ Fecha _____

VOCABULARIO

Cognados
la capital
la forma
las vacaciones[1]

Nombres
el bolso *handbag, purse*
el centro *downtown, downtown area*
el cheque personal *personal check*
la comida *food, meal*
el efectivo *cash*
el (la) dueño(a) *owner, proprietor*
el lago *lake*
el piso *floor*
el precio *price*
el teatro *theatre*
el tiempo *time*
la tienda *store*

Verbos
cerrar (e:ie) *to close*
comprar *to buy*
empezar (e:ie), comenzar (e:ie) *to start, to begin*
exagerar *to exaggerate*
firmar *to sign*
incluir[2] *to include*
llenar *to fill*
pensar (e:ie) *to plan, to intend, to think*
perder (e:ie) *to lose*
querer (e:ie) *to want, to wish*
servir (e:i) *to serve*

Adjetivos
bendito(a) *darn, blessed*
próximo(a) *next*
segundo(a) *second*
todos(as) *all, every*

Otras palabras y expresiones
¿adónde? *where (to)?*
bueno... *well...*
¿cuánto tiempo? *how long?*
de vacaciones *on vacation*
¿Eso incluye...? *Does that include...?*
ir de excursión *to go on a tour (excursion)*
por adelantado *in advance*
si *if, whether*
sólo, solamente *only*
Vamos. *Let's go.*
¿Verdad? *Right?*

VOCABULARIO ADICIONAL

Para el desayuno
el café con leche *coffee with milk*
el cereal *cereal*
el chorizo, la salchicha *sausage*
el huevo *egg*
el jamón *ham*
la leche *milk*
la mantequilla *butter*
la margarina *margarine*
la mermelada *marmalade, jam*
el pan *bread*
el pan tostado *toast*
el panqueque *pancake*
el tocino *bacon*

---

[1] **Vacaciones** is always plural in Spanish.
[2] Present indicative: **incluyo, incluyes, incluye, incluimos, incluís, incluyen**

LECCIÓN 5: DE VACACIONES EN MANAGUA

Nombre _____ Sección _____ Fecha _____

Para el almuerzo y la cena
los espaguetis, los tallarines *spaghetti, noodles*
la hamburguesa *hamburger*
las papitas *potato chips*
el perro caliente *hot dog*

el sándwich[1] de
- **atún** *tuna sandwich*
- **pavo** *turkey sandwich*
- **jamón y queso** *ham and cheese sandwich*
- **pollo** *chicken sandwich*

la sopa de
- **arvejas, guisantes** *pea soup*
- **lentejas** *lentil soup*

Notas Culturales

- Breakfast in Spanish-speaking countries generally consists of coffee with milk, and bread and butter. Lunch is the most important meal of the day, and dinner is eaten quite late by American standards, sometimes as late as 10:00 P.M.

- In many Spanish-speaking countries, people have an afternoon snack (**la merienda**) at around 4 P.M. The snack generally consists of tea or coffee with milk and pastries or sandwiches.

- **Pensiones** are an economical alternative to hotels in the Hispanic world. They are used both for short-term stays by travelers and as residences by students and others, particularly in cities where housing is expensive. The price of accommodation often includes meals. Many **pensiones** are no-frills establishments, and basic amenities such as soap and towels may not be provided.

EN TU MUNDO...

1. Generalmente, ¿qué comen y qué beben los norteamericanos en el desayuno?
2. ¿A qué hora cenan los norteamericanos generalmente?
3. La mayoría de los norteamericanos, ¿prefieren los hoteles o los establecimientos llamados (*called*) "*bed and breakfast*"?

---

[1] **el bocadillo,** *in Spain*

Nombre _____ Sección _____ Fecha _____

ACTIVIDADES

Dígame... Answer the following questions, basing your answers on the dialogue.

1. ¿Dónde están Ana y Eva de vacaciones?

2. ¿Están en una pensión o en un hotel? ¿Con quién están hablando?

3. ¿Cuánto cobran por un cuarto para dos personas, y qué incluye el precio?

4. ¿Cuánto tiempo piensan estar Ana y Eva en Managua?

5. ¿Tienen calefacción los cuartos? ¿Qué hay en todas las habitaciones?

6. ¿Cómo tienen que pagar?

7. ¿Quién lleva el equipaje de las chicas a la habitación?

8. ¿A qué hora empiezan a servir la cena? ¿Eva tiene hambre?

9. ¿Por qué quiere ir Eva a la tienda? ¿Qué va a comprar Ana?

10. ¿A qué hora cierran la tienda?

11. ¿Adónde van a ir de excursión el lunes? ¿Adónde quieren ir la semana próxima?

12. ¿Quién pierde siempre las llaves?

13. ¿Qué necesita comprar Eva?

LECCIÓN 5: DE VACACIONES EN MANAGUA

Nombre _____ Sección _____ Fecha _____

Hablemos Interview a classmate, using the following questions. When you have finished, switch roles.

1. ¿Adónde piensas ir de vacaciones? ¿Con quién vas?
2. ¿Cuánto tiempo vas a estar allí?
3. ¿Cuántas maletas vas a llevar?
4. ¿A qué hora van a servir el desayuno en tu casa mañana?
5. ¿Tienes que ir a la tienda el próximo sábado? ¿Qué necesitas comprar?
6. ¿A qué hora cierran las tiendas?
7. ¿A qué hora empiezan tus clases?
8. ¿Qué días de la semana tienes clases?
9. ¿La universidad está en el centro?
10. ¿Qué periódico lees tú? ¿Lees revistas en español?
11. ¿Quieres ir al teatro el sábado? ¿Adónde quieres ir el domingo?
12. ¿Tú siempre pierdes tus llaves?

¿Cómo lo decimos? Give the Spanish equivalent of the words in parentheses.

1. Nosotros vamos al hotel _____. Yo _____ por adelantado. (*next week / plan to pay*)

2. ¿Ustedes _____ un cuarto en el _____ piso, en el _____ piso o en el _____ piso? (*prefer / first / third / tenth*)

3. El dueño de la pensión _____ con Eva. Él _____ que el precio no incluye las comidas. (*is speaking / is saying*)

4. Ellos _____ dos frazadas y dos almohadas y yo _____ dos toallas. (*want / want*)

5. ¿Tú _____ un periódico o sólo una revista? (*want to buy*)

6. ¿A qué hora _____ la cena? (*do they start to serve*)

7. Ellos _____ el restaurante _____. (*close / on Sundays*)

8. _____ es a las siete y _____ es al mediodía. (*Breakfast / lunch*)

9. El camarero _____ el café. (*is serving*)

10. Marisol y Luisa _____. Ellas _____ de excursión. (*are sleeping / don't want to go*)

11. Ana _____ y _____ la forma. (*is filling / is signing*)

70 BASIC SPANISH FOR GETTING ALONG

¿Qué pasa aquí? Answer the following questions according to what you see in the pictures.

A.

1. ¿En que pensión está la familia Ortiz?
2. ¿Cuántas personas hay en la familia?
3. ¿Cuántos años tiene Paco?
4. ¿Cuánto tiempo va a estar la familia Ortiz en la pensión?

B.

1. ¿Qué número de cuarto tiene la familia Ortiz?
2. ¿En qué piso está la habitación?
3. ¿Cuántas camas hay en el cuarto? (¿Cuántas almohadas?) (¿Hay frazadas en las camas?)
4. ¿Tiene baño privado el cuarto?
5. ¿Tiene ducha el baño?
6. ¿Hay toallas en el baño?
7. ¿El equipaje está en el cuarto?

C.

1. ¿A qué tienda van el Sr. Ortiz y su hijo?
2. ¿Qué quiere comprar el Sr. Ortiz?
3. ¿Qué quiere leer Paco?

D.

1. ¿Qué hora es?
2. ¿A qué hora empiezan a servir el desayuno en la pensión?
3. ¿Qué beben los señores (*Mr. and Mrs.*) Ortiz?
4. ¿Paco bebe café?

LECCIÓN 5: DE VACACIONES EN MANAGUA

Nombre _____ **Sección** _____ **Fecha** _____

Una encuesta Survey your classmates and your instructor to find someone who fits each of the following descriptions and write the person's name in the space provided. Remember to use the **tú** form when speaking to your classmates and the **Ud.** form when speaking to your instructor. Then, in groups of three, discuss the result of the survey.

Esta persona...

1. ☐ tiene hambre. _____
2. ☐ come comida italiana. _____
3. ☐ come tocino con huevos. _____
4. ☐ come sándwiches de atún. _____
5. ☐ piensa ir al cine la semana próxima. _____
6. ☐ quiere ir a la tienda el sábado. _____
7. ☐ piensa ir de excursión con sus amigos. _____
8. ☐ va de vacaciones en el verano. _____
9. ☐ lee el periódico los domingos. _____
10. ☐ necesita comprar jabón. _____
11. ☐ tiene dos frazadas en su cama. _____
12. ☐ a veces (*sometimes*) pierde las llaves. _____
13. ☐ siempre paga en efectivo. _____
14. ☐ no tiene almohadas en su cama. _____
15. ☐ siempre exagera. _____

Nombre _____ Sección _____ Fecha _____

En estas situaciones
With 2 or more classmates, act out the following situations in Spanish.

1. You want a room at a boarding house. You need the following information.
   a. how much they charge for a room for two people
   b. whether the price includes meals
   c. whether the room has a private bathroom and heat
   d. if you have to pay in advance
   e. whether they have a room on the first floor
   f. at what time they start serving breakfast
2. You go to see the owner of the **pensión** because you are cold and there are no blankets in your room.
3. You tell some friends that you want to go to the store because you need soap and towels. You also tell them that the store closes at six.
4. You accuse your friend of always losing her "darn purse."
5. You ask a couple of friends if they want to go to the lake next week.

¿Qué dice aquí?
Friends of yours are planning to travel to Managua and are asking you about places to stay. Answer their questions with a partner, using the information found in the ad on page 74.

1. ¿Cuál es el nombre *(name)* del hotel? ¿En qué ciudad está?
2. ¿Cómo son los servicios del hotel?
3. ¿El precio del hotel incluye todas las comidas?
4. ¿Qué comida incluye?
5. ¿Debo pagar extra por el uso de la televisión?
6. Si llevo a mis hijos de nueve y siete años, ¿cuánto debo pagar extra por ellos?
7. ¿Qué puedo *(can)* usar en el hotel?
8. ¿Tiene el hotel conexión a Internet? ¿Dónde?
9. ¿Qué descuento *(discount)* especial ofrece *(offers)* el hotel?
10. ¿A qué número debo llamar para hacer reservaciones?

LECCIÓN 5: DE VACACIONES EN MANAGUA

Nombre _____ Sección _____ Fecha _____

¡IMAGÍNESE EN MANAGUA, NICARAGUA!

HOTEL RIVIERA
En el mismo centro de Managua

¡No pierda esta magnífica oportunidad!

Disfrute de los excelentes servicios y de la tradicional hospitalidad que nuestro hotel tiene para Ud.

El paquete para turistas incluye:

- Preciosa habitación de lujo con TV digital gratuita, vía satélite
- Desayuno americano
- Estancia gratuita para niños menores de 12 años en la habitación de los padres
- Uso de las canchas de tenis
- Cóctel de bienvenida
- Conexión a Internet en las habitaciones
- 20% de descuento en todas las excursiones

**Reservaciones:
Teléfono 65-2934
¡LO ESPERAMOS!**

Nombre _____ Sección _____ Fecha _____

LECCIONES 1-5 REPASO

Práctica de vocabulario (*Vocabulary practice*)

A Circle the word or phrase that does not belong in each group.

1. tenedor, cuchara, helado
2. camarero, cuchillo, mesero
3. propina, papa, bistec
4. verduras, vegetales, agua mineral
5. queso, comida, casa
6. comer, cenar, anotar
7. amigo, padre, cine
8. cine, película, madrina
9. sala, primo, hermano
10. marido, estudiante, esposo
11. todos, muchos, guapos
12. ahora, aquí, allí
13. está, queda, tiene
14. próximo, compra, precio
15. alto, de estatura mediana, aburrido
16. bailar, celebrar, pasar
17. cheque personal, efectivo, ponche
18. celebrar, brindar, exagerar

B Match the questions in column **A** with the corresponding answers in column **B**.

A

1. ¿Qué desea de postre?
2. ¿Quién paga la cuenta?
3. ¿Desea tomar algo?
4. ¿A qué hora abren?
5. ¿Qué anota?
6. ¿Deseas torta al ron?
7. ¿Es bonita?
8. ¿Dónde está Carlos?
9. ¿De dónde eres?
10. ¿Cuánto cobran?
11. ¿Dónde está la pensión?
12. ¿Adónde piensan ir?
13. ¿Es el dueño?
14. ¿Ellas trabajan?
15. ¿Vamos?

B

a. El pedido.
b. Aquí, con nosotros.
c. A México.
d. Cien dólares por noche.
e. No, están de vacaciones.
f. Raquel.
g. No, el gerente.
h. Al mediodía.
i. Tres.
j. No, no me gusta.
k. En el centro.
l. No, acabo de comer.
m. Sí, y muy inteligente.
n. De Buenos Aires.
o. Sí, dame vermut, por favor.

Nombre _____ Sección _____ Fecha _____

A

16. ¿Tienes hambre? _____
17. ¿Cuántas personas hay en el cuarto? _____
18. ¿Quieres agua? _____
19. ¿Qué están tocando? _____
20. ¿Son guapos? _____

B

p. Bueno.
q. Helado.
r. Una salsa.
s. Sí, y muy simpáticos.
t. Sí, con hielo, por favor.

C Circle the word or phrase that best completes each sentence.

1. Deseo (un lago, una taza) de café.
2. Deseo café con crema y (cuenta, azúcar).
3. ¿Deseas (agua, helado) de vainilla?
4. Necesito cheques de (verduras, viajero).
5. Comen (botella, pastel) de coco.
6. Vamos a comer (pedidos, chuletas) de cerdo.
7. Van a un restaurante para (traer, cenar).
8. Comen cordero (guapo, asado).
9. Voy a comer papas fritas o papas (sabrosas, al horno).
10. (En seguida, Un rato) regreso.
11. No es alto; es (gordo, bajo).
12. No baila porque (es delgada, está cansada).
13. El esposo de mi hija es mi (cuñado, yerno).
14. El hijo de mi hermano es mi (sobrino, nieto).
15. Hay una frazada y una (semana, almohada) en la cama.
16. La casa tiene (teatro, calefacción) y aire acondicionado.
17. ¿Qué (incluye, quiere) el precio?
18. No voy porque no tengo (tiempo, comida).
19. ¿A qué hora (empiezan, compran) a servir la comida?
20. ¿Debemos pagar por (rico, adelantado)?
21. Siempre (pierdes, cierras) la bendita llave.
22. Ana y Diego (corren, conversan) mientras (*while*) bailan.
23. Necesito una manta porque tengo (calor, frío).
24. Quizás voy a (asistir, esperar) a la conferencia mañana.
25. Voy a tomar agua porque tengo (hambre, sed).
26. Hoy es nuestro aniversario de (bodas, santo).
27. ¿Qué día es hoy, (febrero, martes)?
28. Es (una capital, un viaje) de negocios.
29. ¿Es caro o (feliz, barato)?
30. ¿No está? (Entonces, Siempre) llamo más tarde.
31. (Pasamos, Exageramos) por ti a las diez.
32. Tiene que firmar (la forma, el servicio de Internet).
33. Tengo (sueño, sólo) diez dólares.
34. Elsa es mi mejor (amiga, copa).

Basic Spanish for Getting Along

Nombre _____ Sección _____ Fecha _____

D Write the words in Spanish in the blanks provided. What phrase is formed vertically?

1. hot   _ _ _ _ _ _ _
2. let's go   _ _ _ _ _
3. also, too   _ _ _ _ _ _ _ _
4. many   _ _ _ _ _
5. all, every (*pl.*)   _ _ _ _ _
6. price   _ _ _ _ _
7. meal   _ _ _ _ _ _
8. to sign   _ _ _ _ _ _ _
9. next   _ _ _ _ _ _
10. we see   _ _ _ _
11. what   _ _ _
12. wife   _ _ _ _ _
13. potato   _ _ _ _ _
14. tomorrow   _ _ _ _ _ _ _
15. bathroom   _ _ _ _
16. now   _ _ _ _
17. lunch   _ _ _ _ _ _

E Crucigrama. Use the clues provided below to complete the crossword puzzle on page 81.

HORIZONTAL

4.
6.
7.
8.
11.
13.

LECCIONES 1-5: REPASO

Nombre _____ Sección _____ Fecha _____

14. 15. 18.

20. 22. 23.

24. 25. 26.

Vertical

1. 2. 3.

5. 9. 10.

12. 16. 17.

19. 20. 21.

Nombre _____ Sección _____ Fecha _____

Práctica oral (*Oral practice*)

The speaker will ask you some questions. Answer each question, using the cue provided. The speaker will verify your response. Repeat the correct answer.

1. ¿Tú eres estudiante? (sí)
2. ¿Dónde estás ahora? (en la universidad)
3. ¿De dónde eres? (de California)
4. ¿De dónde son tus padres? (de México)
5. ¿Dónde vive tu familia? (aquí)
6. ¿Tus abuelos viven aquí también? (no)
7. ¿Tienes hermanos? (sí, un hermano y una hermana)
8. ¿Tu hermana tiene novio? (sí)
9. ¿El novio de tu hermana es guapo? (sí, y muy inteligente)
10. ¿Tienes muchos primos? (sí)
11. ¿Adónde vas tú los sábados? (a casa de mis amigos)
12. ¿Tienes hambre? (no)
13. ¿Qué quieres comer? (bistec y ensalada)
14. ¿Qué quieres beber? (un vaso de agua mineral)
15. ¿Te gusta el pescado? (no)
16. ¿Te gusta la langosta? (sí)
17. ¿Deseas comer chuletas de cordero o chuletas de cerdo? (chuletas de cerdo)
18. ¿Qué quieres de postre? (helado de vainilla)
19. ¿Es sabroso el pastel de coco? (sí, muy sabroso)
20. ¿Qué quiere de postre tu hermano? (fruta)
21. Después del postre, ¿bebes té o café? (café)
22. ¿A qué hora cenan Uds. en su casa? (a las seis)
23. ¿A qué hora regresas tú a tu casa? (a las cuatro)

LECCIONES 1-5: REPASO

Nombre _____ **Sección** _____ **Fecha** _____

24. ¿Tú lees un rato después de cenar? (sí)
25. ¿Lees periódicos o revistas? (revistas)
26. ¿Tú das muchas fiestas en tu casa? (sí)
27. ¿A quiénes invitas? (a mis amigos)
28. ¿Tus amigos son norteamericanos? (sí)
29. ¿Te gusta conversar o bailar? (conversar)
30. ¿Tú bailas bien? (sí, muy bien)
31. ¿Cuántos televisores tienes en tu casa? (tres)
32. ¿Cuántas camas hay en tu cuarto? (una)
33. ¿Cuántos baños tiene tu casa? (dos)
34. ¿Los baños tienen ducha o bañadera? (ducha y bañadera)
35. ¿Tu casa tiene piscina? (no)
36. ¿Cuántas tarjetas de crédito tienes tú? (tres)
37. En un buen hotel, ¿cuánto cobran por noche? (cien dólares)
38. Si vas a un hotel, ¿a qué hora tienes que desocupar el cuarto? (al mediodía)
39. ¿Hay un restaurante en la esquina de tu casa? (no)
40. ¿Qué necesitas comprar en la tienda? (una toalla)

🔊 Para leer y entender (*To read and understand*)

Listen to the reading, paying special attention to pronunciation and intonation. Make sure you understand and remember as much as you can.

Alicia Pérez de Alba vive en Los Ángeles, California, con su esposo Miguel y sus dos hijos, Ángel y Ana María.
    Alicia es de Cuba y no habla muy bien el inglés. El resto de su familia vive en Miami.
    Miguel es de San Bernardino y sus padres viven allí. Él trabaja[1] como profesor de español en la escuela secundaria.
    Ángel y su hermana van a la escuela primaria. El niño as alto y delgado y la niña es muy bonita. Él tiene once años y ella tiene nueve.
    La casa de los Alba no es muy grande; tiene tres dormitorios y dos baños. No tiene aire acondicionado, pero tiene calefacción.
    Los sábados, los Alba generalmente van a un restaurante italiano que queda en la esquina de su casa. No es un restaurante caro, pero es muy bueno y los raviolis, los espaguetis y la lasaña son deliciosos.
    Los domingos por la mañana, Alicia y Miguel leen el periódico y los niños estudian. Por la tarde van a visitar a los padres de Miguel.

Now answer the following questions.

1. ¿Con quién vive Alicia?
2. ¿Los Alba viven en una ciudad grande?
3. ¿Quién es Miguel?
4. Uno de los Alba es de La Habana; ¿cuál?
5. ¿Los padres de Alicia viven en California?
6. ¿Qué habla mejor Alicia, el español o el inglés?
7. ¿Dónde trabaja el esposo de Alicia?
8. ¿Miguel enseña verbos o álgebra en su clase?
9. ¿Quién es el hermano de Ana María?
10. ¿Los niños van a la escuela secundaria?
11. ¿Ángel es bajo y gordo?
12. ¿Cuántos años tiene Ana María?

---

[1] *works*

Nombre _____ **Sección** _____ **Fecha** _____

13. ¿Cuántos dormitorios y cuántos baños tiene la casa de los Alba?

14. ¿Qué tiene y qué no tiene la casa?

15. ¿Dónde queda el restaurante italiano?

16. ¿Necesitan mucho dinero para ir al restaurante?

17. ¿Alicia y Miguel trabajan los domingos?

18. ¿Quiénes leen el periódico y quiénes estudian los domingos?

19. ¿A qué ciudad van los Alba los domingos por la tarde?

20. ¿A quiénes visitan?

Lección 6

En una pensión en San José

Objectives

Structures
- Stem-changing verbs (**o:ue**)
- Affirmative and negative expressions
- Pronouns as object of a preposition
- Direct object pronouns

Communication
- Commenting on accommodations at a boarding house
- Making plans

Culture: Costa Rica and Panamá
- Living arrangements for students
- Pharmacies in the Hispanic world

Nombre _____ Sección _____ Fecha _____

Aprenda estas palabras

1. un cuarto exterior (con vista a la calle)
2. una cuadra
3. la farmacia
4. la funda
5. la sábana
6. el ómnibus / el autobús
7. el vestíbulo
8. todos los días

LUNES	MARTES	MIÉRCOLES	JUEVES	VIERNES	SÁBADO	DOMINGO
11	12	13	14	15	16	17

En una pensión en San José

Delia y David son dos estudiantes de Panamá que acaban de llegar a San José para estudiar en la universidad. Ahora están conversando en el vestíbulo de la pensión donde viven mientras esperan el autobús para ir de excursión al Parque Braulio Carrillo.

Delia —David, ¿qué tal es tu habitación? ¿Es cómoda?
David —No es mala, pero es interior y yo prefiero las habitaciones exteriores.
Delia —Un problema es que no cambian las sábanas y las fundas todos los días...
David —No, no las cambian diariamente y la almohada y el colchón son muy incómodos.
Delia —Y el televisor del comedor no funciona nunca.
David —Es verdad... pero la comida es excelente.
Delia —Ya lo creo. Es casi tan buena como la de Panamá. Oye, ¿a qué hora cierran el Museo del Oro?
David —Probablemente lo cierran a las siete, pero no estoy seguro.
Delia —Entonces podemos ir hoy porque volvemos de la excursión a las cuatro.
David —Delia, ¿Armando va a llamarte esta noche?
Delia —Sí, me va a llamar a eso de las nueve. Mañana almuerzo con él.
David —Oye, ¿tú tienes una lista de lugares de interés? Yo no tengo ninguna.
Delia —Yo tengo una, pero no recuerdo dónde la tengo.
David —Hay tantos lugares que tenemos que visitar... el volcán Arenal; el lugar donde hay tantas mariposas...
Delia —Sí. ¡Ah!, necesito comprar aspirinas. ¿Hay una farmacia cerca de aquí?
David —Hay una a tres cuadras de la pensión. Si quieres, voy contigo.
Delia —¡Ay, caramba! No podemos ir ahora porque ya viene el autobús a buscarnos.
David —Vamos; el Parque Braulio Carrillo nos espera.

Nombre _____ Sección _____ Fecha _____

🔊 **¡Escuchemos!** While listening to the dialogue, circle **V (verdadero)** if the statement is true and **F (falso)** if it is false.

1. Delia y David van a estudiar en la universidad.   V   F
2. Delia y David piensan ir de excursión.   V   F
3. Delia no puede ver televisión en el comedor de la pensión.   V   F
4. La comida de la pensión no es muy buena.   V   F
5. Delia y David vuelven de la excursión a la una de la tarde.   V   F
6. Delia va a almorzar con Armando mañana.   V   F
7. David tiene muchas listas de lugares de interés en San José.   V   F
8. Delia necesita comprar revistas.   V   F
9. Hay una farmacia cerca de la pensión.   V   F
10. Delia y David van al Parque Braulio Carrillo en taxi.   V   F

🌐 Audio VOCABULARIO

Cognados
la aspirina
excelente
exterior
interior
la Internet
el museo
el parque
probablemente
el problema
el volcán

Nombres
el colchón *mattress*
el lugar *place*
el lugar de interés *place of interest*
la mariposa *butterfly*

el correo electrónico *e-mail*
el oro *gold*

Verbos
almorzar (o:ue) *to have lunch*
buscar *to pick up, to get*
cambiar *to change*
estudiar *to study*
funcionar *to work, to function*
llegar *to arrive*
mandar *to send*
poder (o:ue) *to be able*
preferir (e:ie) *to prefer*
recordar (o:ue) *to remember*
usar *to use*
visitar *to visit*
volver (o:ue) *to return, to come (go) back*

Nombre _____ Sección _____ Fecha _____

Adjetivos

alguno(a) *any, some*
cómodo(a) *comfortable*
incómodo(a) *uncomfortable*
malo(a) *bad*
ninguno(a) *none, not any*
seguro(a) *sure*
tantos(as) *so many*

Otras palabras y expresiones

a... cuadras de... *blocks from*
a eso de *at about*
¡caramba! *gee!*
casi *almost*
cerca (de) *near, close*
contigo *with you (fam.)*
diariamente *daily*
es verdad *it's true*
esta noche *tonight*
nunca *never*
que *that*
¿Qué tal es...? *What is... like?*
ya *already, now*
¡Ya lo creo! *I'll say!*

🌐 VOCABULARIO ADICIONAL

En una excursión

el castillo *castle*
la catedral *cathedral*
el guía *guide*
el jardín botánico *botanical garden*
el monasterio *monastery*
el monumento *monument*
el palacio *palace*

Lugares de diversión (*Places of entertainment*)

el club nocturno *nightclub*
la discoteca *discotheque, disco*
el estadio *stadium*
el hipódromo *racetrack*
el parque de diversiones *amusement park*
el zoológico *zoo*

Notas Culturales

- Very few universities in Latin American countries have dormitories. Students who don't live with their families stay at boarding houses that provide room and board.

- In most Hispanic countries, pharmacies sell mainly medicine. In some countries it is possible to buy certain medicines without a prescription. Many pharmacists are trained to give shots.

- In Spain and in Latin American countries there is always a pharmacy, in each neighborhood, that stays open at night. Since they take turns staying open they are called *farmacias de turno*.

LECCIÓN 6: EN UNA PENSIÓN EN SAN JOSÉ

Nombre _____ Sección _____ Fecha _____

En Tu Mundo...

1. La mayoría de los estudiantes universitarios, ¿prefiere vivir en su casa o en la universidad?
2. ¿Hay en tu ciudad farmacias de turno?
3. En este país, ¿es posible comprar antibióticos sin receta (*prescription*) médica?

Actividades

Dígame... Answer the following questions, basing your answers on the dialogue.

1. ¿Quiénes son Delia y David? ¿Adónde acaban de llegar?

2. ¿Qué están haciendo (*doing*) Delia y David en el vestíbulo de la pensión? ¿Adónde van a ir de excursión?

3. ¿Adónde van a ir de excursión?

4. ¿Es interior o exterior la habitación de David? ¿Es cómoda?

5. ¿Qué problemas menciona David?

6. ¿Cómo es la comida en la pensión? ¿Es tan buena como la de Panamá?

7. ¿A qué hora vuelven Delia y David de la excursión?

8. ¿A qué hora va a llamar Armando a Delia?

9. ¿Con quién almuerza Delia mañana?

10. ¿Qué no recuerda Delia?

11. ¿Qué lugares quiere visitar David?

Nombre _____ Sección _____ Fecha _____

12. ¿Qué necesita comprar Delia? ¿Dónde hay una farmacia?
_____

13. ¿Por qué no pueden ir Delia y David a la farmacia?
_____

Hablemos Interview a classmate, using the following questions. When you have finished, switch roles.

1. ¿Qué ciudades (*cities*) de los Estados Unidos te gusta visitar?
2. ¿Hay muchos lugares de interés en la ciudad donde tú vives? ¿Cuáles?
3. ¿Te gusta visitar los museos? ¿Prefieres los museos de arte o los museos de ciencias?
4. ¿Adónde quieres ir de excursión? ¿Por qué?
5. Cuando estás en un hotel, ¿prefieres una habitación interior o exterior?
6. ¿A qué hora almuerzas tú todos los días? ¿Dónde? ¿Con quién?
7. ¿Es buena o mala la comida de la cafetería?
8. ¿Hay una farmacia cerca de tu casa? ¿A cuántas cuadras?
9. ¿Funciona bien tu televisor?
10. ¿Es cómodo o incómodo tu colchón? ¿Cuántas almohadas tienes en tu cama?
11. ¿Cambias las sábanas y las fundas de tu cama diariamente?
12. ¿Dónde vas a estar esta noche a eso de las diez?

¿Cómo lo decimos? Complete the following sentences, using the Spanish equivalent of the words in parentheses.

1. El colchón _____ trescientos dólares y las sábanas _____ treinta dólares. (*costs / cost*)
2. ¿Las fundas son _____ o _____, Paquito? (*for you / for me*)
3. ¿Y las sábanas? ¿Es verdad que ellos _____ todos los días? (*change them*)
4. Nosotros _____ esta noche. Pensamos ir a una discoteca _____ al estadio. (*don't need anything / or*)
5. _____ lugar de interés cerca de aquí. (*There isn't any*)
6. Ana _____ a la catedral hoy. Ella _____ con sus padres. (*can't take us / is having lunch*)
7. ¿Tú tienes el número de teléfono del museo? Yo _____. (*don't remember it*)
8. ¿El guía _____ al castillo _____, Anita? (*can go / with you*)
9. ¿Ustedes _____ al club nocturno _____? (*return / with me*)
10. Yo prefiero _____ al parque de diversiones, Carlitos. (*to take you*)

LECCIÓN 6: EN UNA PENSIÓN EN SAN JOSÉ

Nombre _____ Sección _____ Fecha _____

¿Qué pasa aquí? With a partner, answer the following questions according to what you see in the picture.

A.

1. ¿Dónde están Estela y Carmen?
2. ¿Adónde va a ir Estela de excursión?
3. ¿A qué hora viene el ómnibus?
4. ¿Qué hace Estela mientras espera?
5. ¿Adónde quiere ir Carmen?

B.

1. ¿Tiene Mario una habitación interior?
2. ¿Qué tal es la habitación?
3. ¿Funciona la calefacción del cuarto?
4. ¿Qué hay en la cama de Mario?
5. Mario tiene una idea. ¿Qué va a pedir?

C.

1. ¿Qué quiere saber (*to know*) Luis?
2. ¿Qué dice Olga?
3. ¿A cuántas cuadras está la tienda?
4. ¿Qué quiere comprar Luis en la tienda?
5. ¿Por qué no quiere Olga ir a la tienda?

Nombre _____ Sección _____ Fecha _____

Una encuesta Survey your classmates and your instructor to find someone who fits each of the following descriptions and write the person's name in the space provided. Remember to use the **tú** form when speaking to your classmates and the **Ud.** form when speaking to your instructor. Then, in groups of three, discuss the result of the survey.

Esta persona...

1. ☐ almuerza en la cafetería de la universidad. _____
2. ☐ puede venir a la universidad el sábado. _____
3. ☐ vuelve a su casa muy tarde. _____
4. ☐ vive cerca de una farmacia. _____
5. ☐ llega a la universidad a las ocho. _____
6. ☐ estudia diariamente. _____
7. ☐ va al jardín botánico a veces. _____
8. ☐ va al estadio a veces. _____
9. ☐ visita muchos museos. _____
10. ☐ cierra su cuarto por la noche. _____
11. ☐ tiene un colchón muy cómodo. _____
12. ☐ necesita comprar sábanas y fundas. _____
13. ☐ usa mucho la Internet. _____
14. ☐ manda correos electrónicos todos los días. _____
15. ☐ vive a muchas cuadras de la universidad. _____

En estas situaciones With 2 or more classmates, act out the following situations in Spanish.

1. You are not very happy about the quality of the hotel where you are staying: the room is uncomfortable for a number of reasons, and the service is not what it should be. You decide to call the manager and complain.
2. You and a friend are visiting a Hispanic city and want to visit as many places of interest as possible. Your friend needs to buy aspirin, though, and wants to go to a pharmacy first. There is a pharmacy four blocks from your hotel.

LECCIÓN 6: EN UNA PENSIÓN EN SAN JOSÉ

Nombre _____ **Sección** _____ **Fecha** _____

3. You and some friends are discussing the quality of the food at the hotel where you are staying. You think it's good, but your friends do not.

4. You and your friend are going on an excursion by bus. Ask him/her what time and where the bus is going to pick you up.

¿Qué dice aquí? You and a partner are working the front desk at the Hotel Edén. Take turns answering the following questions phoned in by prospective customers, basing your answers on the ad below.

1. ¿Qué precio tienen las habitaciones para dos personas?
2. ¿Las habitaciones son interiores?
3. ¿Cuánto debemos pagar por estacionar (*to park*) el auto en el hotel?
4. ¿El hotel tiene piscina?
5. Si llegamos (*we arrive*) el viernes, ¿cuándo debemos desocupar la habitación?
6. En diciembre, ¿las habitaciones cuestan 130 dólares?
7. Si vienen nuestros dos hijos, ¿debemos pagar más?

VENGA A DISFRUTAR DE LA PLAYA

3 Días/2 Noches

$130.00*(por habitación máximo 4 personas)

Fin de semana
(Viernes a domingo)
en el fabuloso
Hotel Edén

Incluye:
- Habitación de lujo con vista al mar o a la bahía
- Estacionamiento gratuito (un auto por habitación)
- Sillas reclinables en la piscina
- Toallas de playa para su uso diario
- Nevera compacta
- Salida tarde el domingo (basada en la ocupación)
- Impuestos de habitación

*Especial de julio y agosto solamente.
Esta tarifa está también disponible entre semana.

Para reservaciones: 531-0000

94   **BASIC SPANISH FOR GETTING ALONG**

Nombre _____ Sección _____ Fecha _____

Una actividad especial
In small groups, students will play the roles of guests at boarding houses. Three to four "guests" will get together and write a list of complaints about the accommodations.

Un paso más
Review the **Vocabulario adicional** in this **lección,** and complete the following sentences with the appropriate word.

1. Mañana voy a ir al _____ Botánico.
2. Hay muchos animales de África en el _____.
3. Disneylandia es mi _____ favorito.
4. Los monjes (*monks*) viven en el _____.
5. El _____ nos va a llevar a visitar la Catedral.
6. Si quieres bailar, podemos ir a una _____ o a un club _____.
7. El _____ a Lincoln está en Washington.
8. Vamos al _____ a ver una carrera de caballos (*horse race*).
9. El Madison Square Garden es un _____ muy famoso.

CANTE ESTA CANCIÓN

(To the tune of "Frère Jacques")

Buenos días, buenos días,
¿Duerme Ud.? ¿Duerme Ud.?
Suena la campana,° suena la campana.   **Suena la campana** *The bell is ringing*
Din, din, don. Din, din, don.

LECCIÓN 6: EN UNA PENSIÓN EN SAN JOSÉ

Lección 7

¡Buen viaje!

Objectives

Structures
- Stem-changing verbs (e:i)
- Irregular first-person forms
- **Saber** contrasted with **conocer**
- Indirect object pronouns

Communication
- How to make travel arrangements and get information about traveling

Culture: Puerto Rico
- Traveling to Cuba

Aprenda estas palabras

1. EL AEROPUERTO
2. el avión
3. el bolso de mano (maletín)
4. la puerta de salida
5. el cigarrillo
6. NO FUMAR
7. el pasaje (billete)
8. los pasajeros
9. subir al avión, abordar el avión
10. el pasaporte
11. la ventanilla
12. el asiento
13. de ida
14. de ida y vuelta
15. hoy / mañana / pasado mañana

¡Buen viaje!

La señora Alicia Paz, una profesora cubana que vive en Puerto Rico, va a una agencia de viajes en San Juan porque quiere ir a Cuba el mes próximo. Ahora compra un pasaje y le pide información a la agente.

Sra. Paz —Quiero un pasaje de ida y vuelta a La Habana.
Agente —¿Primera clase o clase turista?
Sra Paz —Clase turista. ¿Cuándo hay vuelos?
Agente —Los martes, jueves y sábados a las nueve de la mañana.
Sra. Paz —¿Los pasajes son más baratos los fines de semana?
Agente —Generalmente son más económicos entre semana.
Sra. Paz —Yo puedo viajar el 23, que es martes. ¿Cuándo hago la reservación?
Agente —¿Dice que quiere viajar el día 23? Debe reservarlo hoy mismo.
Sra. Paz —¿Cuánto cuesta un billete de clase turista?
Agente —Tiene que comprar un paquete que incluye el pasaje, el hotel y las excursiones, y cuesta ochocientos dólares por una semana.
Sra. Paz —¿Sabe usted si hay excursiones a la playa de Varadero?
Agente —No lo sé, pero puedo averiguarlo.
Sra. Paz —¿Necesito algún documento para viajar a Cuba? ¿Pasaporte... visa...?
Agente —Si usted es ciudadana americana, solamente necesita la visa.
Sra. Paz —¿Cuándo tengo que confirmar la reservación? ¿Pasado mañana?
Agente —No, puede confirmarla el día 20.

La agente le da a la Sra. Paz unos folletos que tienen información sobre los lugares de interés que puede visitar en Cuba.

Nombre _____ **Sección** _____ **Fecha** _____

En el aeropuerto, la Sra. Paz habla con un empleado de la aerolínea.

Sra. Paz —Quiero un asiento para el vuelo 406 a La Habana.
Empleado —¿Quiere un asiento de pasillo o un asiento de ventanilla?
Sra. Paz —Un asiento de pasillo. ¡Ah! ¿Cuántos bolsos de mano puedo llevar conmigo?
Empleado —Uno. Aquí tiene los comprobantes para su equipaje.

En la puerta de salida:

"Última llamada. Pasajeros para el vuelo 406 a La Habana, favor de ir a la puerta de salida número seis para abordar el avión."

¡Escuchemos! While listening to the dialogue, circle **V (verdadero)** if the statement is true and **F (falso)** if it is false.

1. Alicia Paz es estudiante.	V F
2. La Sra. Paz viaja en primera clase.	V F
3. Los sábados no hay vuelos a Cuba.	V F
4. La agente dice que la Sra. Paz debe reservar el pasaje hoy.	V F
5. El paquete incluye el pasaje, el hotel y las excursiones.	V F
6. Los pasajes son más baratos entre semana.	V F
7. La Sra. Paz prefiere un asiento de ventanilla.	V F
8. La Sra. Paz puede llevar dos bolsos de mano con ella.	V F
9. El vuelo a La Habana es el 406.	V F
10. La Sra. Paz va a abordar el avión en la puerta de salida número seis.	V F

VOCABULARIO

Cognados
la aerolínea
el (la) agente
el documento
la información
la visa, el visado (*España*)

Nombres
la agencia de viajes *travel agency*
el asiento de pasillo (de ventanilla) *aisle (window) seat*
el billete *ticket*
el comprobante *claim check, claim ticket*
el folleto *brochure*
la llamada *call*
el mes *month*
la playa *beach*
el (la) viajero(a) *traveler*
el vuelo *flight*

Verbos
averiguar *to find out*
costar (o:ue) *to cost*
decir[1] **(e:i)** *to say, to tell*
reservar *to reserve*
saber *to know (a fact)*
viajar *to travel*

Adjetivos
algún, alguno(a) *any, some*
menos *less*
último(a) *last*
unos(as) *some*

Otras palabras y expresiones
¡Buen viaje! *Have a nice trip!*
la clase turista *tourist class*
conmigo *with me*
¿cuándo? *when?*
entre semana *during the week*
favor de (+ *infinitivo*) *please (do something)*
generalmente *generally*
hoy mismo *today, this very day*
pagar exceso de equipaje *to pay excess baggage fee*
pasado mañana *the day after tomorrow*
primera clase *first class*
sobre *about*

VOCABULARIO ADICIONAL

Otras palabras relacionadas con los viajes
¿A cómo está el cambio de moneda? *What's the rate of exchange?*
la aduana *customs*
el (la) auxiliar de vuelo *flight attendant*
hacer escala *to make a stopover*
hacer un crucero *to take a cruise*
la llegada *arrival*
la sala de equipaje *baggage claim area*
la salida *departure*
la tarjeta de embarque (embarco) *boarding pass*
el vuelo directo *direct flight*

---

[1] Irregular first person: **yo digo**

Nombre _____ Sección _____ Fecha _____

> **Notas Culturales**
>
> New rules for travel to Cuba:
> - According to the new U.S. guidelines, Cuban Americans can go to Cuba every 12 months. The new rules permit trips not just to visit close family members, such as parents and siblings, but also to visit extended family, such as great aunts and second cousins.
> - Nevertheless, Cuban Americans, journalists, and researchers need to clear their visas through the Cuban Interests Section in Washington, D.C.
> - The American government does not specifically prohibit other Americans from visiting Cuba, but prohibits them from spending money there.

En tu mundo...

1. ¿Qué países (*countries*) visitan muchos norteamericanos cuando están de vacaciones?
2. ¿Visitan muchos extranjeros (*foreigners*) este país?
3. ¿Necesitan los norteamericanos visa para viajar a México, por ejemplo?

Actividades

Dígame... Answer the following questions, basing your answers on the dialogue.

1. ¿Por qué va la Sra. Paz a la agencia de viajes? ¿Qué compra allí?
   _____

2. ¿Qué le pide la Sra. Paz a la agente?
   _____

3. ¿Cuándo quiere viajar la Sra. Paz? ¿Quiere viajar en primera clase o en clase turista?
   _____

4. ¿La Sra. Paz quiere un pasaje de ida o de ida y vuelta?
   _____

5. ¿Qué días hay vuelos para La Habana? ¿A qué hora?
   _____

6. ¿Cuándo puede viajar la Sra. Paz? ¿Tiene que confirmar la reservación pasado mañana?
   _____

7. ¿Sabe la agente si hay excursiones a la playa de Varadero? ¿Qué va a hacer?
   _____

Nombre _____ Sección _____ Fecha _____

8. ¿Qué incluye el paquete que va a comprar la Sra. Paz? ¿Cuánto cuesta?
   _____

9. ¿Qué le da la agente a la Sra. Paz? ¿Sobre qué son los folletos?
   _____

10. ¿Cuándo son más baratos los pasajes?
    _____

11. ¿Con quién habla la Sra. Paz en el aeropuerto?
    _____

12. ¿La Sra. Paz quiere un asiento de ventanilla o de pasillo?
    _____

13. ¿Cuántos bolsos de mano puede llevar la Sra. Paz? ¿Qué le da el empleado?
    _____

Hablemos Interview a classmate, using the following questions. When you have finished, switch roles.

1. ¿Adónde te gusta viajar? ¿Viajas en avión?
2. ¿En qué aerolínea prefieres viajar?
3. ¿Compras billetes de primera clase o de clase turista? ¿Por qué?
4. ¿Prefieres un asiento de ventanilla o un asiento de pasillo?
5. ¿Compras tus pasajes en una agencia de viajes, en el aeropuerto o por la Internet?
6. ¿Tú sabes cuánto cuesta un pasaje a Puerto Rico?
7. ¿Qué documentos necesitas para viajar a Puerto Rico?
8. ¿Llevas mucho equipaje cuando viajas?
9. ¿Puedes viajar hoy mismo? ¿Por qué o por qué no?
10. ¿En qué mes viajas tú generalmente?

¿Cómo lo decimos? Give the Spanish equivalent of the words in parentheses.

1. El agente de viajes _____ que ellos pueden viajar pasado mañana. (*is going to tell them*)
2. Yo _____ cuánto cuestan los pasajes de ida y vuelta. (*don't know*)
3. Yo nunca _____ para comprar los billetes. (*ask my father for money*)

LECCIÓN 7: ¡BUEN VIAJE!

4. Si mi vuelo sale a las ocho, yo _____ a las seis. (*leave my house*)

5. Yo _____ en el verano. Generalmente, viajo. (*don't do anything*)

6. Yo _____ el pasaje y el pasaporte. (*give her*)

7. Los pasajeros _____ los bolsos de mano. (*give us*)

8. ¿Tú _____ La Habana? ¿_____ bailar el cha-cha-cha? (*know / know how*)

9. Cuando Julia y yo vamos al aeropuerto, _____. (*I drive*)

10. Yo _____ los comprobantes y _____ en el bolso de mano. (*bring / put them*)

¿Qué pasa aquí? With a partner, answer the following questions according to what you see in the pictures.

A.

B.

1. ¿Adónde va Luisa?
2. ¿Qué quiere comprar Luisa?
3. ¿A qué ciudad quiere viajar Luisa?
4. ¿Dónde está Caracas?
5. ¿Qué días hay vuelos a Caracas?

1. ¿Qué desea saber Luisa?
2. ¿Son los vuelos por la mañana, por la tarde o por la noche?
3. ¿Con qué aerolínea va a viajar Luisa?

C.

1. ¿Qué día es hoy?
2. ¿Dónde está Luisa?
3. ¿Cuántos aviones hay?
4. ¿Cuántas maletas tiene Luisa?
5. ¿Cuántos bolsos de mano tiene Luisa?
6. ¿Cuál es la puerta de salida?

Una encuesta Survey your classmates and your instructor to find someone who fits each of the following descriptions and write the person's name in the space provided. Remember to use the **tú** form when speaking to your classmates and the **Ud.** form when speaking to your instructor. Then, in groups of three, discuss the result of the survey.

Esta persona...

1. ☐ siempre viaja en clase turista. _____
2. ☐ tiene pasaporte. _____
3. ☐ prefiere los asientos de ventanilla. _____
4. ☐ compra pasajes en una agencia de viajes. _____
5. ☐ prefiere los vuelos directos. _____

Lección 7: ¡Buen viaje!

Nombre _____ Sección _____ Fecha _____

6. ☐ viaja solamente en el verano. _____
7. ☐ a veces va al cine entre semana. _____
8. ☐ quiere ser auxiliar de vuelo. _____
9. ☐ recibe muchas llamadas. _____
10. ☐ a veces les pide dinero a sus padres. _____
11. ☐ sabe el número de teléfono del profesor (de la profesora). _____
12. ☐ puede venir a la universidad pasado mañana. _____
13. ☐ siempre paga exceso de equipaje. _____
14. ☐ prefiere viajar entre semana. _____
15. ☐ piensa hacer un crucero por el Caribe. _____

En estas situaciones
With 2 or more classmates, act out the following situations in Spanish.

1. You are at a travel agency. You are planning a vacation trip to San Juan, Puerto Rico, and want to gather as much information as possible about airfare costs, flight schedules, and documents you will need to travel to Puerto Rico. You also need to reserve a seat.

2. You have just arrived in Mexico City, where you will be staying for a few days. Before leaving the airport, you hope to find out from an airline employee when you must confirm the reservation for your return flight and what the rate of exchange is.

3. You are an airline employee. You need to check in the last passenger in line for flight 609 to Barcelona, which leaves at nine o'clock, and then make the final boarding call for the flight.

4. At a travel agency, you want to know if it is more economical to travel during the week or on weekends.

Nombre _____ Sección _____ Fecha _____

¿Qué dice aquí? Imagine that you and a classmate are travel agents. Answer the questions your clients ask you about a trip that your agency offers. Base your answers on the ad.

Agencia de Viajes

APOLO TOURS
Al servicio del turista

La oferta de hoy:
Una semana en Cuba desde $860
(Vuelos Martes y Viernes)

El paquete incluye:
- Viaje de ida y vuelta en vuelos directos, sin escalas
- Pasajes en primera clase o en clase turista
- Hoteles de tres, cuatro o cinco estrellas
- Habitaciones dobles o sencillas, con vista al mar o interiores
- Transporte del aeropuerto al hotel
- Todas las comidas, incluido el servicio de habitación
- Un viaje de un día a Varadero
- Varias excursiones opcionales, con guías expertos, a museos, catedrales, castillos, monumentos y otros lugares históricos

Los guías son bilingües y no aceptan propinas.
Nota: Para visitar Cuba necesita visa.

Avenida Muñoz Marín, 675
San Juan, Puerto Rico
Telf. 342-6723   e-mail apolotours.com

---

1. ¿Cuántos días dura *(lasts)* la excursión?
2. ¿Cuánto cuesta el viaje más barato?
3. ¿Qué incluye el precio?
4. ¿Qué comidas están incluidas en el precio?
5. ¿Qué playa vamos a visitar?
6. ¿Qué días hay vuelos a Cuba?
7. ¿Hay excursiones opcionales? ¿A dónde?
8. ¿Hablan español los guías?
9. ¿Cuánto les debo dar de propina a los guías?
10. ¿Qué necesito para poder viajar a Cuba?

LECCIÓN 7: ¡BUEN VIAJE!

Nombre _____ Sección _____ Fecha _____

Actividades especiales

1. Three or four travel agencies will be set up in the classroom, each with two clerks. (Students will select names for agencies and provide any necessary props.) The rest of the students will play the roles of travelers. They will ask questions about prices, necessary travel documents, flights, schedules, reservations, confirmations, etc., for destinations of their choice.

2. Students will play the roles of passengers at the airport. Eight students will be flight personnel for four different airlines and will deal with luggage, flight numbers, seat numbers, gates, etc. The passengers will gather in waiting areas to await their boarding announcements (either a student or the instructor can call the flights) before proceeding to the appropriate gates.

Un paso más Review the **Vocabulario adicional** for this **lección**, and complete the following sentences with the appropriate word or phrase.

1. Todas las maletas están en _____.

2. No puede subir al avión si no tiene _____.

3. La _____ va a servir la cena.

4. No es un vuelo directo; el avión hace _____ en Caracas.

5. Los pasajeros de vuelos internacionales tienen que pasar por (*go through*) la _____.

6. Allí están las horas de salida y de _____ de los vuelos a Puerto Rico.

7. ¿Sabe usted a _____ está el _____ de moneda?

8. ¿Desea Ud. hacer un _____ por Alaska?

TRABALENGUAS

**Cuando digo "digo",
no digo "Diego",
digo "digo".**

Agencia de viajes "El Mundo"

Dos pasajes de ida y vuelta a Madrid...

Luis Vega

108 BASIC SPANISH FOR GETTING ALONG

Lección 8

Los deportes y las actividades al aire libre

Objectives

Structures
- **Pedir** contrasted with **preguntar**
- Special construction with **gustar, doler,** and **hacer falta**
- Demonstrative adjectives and pronouns
- Direct and indirect object pronouns used together

Communication
- Planning outdoor activities and talking about sports

Culture: Cuba and República Dominicana
- Soccer and baseball in the Hispanic world

Aprenda estas palabras

1. la luna
2. las estrellas
3. esquiar
4. la montaña
5. escalar
6. el caballo
7. andar (montar) a caballo
8. la bolsa de dormir
9. pescar
10. la tienda de campaña
11. la mochila
12. hacer una caminata
13. cazar
14. nadar
15. patinar
16. los patines
17. la pelota
18. la raqueta

Los deportes y las actividades al aire libre

Andrés y Laura Echeverría viven en Santo Domingo, la capital de la República Dominicana. En este momento están planeando lo que van a hacer este fin de semana con unos amigos norteamericanos que están de visita en Santo Domingo. Están tratando de decidir si los van a llevar a bucear o si van a ir a acampar y a pescar.

Andrés —Si vamos a acampar, voy a preguntarle a mi hermano si nos puede prestar las tiendas de campaña. Nosotros tenemos bolsas de dormir.
Laura —Buena idea. Además de acampar, podemos montar a caballo y hacer una caminata.
Andrés —Me hace falta una buena caña de pescar. Mi hermano tiene una nueva y puede prestármela.
Laura —Pero tenemos que llevarlos a la playa, Andrés. Las playas de nuestro país son las mejores del Caribe. Les van a gustar mucho.
Andrés —¿Y si alquilamos una cabaña? Eso me gusta más que ir a acampar.
Laura —¡Estoy de acuerdo! Oye, tengo una idea. Podemos llevarlos a ver un partido de béisbol. Tu papá tiene entradas y no las va a usar. Puede dárnoslas.
Andrés —Sí, esta noche lo llamo y se las pido.
Laura —¡Perfecto! Oye, ¿qué te parece este traje de baño? Es precioso, ¿no?
Andrés —Sí, es muy bonito. Ah, ¿quieres ver la pelea en la televisión?
Laura —No, me duele un poco la cabeza. Voy a dormir un rato. Ana María viene a buscarme a las tres para ir a jugar al tenis. Ésta es tu raqueta nueva… ¿Me la prestas?
Andrés —Bueno, te la voy a prestar, pero tienes que cuidarla.
Laura —¡Por supuesto! Te veo más tarde, mi amor.

Nombre _____ Sección _____ Fecha _____

🔊 **¡Escuchemos!** While listening to the dialogue, circle **V (verdadero)** if the statement is true and **F (falso)** if it is false.

1. Andrés y Laura Echeverría tienen unos amigos norteamericanos. V F
2. Andrés y Laura no tienen tiendas de campaña. V F
3. Laura no quiere montar a caballo. V F
4. A Laura le gusta la playa. V F
5. Andrés quiere alquilar una cabaña pero Laura no está de acuerdo. V F
6. Laura quiere llevar a sus amigos a ver un partido de béisbol. V F
7. Si quieren ver el partido, tienen que comprar las entradas. V F
8. A Laura no le gusta su traje de baño. V F
9. Andrés piensa ver la pelea en la tele. V F
10. Andrés y Ana María van a jugar al tenis. V F

🌐 VOCABULARIO

Cognados
el **béisbol**
la **idea**
perfecto
la **televisión**, la **tele**
el **tenis**

Nombres
la **cabaña** *cabin*
la **cabeza** *head*
la **caña de pescar** *fishing pole*
el **deporte** *sport*
la **entrada** *ticket (for an event)*
el **país** *country, nation*
el **partido** *game*
la **pelea** *fight*
el **traje de baño** *bathing suit*

Verbos
acampar *to camp*
alquilar *to rent*
bucear *to dive*
doler (o:ue) *to hurt, to ache*
dormir (o:ue) *to sleep*
gustar *to like, to be pleasing to*
jugar (u:ue) *to play (i.e., a game)*
planear *to plan*
preguntar *to ask (a question)*
prestar *to lend*
tratar (de) *to try (to)*
usar *to use*

Adjetivos
este(a) *this*
nuevo(a) *new*
precioso(a) *beautiful*

Nombre _____ Sección _____ Fecha _____

Otras palabras y expresiones
actividades al aire libre *outdoor activities*
además *besides*
ah *oh*
esta noche *tonight*
estar de acuerdo *to agree, to be in agreement*
estar de visita *to be visiting*
gustarle más a uno(a) *to like better*
hacer falta *to need, to lack*
lo que *what, that, which*
más *more*
pasarlo bien *to have a good time*
por supuesto, claro *of course*
¿Qué te parece... ? *What do you think of . . . ?*

VOCABULARIO ADICIONAL

Más sobre las actividades al aire libre (More about outdoor activities)
el alpinismo *mountain climbing*
la canoa *canoe*
el esquí acuático *water skiing*
ir de caza *to go hunting*
ir de pesca *to go fishing*
montar en bicicleta *to ride a bicycle*
remar *to row, to paddle*

Más sobre deportes (More about sports)
el basquetbol, el baloncesto *basketball*
el boxeo *boxing*
el campeón, la campeona *champion*
el equipo *team*
el fútbol *soccer*
  el fútbol americano *football*
el (la) jugador(a) *player*
la natación *swimming*
practicar *to play, to practice (a sport)*

Notas Culturales

- While soccer is the most popular sport in most of the Hispanic world, that is not the case in the Caribbean countries, where baseball reigns supreme. In the Dominican Republic, for example, this is everybody's favorite pastime. Boys learn to hit a ball at the same time they are learning to walk. American recruiters from the major leagues go to Caribbean countries in search of new baseball players.

- Three very famous baseball players from the Dominican Republic are Sammy Sosa, Rafael Furcal, and Guillermo Mota.

Nombre _____ Sección _____ Fecha _____

EN TU MUNDO...

1. ¿Cuál es el deporte más popular en este país?
2. ¿Cuáles son dos famosos jugadores de béisbol de los Estados Unidos?
3. ¿Qué deportes se practican más en las universidades norteamericanos?

ACTIVIDADES

Dígame... Answer the following questions, basing your answers on the dialogue.

1. ¿Qué están haciendo Andrés y Laura? ¿Qué están tratando de decidir?

2. ¿Qué le va a preguntar Andrés a su hermano?

3. ¿Qué pueden hacer ellos además de acampar?

4. ¿Qué más les puede prestar su hermano?

5. ¿Qué dice Laura de las playas de su país?

6. ¿Qué le gusta más a Andrés, alquilar una cabaña o acampar?

7. ¿Adónde quiere Laura llevar a sus amigos? ¿Quién puede darle las entradas?

8. ¿Qué va a hacer Andrés esta noche?

9. ¿Qué dice Laura de su traje de baño? ¿Andrés está de acuerdo?

10. ¿Por qué no quiere Laura ver la pelea?

Nombre _____ Sección _____ Fecha _____

11. ¿Qué va a hacer Laura?
_____

12. ¿Quién viene a buscar a Laura y para qué?
_____

Hablemos
Interview a classmate, using the following questions. When you have finished, switch roles.

1. ¿Adónde te gusta ir los fines de semana?
2. Cuando vas de vacaciones, ¿prefieres ir a acampar o ir a un hotel elegante? ¿Cuál es tu hotel favorito?
3. ¿Qué puedes hacer si vas de vacaciones a Utah o a Colorado en diciembre?
4. ¿Qué te hace falta para ir a acampar?
5. ¿Qué actividades al aire libre les gustan a ti y a tu familia?
6. ¿Te gusta más nadar en la playa, en una piscina o en un lago?
7. ¿Prefieres escalar una montaña o montar a caballo?
8. ¿Qué actividad al aire libre no te gusta?
9. ¿Qué deportes te gusta practicar?
10. ¿Qué te hace falta para jugar al tenis?
11. ¿Prefieres patinar o esquiar?
12. ¿Qué deportes te gusta ver en la televisión?

¿Cómo lo decimos?
Complete the following sentences, using the Spanish equivalent of the words in parentheses.

1. _____ a mi prima si _____ montar a caballo. (*I'm going to ask / she likes*)
2. Quiero _____ mochila, _____ raquetas y _____ tienda de campaña. (*this / those / that, over there*)
3. _____ cien dólares para alquilar la cabaña por una noche. (*I lack*)
4. Yo nunca _____ para ir de vacaciones. (*ask my dad for money*)
5. Cuando yo necesito dinero, mi abuela _____. (*gives it to me*)
6. ¿Quieres _____ o _____? (*this ball / that, over there*)
7. Si Uds. necesitan los patines, yo puedo _____ esta noche. (*bring them to you*)

LECCIÓN 8: LOS DEPORTES Y LAS ACTIVIDADES AL AIRE LIBRE

Nombre _____ Sección _____ Fecha _____

8. Si necesitas mi bolsa de dormir, yo puedo _____. (*lend it to you*)

9. _____ patinar, pero _____ esquiar. (*We like very much / we like better*)

10. ¿_____, Sr. Roca? (*Does your head hurt*)

¿Qué pasa aquí? With a partner, answer the following questions according to what you see in the pictures.

1. ¿Es de día o de noche?
2. ¿Qué prefiere hacer Luis?
3. ¿Qué quiere hacer Ángel?
4. ¿Qué está haciendo Raúl?
5. ¿Dónde duermen los muchachos?
6. ¿Cree Ud. que los chicos tienen camas o bolsas de dormir?

1. ¿Dónde están David, Ana y Tito? ¿En el campo (*country*)?
2. ¿Es de día? ¿Cómo lo sabe?
3. ¿Qué quiere hacer David?
4. ¿Qué quiere hacer Ana?
5. ¿Qué está haciendo Tito?

1. ¿Qué está haciendo Pepe?
2. ¿Tiene una maleta? ¿Qué tiene?
3. ¿Qué está haciendo María? ¿Dónde está?
4. ¿Qué está haciendo Alberto?
5. ¿Alberto y María tienen una tienda de campaña? ¿Qué tienen?

Nombre _____ Sección _____ Fecha _____

Una encuesta Survey your classmates and your instructor to find someone who fits each of the following descriptions and write the person's name in the space provided. Remember to use the **tú** form when speaking to your classmates and the **Ud.** form when speaking to your instructor. Then, in groups of three, discuss the result of the survey.

Esta persona...

1. ☐ está planeando sus vacaciones. _____
2. ☐ va a acampar con su familia. _____
3. ☐ tiene una tienda de campaña. _____
4. ☐ duerme en una bolsa de dormir a veces. _____
5. ☐ tiene una caña de pescar. _____
6. ☐ va de pesca con sus amigos. _____
7. ☐ sabe nadar. _____
8. ☐ tiene un traje de baño nuevo. _____
9. ☐ practica muchos deportes. _____
10. ☐ juega al tenis. _____
11. ☐ va a ir a ver un partido de béisbol. _____
12. ☐ escala montañas a veces. _____
13. ☐ cuando va de vacaciones siempre lo pasa bien. _____
14. ☐ no le gusta el boxeo. _____

En estas situaciones With 2 or more classmates, act out the following situations in Spanish.

1. You are vacationing at a resort and are trying to decide how to spend the afternoon. The activities director discusses your interests and abilities with you to help you choose a suitable activity.

2. You and some friends are planning a vacation together and are discussing whether to camp or to stay in a hotel. You don't have much money to spend, and no one owns camping equipment, although you might be able to borrow some.

3. A friend invites you to play tennis, but you would rather sleep for a while because your head hurts a little.

LECCIÓN 8: LOS DEPORTES Y LAS ACTIVIDADES AL AIRE LIBRE

Nombre _____ Sección _____ Fecha _____

¿Qué dice aquí? You and a partner take turns in asking and answering the following questions. Base your answers on the ad.

1. ¿Cuál es el lugar ideal para las personas que aman (*love*) las actividades al aire libre?
2. ¿Cómo son las playas de Santo Domingo?
3. Además de nadar en las playas, ¿dónde más puedo nadar?
4. ¿Qué deportes acuáticos puedo practicar?
5. ¿Dónde puedo acampar en Santo Domingo?
6. ¿Qué puedo aprender (*learn*) a hacer?
7. ¿En qué lugares puedo pescar?
8. ¿A qué puedo jugar?

¡VISITE LA REPÚBLICA DOMINICANA!

La República Dominicana, en la isla de Santo Domingo, es el lugar ideal para los turistas amantes de los deportes y de las actividades al aire libre.

¡Santo Domingo lo tiene todo!

- Nade en las bellas playas naturales o en las magníficas piscinas de los hoteles de lujo.
- Haga esquí acuático o bucee.
- Pesque en el mar, en los ríos y en los lagos.
- Juegue al béisbol en el país de los grandes campeones.
- Monte a caballo.
- Aprenda a montar a caballo.
- Acampe en la playa o en la montaña.

¡Todo es posible en la República Dominicana!

Una actividad especial ¡Charadas! The class will be divided into two teams for a game of charades. The teacher will provide each member of both teams with sports or outdoor activities to act out in Spanish. Have fun!

Nombre _____ Sección _____ Fecha _____

Un paso más Review the **Vocabulario adicional** for this **lección**, and complete the following sentences with the appropriate word or phrase.

1. Si vamos en canoa, tenemos que _____.

2. No quiero montar a caballo; prefiero montar en _____.

3. ¿Qué deporte prefieres tú? ¿El fútbol? ¿El fútbol _____?

4. No quiero escalar montañas, porque no me gusta practicar el _____.

5. ¿Prefieren ir de pesca o ir de _____?

6. Necesito mi caña de pescar porque vamos a ir de _____.

7. Mi _____ favorito de béisbol es el de las Medias Rojas (*Red Sox*).

8. No me gusta esquiar en la nieve (*snow*); prefiero el _____.

9. El dominicano Sammy Sosa es un famoso _____.

10. Mi equipo es el mejor; este año va a ser el _____.

11. Voy a la piscina del club para practicar _____.

12. Nunca veo las peleas porque no me gusta el _____.

UN DICHO (A SAYING)

Mente sana en cuerpo sano.   *A healthy mind in a healthy body.*

¿Cuándo quieres ir a esquiar conmigo?

LECCIÓN 8: LOS DEPORTES Y LAS ACTIVIDADES AL AIRE LIBRE

LECCIÓN 9

UN DÍA CON ADELA Y MARIO

OBJECTIVES

Structures
- Possessive pronouns
- Reflexive constructions
- Command forms: **Ud.** and **Uds.**
- Uses of object pronouns with command forms

Communication
- How to talk about daily routine
- At the hairdresser
- Getting ready to go out

Culture: Venezuela
- Women in Hispanic countries
- American products in Spain and Latin America
- Popular forms of entertainment

Aprenda estas palabras

1. LA BARBERÍA
2. el barbero
3. mirarse en el espejo
4. el espejo
5. el pelo largo
6. el pelo corto
7. el pelo lacio
8. el pelo rizado
9. el peine
10. peinarse
11. la máquina de afeitar eléctrica
12. el cepillo
13. cepillarse el pelo

Nombre _____ Sección _____ Fecha _____

14. el bigote
15. la barba
16. la máquina de afeitar
17. la tijera[1]
18. el champú
19. el corte de pelo
20. la permanente
21. el peinado
22. el rizador
23. el secador
24. el desodorante
25. la pasta de dientes (la pasta dentífrica)

---

[1] **las tijeras** also used

LECCIÓN 9: UN DÍA CON ADELA Y MARIO

123

Nombre _____ Sección _____ Fecha _____

🔊 Un día con Adela y Mario

En una casa de la avenida Simón Bolívar en Caracas, Venezuela, vive un matrimonio joven: Adela Cruz y Mario Salgado. Hoy se levantan muy temprano porque tienen un día muy ocupado. Ella tiene turno en la peluquería antes de ir a la universidad y él tiene que ir a la oficina porque tiene una reunión a las ocho. Se bañan, se visten y salen de su casa a las siete y media. Esta noche van a ir al teatro con unos amigos a ver una comedia musical.

En la peluquería.

Adela	—Tengo turno para las ocho. Lavado, corte y peinado.
Peluquera	—En seguida la atiendo. Siéntese. ¿Quiere café?
Adela	—Sí, deme una taza, por favor.

Adela bebe el café mientras espera. Después la peluquera le lava la cabeza.

Peluquera	—Tiene el pelo largo.
Adela	—Sí, córtemelo. Me gusta el pelo corto.
Peluquera	—También tiene el pelo seco. Use un buen champú con acondicionador. El champú Vidal Sassoon es muy bueno.

Cuando Mario sale de la oficina, va al centro porque tiene que comprar varias cosas y hacer varias diligencias. A las cinco, Adela y Mario vuelven a su casa y se preparan para ir al teatro.

Adela	—Me voy a poner el vestido negro... ¿Dónde está mi perfume?
Mario	—En el botiquín. Oye, no encuentro mi máquina de afeitar.
Adela	—Puedes afeitarte con la mía; está en el otro baño.
Mario	—No, gracias, querida... La tuya no afeita muy bien. Quiero cepillarme los dientes. ¿Dónde está la pasta dentífrica Colgate que acabo de comprar?
Adela	—Yo la tengo.

Nombre _____ Sección _____ Fecha _____

Mario   Adela

Terminan de vestirse y se van. A las ocho menos cuarto llegan al teatro, donde se encuentran con sus amigos.

Mario   —La función empieza a las ocho. ¿Tú tienes las entradas?
Adela   —Yo tengo la mía y tú tienes la tuya en tu billetera.
Mario   —Es verdad... Oye, estás preciosa con ese peinado.
Adela   —Gracias. ¡Y tú te ves muy guapo! ¡Ah! Allí están Marisa y Sergio. ¿Entramos?

Después de la función, todos van a un café al aire libre a tomar algo y se quedan un rato conversando. Mario y Adela regresan a su casa a las doce y se acuestan a las doce y media.

🔊 **¡Escuchemos!** While listening to the dialogue, circle **V (verdadero)** if the statement is true and **F (falso)** if it is false.

1. Adela piensa ir a la peluquería hoy.   V   F
2. Adela y Mario salen de su casa muy temprano.   V   F
3. En la peluquería, Adela bebe una copa de vino mientras espera.   V   F
4. Adela prefiere el pelo largo.   V   F
5. Adela piensa ponerse el vestido negro para ir al teatro.   V   F
6. Mario prefiere no usar la máquina de afeitar de Adela.   V   F
7. No hay pasta dentífrica en la casa de los Salgado.   V   F
8. Adela y Mario se encuentran con sus amigos en el teatro.   V   F
9. A Mario le gusta el peinado de Adela.   V   F
10. Después de la función, Mario y Adela van a su casa y se acuestan.   V   F

LECCIÓN 9: UN DÍA CON ADELA Y MARIO

VOCABULARIO

Cognados
la avenida
la comedia
musical
el perfume

Nombres
el acondicionador *conditioner*
la billetera *wallet*
el botiquín *medicine cabinet*
el café al aire libre *outdoor cafe*
la cosa *thing*
los dientes *teeth*
la función *show*
el lavado *wash*
el matrimonio *married couple*
la oficina *office*
la peluquería, el salón de belleza *hair salon, beauty salon*
el (la) peluquero(a) *hairdresser, beautician*
la reunión *meeting*
el turno, la cita *appointment*
el vestido *dress*

Verbos
acostarse (o:ue) *to go to bed*
afeitar(se) *to shave (oneself)*
atender (e:ie) *to wait on*
bañar(se) *to bathe (oneself)*
cepillar(se) *to brush (oneself)*
cortar *to cut*
encontrar (o:ue) *to find*
encontrar(se) (o:ue) con *to encounter, to meet*
entrar *to go in, to enter*
irse *to leave*
lavar(se) *to wash (oneself)*
levantarse *to get up*
ponerse *to put on*
prepararse *to get ready*
quedarse *to stay*
salir (yo salgo) *to go out, to leave*
sentarse (e:ie) *to sit down*
verse *to look, to appear*
vestirse (e:i) *to get dressed*

Adjetivos
joven *young*
negro(a) *black*
ocupado(a) *busy*
querido(a) *dear, darling*
seco(a) *dry*
varios(as) *several*

Otras palabras y expresiones
el (la) mío(a) *mine*
hacer diligencias *to run errands*
temprano *early*
el (la) tuyo(a) *yours*

Nombre _____ Sección _____ Fecha _____

VOCABULARIO ADICIONAL

Artículos de tocador (*Toiletries*)

el bronceador *suntan lotion*
el cepillo de dientes *toothbrush*
la colonia *cologne*
la crema para las manos *hand lotion*
el enjuague bucal *mouthwash*
el esmalte para las uñas, la pintura de uñas (*Puerto Rico*) *nail polish*
la hoja de afeitar *razor blade*
el lápiz de labios, el pintalabios (*España*) *lipstick*
la manicura *manicure*
el maquillaje *makeup*
la pedicura *pedicure*
el quitaesmalte, la acetona *nail polish remover*
teñirse (e>i) *to dye, to color*

Notas Culturales

- American products are widely available in Spain and Latin America. Brands such as *Colgate, Palmolive, Coty, Camay*, and others are as familiar there as they are in the United States. The non-Spanish speaker, however, might have trouble recognizing those names, since they are marketed according to the rules of Spanish pronunciation. Try it yourself! Take a look at these brand names again. How would they be pronounced in Spanish?

- Plays, operettas, cabarets, and other forms of theatrical entertainment are very popular in the Hispanic world. In Spain, Venezuela, Argentina, Mexico, and other countries where the dinner hour does not begin before 9 P.M., performances may begin at 10 P.M. or later, and often continue until well past midnight.

- In Venezuela, as in many Spanish-speaking countries, a woman keeps her maiden name when she gets married.

- In most Spanish-speaking countries, there are currently more women attending universities than there are men.

EN TU MUNDO...

1. ¿Qué productos de otros países son populares aquí?
2. En general, ¿los norteamericanos van más frecuentemente al cine o al teatro?
3. ¿Usan algunas mujeres norteamericanos su apellido de soltera (*maiden name*)?

ACTIVIDADES

Dígame... Answer the following questions, basing your answers on the dialogue.

1. ¿Adela y Mario se levantan tarde o temprano hoy? ¿Por qué?

_____

Nombre _____ **Sección** _____ **Fecha** _____

2. ¿Adónde va Adela antes de ir a la universidad?
   _____

3. ¿Qué hacen Mario y Adela antes de salir de su casa?
   _____

4. ¿Adónde van a ir esta noche? ¿Con quiénes?
   _____

5. ¿Para qué hora tiene Adela turno en la peluquería? ¿Para qué?
   _____

6. ¿Qué problema tiene Adela con el pelo y qué debe usar?
   _____

7. ¿Adónde va Mario y para qué?
   _____

8. ¿Qué se va a poner Adela para ir al teatro?
   _____

9. ¿Mario quiere usar la máquina de afeitar de Adela? ¿Por qué o por qué no?
   _____

10. ¿Para qué necesita Mario la pasta de dientes?
    _____

11. ¿Quién tiene las entradas para el teatro? ¿Adónde van después de la función?
    _____

12. ¿A qué hora regresan a su casa Mario y Adela? ¿A qué hora se acuestan?
    _____

Hablemos
Interview a classmate, using the following questions. When you have finished, switch roles.

1. ¿Cuándo tienes turno en la peluquería (la barbería)?
2. ¿A qué hora te levantas? ¿A qué hora te acuestas?
3. ¿Te bañas por la mañana o por la noche? ¿Te lavas la cabeza cuando te bañas?
4. ¿Puedes bañarte y vestirte en 10 minutos?

Nombre _____ Sección _____ Fecha _____

5. Cuando te cepillas los dientes, ¿qué pasta dentífrica usas?

6. ¿Usas algún enjuague bucal? ¿Cuál?

7. ¿Qué champú usas? ¿Usas acondicionador? (¿Cuál?)

8. ¿Te gusta el pelo largo o el pelo corto? ¿Prefieres el pelo lacio o el pelo rizado?

9. ¿Usas secador? ¿Te tiñes el pelo?

10. Mi peluquero(a) favorito(a) trabaja en _____. ¿Dónde trabaja el tuyo (la tuya)?

11. En la peluquería, ¿cuánto pagas por una manicura y por una pedicura?

12. ¿Con quién vas a encontrarte mañana? ¿Dónde? ¿A qué hora?

13. Generalmente, ¿qué días haces diligencias? ¿Qué días te quedas en tu casa?

14. ¿Estás muy ocupado(a) hoy? ¿Qué tienes que hacer?

¿Cómo lo decimos? Give the Spanish equivalent of the words in parentheses.

1. Teresa _____ para ir a la peluquería. (*is getting ready*)

2. _____ a su peluquero y _____ para el sábado, señorita. (*Call / ask him for an appointment*)

3. _____ y _____ aquí, señoras. (*Come in / sit down*)

4. Elsa _____ en el espejo para _____. (*looks at herself / comb her hair*)

5. Elsa tiene su cepillo de dientes. ¿Dónde está _____, Paquito? (*yours*)

6. _____ el lápiz de labios, señorita. (*Bring me*)

7. Yo _____ a las seis y luego _____ y _____. (*get up / bathe / get dressed*)

8. Yo voy a poner mi bronceador en el botiquín. ¿Dónde va a poner usted _____, señora? (*yours*)

9. Yo _____ mis amigos en el teatro para ver una comedia musical. (*am going to meet*)

10. _____ a la reunión y _____ los documentos a la secretaria, señores. (*Go / give*)

Lección 9: Un día con Adela y Mario

¿Qué pasa aquí? With a partner, answer the following questions according to what you see in the pictures.

A.

1. ¿Dónde está Eva?
2. ¿Eva tiene permanente?
3. ¿Para qué tiene turno Eva?
4. ¿Dónde se mira Eva?

B.

1. ¿Qué le está haciendo el peluquero a Rafael?
2. ¿El peluquero le va a cortar el pelo?
3. ¿Qué más cree Ud. que le va a hacer?

C.

1. ¿Dónde está la Sra. Peña?
2. ¿Qué está haciendo?
3. ¿Con quién va a encontrarse hoy?
4. ¿A qué hora se van a encontrar?
5. ¿Adónde van a ir?

D.

1. ¿A qué teatro van Marta y Lucía?
2. ¿Cree Ud. que van a ver una comedia o un drama?
3. ¿Cómo se llama la obra (*play*)?
4. ¿A qué hora empieza la función?

Nombre _____ Sección _____ Fecha _____

👥 Una encuesta
Survey your classmates and your instructor to find someone who fits each of the following descriptions and write the person's name in the space provided. Remember to use the **tú** form when speaking to your classmates and the **Ud.** form when speaking to your instructor. Then, in groups of three, discuss the result of the survey.

ESTA PERSONA...

1. ☐ tiene una máquina de afeitar eléctrica. _____
2. ☐ usa la pasta dentífrica Colgate para cepillarse los dientes. _____
3. ☐ se baña por la mañana. _____
4. ☐ se lava la cabeza todos los días. _____
5. ☐ puede bañarse y vestirse en quince minutos. _____
6. ☐ usa crema para las manos. _____
7. ☐ se mira en el espejo para peinarse. _____
8. ☐ se levanta muy temprano. _____
9. ☐ vuelve a su casa muy tarde. _____
10. ☐ se acuesta muy tarde. _____
11. ☐ va a la peluquería frecuentemente. _____
12. ☐ hace diligencias los sábados. _____
13. ☐ nunca usa perfume. _____
14. ☐ usa bronceador cuando va a la playa. _____

👥 En estas situaciones
With 2 or more classmates, act out the following situations in Spanish.

1. You are a customer at a hair salon. When you arrive, you and the stylist briefly discuss the services you will need today. You will have to wait a few minutes for your turn.
2. You and your roommates are bathing, getting dressed, and doing other things as you prepare to leave the house in the morning. You're all in a rush. Ask each other where various toiletries and other things you need to get ready are.

Nombre _____ Sección _____ Fecha _____

3. You call a friend because you have tickets for a musical comedy this evening. You ask if he/she wants to go, say when the show starts, and discuss where you can meet.

4. You tell your friends that you only have a dollar in your wallet. You ask them how much they have in theirs.

5. Someone asks you who lives next door to you. You reply that it is a young married couple.

¿Qué dice aquí? You and a partner take turns asking and answering the following questions. Base your answers on the ad.

SALÓN DE BELLEZA UNISEX
Precios especiales en
Permanente ---- 150 Bs. F[1]
Tinte ---------- 60 "
Manicura ------ 35 "
Pedicura ------ 40 "

LA NUEVA IMAGEN
Para hacerte más bella

Centro Comercial Chacaíto
Chacaíto, Caracas

Los últimos estilos en cortes y peinados

Abierto de lunes a sábado, de 9:00 a 6:00

Para pedir turno llame al 555-5410

[1]Bolívar fuerte, Venezuelan currency Rate: $1 US = 2.15 Bs. F

1. ¿Cuánto cuesta una permanente en el salón de belleza *La nueva imagen*?
2. Si quiero un tinte (*dye*) para el pelo, ¿puedo ir a la peluquería el domingo? ¿Por qué?
3. ¿Qué días puedo ir y cuánto debo pagar por el tinte?
4. Mi esposo necesita cortarse el pelo. ¿Puede ir a *La nueva imagen*? ¿Por qué?
5. ¿Cuánto cuesta una manicura? ¿Y una pedicura?
6. ¿Tienen precios especiales en la peluquería?
7. ¿En qué tiene los últimos estilos el salón de belleza?
8. ¿A qué teléfono debo llamar para pedir turno?

Nombre _____ Sección _____ Fecha _____

Una actividad especial
The classroom is turned into a hair salon for men and women. Two of your classmates will play the roles of receptionists. The rest of the students are hairdressers or customers. The customers will make appointments with the receptionist, telling the day, time, and what they want done. The receptionist will call each customer when his or her turn comes. Each customer then discusses what he or she wants done. Customers pay the receptionist as they go out. Students should provide the necessary props.

Un paso más
Review the **Vocabulario adicional** for this **lección,** and identify the personal care items that Mario and Adela need.

1. Her lips need some color. _____
2. He wants to get a tan. _____
3. She is wearing a red dress and she wants her nails to match it. _____
4. His hands are very dry. _____
5. They both need to brush their teeth. _____
6. He wants to smell good. _____
7. She looks very pale. _____
8. She doesn't like the color on her nails. _____
9. He needs to shave. _____
10. He has bad breath. _____

LECCIÓN 9: UN DÍA CON ADELA Y MARIO

Un dicho

Para ser bello, hay que sufrir. *In order to be beautiful, one must suffer.*

LECCIÓN 10

LOS QUEHACERES DE LA CASA

OBJECTIVES

Structures
- The preterit of regular verbs
- The preterit of **ser, ir,** and **dar**
- Uses of **por** and **para**
- Seasons of the year and weather expressions

Communication
- How to talk about what took place
- How to talk about household chores

Culture: Colombia
- Coffee in social situations
- Markets and supermarkets in the Hispanic world

Aprenda estas palabras

1. el suéter
2. la cortina
3. la ventana
4. el refrigerador, la heladera, la nevera
5. hacer la cama
6. planchar
7. pasar la aspiradora
8. la lavadora
9. la secadora
10. doblar la ropa
11. la docena de huevos
12. la cebolla
13. la zanahoria
14. el pan

Nombre _____ Sección _____ Fecha _____

🔊 Los quehaceres de la casa

La familia Barrios vive en Medellín, una ciudad que está al norte de Bogotá, la capital de Colombia. Ahora la Sra. Barrios está hablando con Rosa, la muchacha que viene a su casa tres veces por semana para ayudarla. Rosa trabaja para la familia Barrios todos los veranos.

Señora —¿Fuiste al supermercado, Rosa?
Rosa —Sí, compré todas las cosas de la lista que Ud. me dio.
Señora —Entonces tenemos todo lo necesario para la cena. Todo tiene que estar perfecto porque esta noche viene a cenar el jefe de mi esposo.
Rosa —No se preocupe, señora. Todo va a estar bien. Ah, preparé una ensalada de papas para el almuerzo. Está en el refrigerador.
Señora —¿Hay algo para comer ahora? No comí nada esta mañana.
Rosa —¿Quiere un sándwich de jamón y queso y una taza de café?
Señora —Sí, gracias. ¿Me planchaste el vestido? Lo necesito para esta noche.
Rosa —Sí, pero no lavé el suéter rojo.
Señora —Ése tenemos que mandarlo a la tintorería. Tienen que lavarlo en seco.
Rosa —Entonces voy a llevarlo esta tarde. Ahora voy a limpiar el piso de la sala, le voy a pasar la aspiradora a la alfombra y voy a hacer la cama.
Señora —Está bien. ¡Ah! ¿Cuándo viene el jardinero a cortar el césped?
Rosa —Mañana por la mañana.

Rosa sacude los muebles, cuelga la ropa en el ropero, lava las toallas y las pone en la secadora. Después mira por la ventana y ve que el cielo está nublado. Piensa que, como va a llover, no va a limpiar la terraza.

Nombre _____ Sección _____ Fecha _____

🔊 **¡Escuchemos!** While listening to the dialogue, circle **V (verdadero)** if the statement is true and **F (falso)** if it is false.

1.	Rosa ayuda a la Sra. Barrios a hacer los trabajos de la casa.	V F
2.	La Sra. Barrios fue al supermercado con Rosa.	V F
3.	El jefe del Sr. Barrios va a cenar con ellos esta noche.	V F
4.	La Sra. Barrios comió mucho esta mañana.	V F
5.	Rosa no planchó el vestido de la Sra. Barrios.	V F
6.	Tienen que mandar el suéter rojo a la tintorería.	V F
7.	La Sra. Barrios tiene que pasarle la aspiradora a la alfombra.	V F
8.	Rosa tiene que cortar el césped.	V F
9.	Rosa cuelga las toallas en el ropero.	V F
10.	El cielo está nublado. Va a llover.	V F

🌐 VOCABULARIO

Cognados
el norte
el supermercado
la terraza

Nombres
la alfombra *carpet, rug*
el cielo *sky*
el jardinero *gardener*
el (la) jefe(a) *boss*
la mañana *morning*
los muebles *furniture*
los quehaceres (los trabajos) de la casa *housework*
la ropa[1] *clothes*
el ropero *closet*
la tintorería *dry cleaners*
el verano *summer*
la vez[2] *time (in a series; as equivalent of occasion)*

Verbos
ayudar *to help*
colgar (o:ue) *to hang*
limpiar *to clean*

---

[1] **Ropa** is always used in the singular in Spanish.
[2] **Una vez:** *once*

138 Basic Spanish for Getting Along

Nombre _____ Sección _____ Fecha _____

llover (o:ue) *to rain*
poner[1] *to put*
preocuparse *to worry*
preparar *to prepare*
sacudir *to dust*
trabajar *to work*
trapear *to mop the floor*

Adjetivos

nublado(a) *cloudy*
rojo(a) *red*

Otras palabras y expresiones

algo *anything, something*
como *since, being that*
cortar el césped *to mow the lawn*
Está bien. *Fine.*
esta tarde *this afternoon*
fregar (e:ie) (lavar) los platos *to wash the dishes*
limpiar en seco *to dry clean*
mañana por la mañana *tomorrow morning*
nada *nothing*
por *through*
que *who, that*
todo *everything*
todo lo necesario *everything necessary*

VOCABULARIO ADICIONAL

Para hacer una ensalada (*To make a salad*)

el aceite *oil*
los hongos, los champiñones *mushrooms*
la pimienta *pepper*
los rabanitos *radishes*
la remolacha *beet*
el repollo *cabbage*
la sal *salt*
el vinagre *vinegar*

En la cocina (*In the kitchen*)

el abrelatas *can opener*
la cocina, la estufa *stove*
cocinar al horno, hornear *to bake*

el horno *oven*
el lavaplatos *dishwasher*

Para lavar la ropa (*To do laundry*)

el detergente *detergent*
la lejía, cloro (*Méx.*) *bleach*

Para hablar del tiempo (*To talk about the weather*)

Hace buen (mal) tiempo. *The weather is good (bad).*
Hace calor. *It's hot.*
Hace frío. *It's cold.*
Hace sol. *It's sunny.*
Hace viento. *It's windy.*
nevar (e:ie) *to snow*

---

[1]Irregular first person: **yo pongo**

LECCIÓN 10: LOS QUEHACERES DE LA CASA

Nombre _____ Sección _____ Fecha _____

> **Notas Culturales**
>
> - In Colombia, as in Spain and in the rest of Latin America, many upper- and middle-class families have maids, although these days fewer can afford them.
> - In Colombia, people drink a lot of coffee, and no social situation is complete without a cup of coffee. Colombian coffee is considered the best in the world.
> - Although supermarkets have become very popular in most Spanish-speaking countries, especially in cities, one still sees many small stores specializing in one or two main products. Most Hispanic towns have a central marketplace with a number of small stores. Many people still prefer to shop at such markets where prices are generally lower or not fixed, and shoppers can bargain with merchants.

EN TU MUNDO...

1. ¿Tienen o no criadas (*maids*) la mayoría de las familias norteamericanos? ¿Por qué?
2. En los restaurantes de este país, ¿sirven el café después de la comida o con la comida?
3. Los norteamericanos, ¿prefieren comprar en los supermercados o en pequeñas tiendas especializadas?

ACTIVIDADES

Dígame... Answer the following questions, basing your answers on the dialogue.

1. ¿En qué ciudad vive la familia Barrios? ¿Dónde está esa ciudad?
   _____

2. ¿Para qué va Rosa a casa de la Sra. Barrios? ¿Cuántas veces por semana va?
   _____

3. ¿En que estación (*season*) del año trabaja Rosa para la familia Barrios?
   _____

4. ¿Adónde fue Rosa? ¿Qué compró?
   _____

5. ¿Por qué todo tiene que estar perfecto esta noche?
   _____

6. ¿Qué preparó Rosa para el almuerzo? ¿Dónde está la comida que preparó?
   _____

Nombre _____ Sección _____ Fecha _____

7. ¿Qué planchó Rosa? ¿Para cuándo lo necesita la señora?
   _____

8. ¿Qué tiene que hacer Rosa con el suéter rojo? ¿Por qué?
   _____

9. ¿Qué dice Rosa que va a hacer ahora? ¿Qué va a hacer el jardinero por la mañana?
   _____

10. ¿Qué hace Rosa con los muebles y con la ropa? ¿Qué hace con las toallas y dónde las pone?
    _____

11. ¿Qué ve Rosa cuando mira por la ventana?
    _____

12. ¿Por qué no va a limpiar Rosa la terraza?
    _____

Hablemos
Interview a classmate, using the following questions. When you have finished, switch roles.

1. ¿Comiste un sándwich hoy? ¿De qué?
2. ¿Preparaste una ensalada anoche (*last night*)? ¿De qué?
3. Cuando fuiste al supermercado, ¿qué cosas compraste?
4. ¿Haces tu cama todos los días?
5. ¿Cuántas veces por semana pasas la aspiradora?
6. ¿Sacudes los muebles todos los días?
7. ¿Tú lavas y planchas tu ropa o la mandas a la tintorería?
8. ¿Cuelgas tus suéteres o los doblas?
9. ¿Tú trapeas el piso de la cocina todos los días?
10. ¿De qué color son las cortinas de tu cuarto?
11. ¿Quién corta el césped en tu casa?
12. ¿Quién te ayuda con los quehaceres de la casa?
13. ¿Está nublado el cielo hoy? ¿Va a llover o no?
14. En la ciudad donde vives, ¿nieva mucho?
15. ¿En qué estado (*state*) hace mucho viento?

Nombre _____ Sección _____ Fecha _____

¿Cómo lo decimos?
Complete the following sentences, using the Spanish equivalent of the words in parentheses.

1. Ayer yo _____, _____ la ropa y _____ a mi mamá a limpiar la casa. (*vacuumed / folded / helped*)

2. Ellos _____ al supermercado y _____ todo lo necesario _____ preparar la cena. (*went / bought / in order to*)

3. Elena le _____ el abrelatas y la lejía a su tía y después _____ el baño. (*gave / cleaned*)

4. Tú _____ el césped ayer porque _____. (*didn't mow / it rained*)

5. Ayer yo _____ a la tintorería y _____ tu ropa. (*went / took*)

6. Yo _____ quinientos dólares _____ la lavadora. (*paid / for*)

7. _____ y _____. Tienes que ponerte un abrigo. (*It's very cold / it's windy*)

8. Ellos _____ la ventana esta tarde. (*came in through*)

9. Los muebles son _____ mi madrastra. (*for*)

10. Carlos _____ mi peluquero el año pasado. (*was*)

¿Qué pasa aquí?
With a partner, describe what Lola and her husband did yesterday, according to what you see in the pictures.

1.

2.

142 BASIC SPANISH FOR GETTING ALONG

Nombre _____ Sección _____ Fecha _____

3.
4.
5.
6.
7.
8.
9.
10.

Una encuesta Survey your classmates and your instructor to find someone who fits each of the following descriptions and write the person's name in the space provided. Remember to use the **tú** form when speaking to your classmates and the **Ud.** form when speaking to your instructor. Then, in groups of three, discuss the result of the survey.

LECCIÓN 10: LOS QUEHACERES DE LA CASA

Nombre _____ Sección _____ Fecha _____

ESTA PERSONA...

1. ☐ le pasa la aspiradora a la alfombra una vez por semana. _____
2. ☐ hace su cama todos los días. _____
3. ☐ fue al supermercado el sábado pasado. _____
4. ☐ compró zanahorias en el supermercado. _____
5. ☐ lleva su ropa a la tintorería a veces. _____
6. ☐ sacudió los muebles el sábado pasado. _____
7. ☐ limpió la cocina ayer. _____
8. ☐ tiene un abrelatas eléctrico. _____
9. ☐ tiene un lavaplatos en la cocina. _____
10. ☐ le pone aceite y vinagre a la ensalada. _____
11. ☐ tiene todo lo necesario en su refrigerador para preparar una ensalada. _____
12. ☐ comió pollo la semana pasada. _____
13. ☐ corta el césped todos los sábados. _____
14. ☐ compró una docena de huevos ayer. _____

En estas situaciones With a partner, act out the following situations in Spanish.

1. You and your roommate are planning a dinner party. You want to know if the carrots, the onions, and the eggs you will need are in the refrigerator. Your roommate is planning to buy everything necessary for dinner at the supermarket.
2. It's laundry day. You ask your roommate where the ironing board and the iron are and whether he/she can put the clothes in the washing machine. Your roommate wants to know if you sent his/her sweater to the cleaners; it has to be dry cleaned.
3. A friend asks you who Mary is. Mary is the woman who comes to your house once a week to help you with the housework.
4. Your friends are worrying about the outcome of a dinner party. You tell them not to worry and assure them that everything is going to be fine.

Nombre _____ Sección _____ Fecha _____

NIEVE   LLUVIAS   LLOVIZNAS   CALOR   FRÍO   NUBLADO

¿Qué dice aquí? Based on the information provided in the weather forecast, answer these questions with a partner.

1. ¿En qué estados está lloviendo?
2. ¿Dónde llovizna (*drizzle*)?
3. ¿En qué estados está nevando (*snowing*)?
4. ¿En qué estados hace más frío hoy?
5. ¿Hay posibilidades de lluvia en Miami?
6. ¿Va a hacer frío o calor en Miami?
7. ¿Cuál va a ser la temperatura máxima en Miami?

Una actividad especial Your classroom is divided into three sections: a **verdulería** (*vegetable market*), a **frutería** (*fruit market*), and a **lechería** (*dairy*). Each market will have two salespersons. The rest of the students will be customers who will shop at each market. The merchandise (*use props*) should be displayed.

LECCIÓN 10: LOS QUEHACERES DE LA CASA

Nombre _____ **Sección** _____ **Fecha** _____

Un paso más Review the **Vocabulario adicional** for this **lección,** and complete each of the following sentences with the appropriate word or phrase.

1. Yo le pongo aceite y _____ a la ensalada.
2. Quiero sal y _____.
3. Voy a cocinar la carne al _____.
4. Para lavar la ropa blanca necesito _____ y _____.
5. Lavo los platos en el _____.
6. Mamá necesita un suéter porque _____.
7. Yo uso lechuga, tomate, _____ y _____ para preparar una ensalada.
8. Un sinónimo de estufa es _____.
9. Necesito el _____ para abrir la lata de sopa.
10. Hoy no podemos ir a la playa porque _____.
11. ¿Qué tiempo hace hoy?
12. ¿Hoy hace sol o está nublado?

Un dicho

Contigo, pan y cebollas.

I'll live on bread and onions as long as you are at my side. (lit.: With you, bread and onions.)

¿Nos vas a mandar a la tintorería...?

Nombre _____ Sección _____ Fecha _____

LECCIONES 6-10 REPASO

Práctica de vocabulario

A Match the questions in column **A** with the corresponding answers in column **B**.

A

1. ¿Tiene el pelo largo y lacio?
2. ¿Compraste huevos?
3. ¿Cuál es la puerta de salida?
4. ¿Vas a dormir en una bolsa de dormir?
5. ¿Cuándo vas a reservar el asiento? ¿Mañana?
6. ¿Es cubano?
7. ¿Es un cuarto interior?
8. ¿Quién va a confirmar el vuelo?
9. ¿A qué hora tenemos que subir al avión?
10. ¿Vas a ir a la playa?
11. ¿Para cuándo vas a pedir turno?
12. ¿Necesitas mucho equipaje?
13. ¿Vas a lavar el vestido?
14. ¿Qué necesitas para viajar a España?
15. ¿Necesitas la raqueta?
16. ¿Cómo es el colchón?
17. ¿Tú tienes las entradas?
18. ¿Es verdad que esa aerolínea es muy buena?
19. ¿Qué les hace falta?
20. ¿Qué te duele?
21. ¿Uds. van a hacer un crucero?
22. ¿Vas a ver la pelea hoy?

B

a. No, hoy mismo.
b. No, no tengo traje de baño.
c. Sí, porque voy a jugar al tenis.
d. Para pasado mañana.
e. No, no me gusta el boxeo.
f. La visa y el pasaporte.
g. No, sólo el bolso de mano.
h. Sí, están en la billetera.
i. No, hay que limpiarlo en seco.
j. Sí, por el caribe.
k. Es muy incómodo.
l. Sí, es de La Habana.
m. Sí, es excelente.
n. No, es con vista a la calle.
o. Sí, una docena.
p. No, corto y rizado.
q. Sí, en la tienda de campaña.
r. A las siete.
s. La cabeza.
t. Los folletos sobre Chile.
u. El agente de viajes.
v. La número tres.

Nombre _____ Sección _____ Fecha _____

B Circle the word or phrase that does not belong in each group.

1. patinar, esquiar, bucear
2. viaje, pasaporte, farmacia
3. lugar de interés, comprobante, ir de excursión
4. cielo, nublado, último
5. hacer la cama, vestíbulo, sábana
6. bueno, largo, corto
7. agencia de viajes, pasajero, máquina de afeitar
8. peluquería, supermercado, salón de belleza
9. lavadora, peine, secadora
10. colchón, billete, pasaje
11. zoológico, club nocturno, discoteca
12. catedral, hipódromo, castillo
13. acostarse, afeitarse, levantarse
14. césped, verano, jardín
15. abrelatas, guía, monumento
16. barato, caro, económico
17. criado, mariposa, jardinero
18. sábado, alfombra, fin de semana
19. jardín botánico, café al aire libre, zoológico
20. rizador, secador, caña de pescar
21. bronceador, mensaje electrónico, maquillaje
22. viajero, horno, avión

C Circle the word or phrase that best completes each of the following sentences.

1. Voy a (cepillarme, cambiarme) el pelo.
2. Quiero un pasaje de ida y (vuelta, llamada).
3. Voy a poner las cortinas en la (heladera, ventana).
4. Voy a mandar el suéter a la (tintorería, terraza) porque hay que lavarlo en seco.
5. Hay una farmacia a tres (habitaciones, cuadras) de aquí.
6. Necesito usar un buen champú porque tengo el pelo (nuevo, seco).
7. ¿Te vas a México? ¡Buen (viaje, agente), entonces!
8. Voy a jugar al tenis. Necesito la (mochila, raqueta).
9. Voy a la agencia de (comprobantes, viajes) para reservar mi pasaje.
10. Favor de darme un asiento en la sección de no (ayudar, fumar).
11. ¿Me quieres (cortar, bañar) el pelo?
12. ¡Tengo una buena idea! Mientras espero, voy a preparar (la ensalada, el aeropuerto).
13. Necesitamos la tienda de (campaña, caballo).
14. No tenemos (reservación, documentos) para el hotel.
15. Quiero un pasaje de clase (ida, turista).
16. Ana no se va; se (queda, preocupa) aquí.
17. Ahora voy a (pasar, doblar) la ropa.
18. Como no tiene (pasaporte, estrellas) no puede viajar a España.
19. Esta noche te voy a (buscar, almorzar) a eso de las nueve.
20. Luisa trabaja tres (veces, diariamente) por semana.
21. Hoy hace (calor, nieva) y hace viento.
22. Ahora Alicia va a (sacudir, trapear) el piso de la cocina.
23. Tengo cuatro maletas. Tengo que (permitir, pagar) exceso de equipaje.
24. El barbero siempre me corta el (bigote, ropero).

148   BASIC SPANISH FOR GETTING ALONG

Nombre _____ Sección _____ Fecha _____

D Read the following story, substituting words for the pictures shown.

Ayer Marta fue al supermercado y compró una docena de [huevos], [pan] y [zanahorias]. Para la ensalada, compró [lechuga], [cebolla] y tomates. Cuando llegó a su [casa], [pasó la aspiradora], planchó su [vestido] y lavó el [suéter] de su [hijo] Pepito. Por la tarde fue al salón de belleza. La peluquera le lavó la [cabeza] y le [cortó] el [pelo]. El esposo de Marta fue a la [barbería] y el [barbero] lo [afeitó] y le cortó el [bigote] un poco.

E Crucigrama. Use the clues provided below to complete the crossword puzzle on page 151.

HORIZONTAL

5.
6.
9.
10.
11.
13.

LECCIONES 6-10: REPASO   149

Nombre _____ Sección _____ Fecha _____

15.

22.

VERTICAL

1.

4.

12.

16.

19.

23.

2.

7.

14.

17.

21.

20.

25.

3.

8.

15.

18.

24.

Nombre _____ Sección _____ Fecha _____

Práctica oral Listen to the following exercise in the review section of the audio program. The speaker will ask you some questions. Answer each question, using the cue provided. The speaker will verify your response. Repeat the correct answer.

1. ¿Qué documento necesita Ud. para viajar? (pasaporte)
2. ¿Desea Ud. un pasaje de ida o de ida y vuelta? (de ida)
3. ¿Desea Ud. un asiento de ventanilla o de pasillo? (de pasillo)
4. ¿Qué día desea viajar Ud.? (el domingo)
5. ¿Cuánto cuesta el pasaje? (mil quinientos pesos)
6. ¿Va a viajar Ud. con sus padres? (sí)
7. ¿En qué aerolínea viaja Ud.? (Avianca)
8. ¿Necesita Ud. tener visa para viajar? (sí)
9. ¿Cuándo hay vuelos? (los martes y los jueves)
10. ¿Adónde va a viajar Ud.? (Colombia)
11. ¿Cuándo debe hacer la reservación? (hoy mismo)

LECCIONES 6-10: REPASO

Nombre _____ Sección _____ Fecha _____

12. ¿Va Ud. a Santiago en ómnibus? (no, en avión)
13. ¿Su habitación es interior o con vista a la calle? (interior)
14. ¿Es cómodo su colchón? (no, incómodo)
15. ¿Cambian las sábanas y las fundas todos los días en la pensión? (no)
16. ¿A qué hora se cierra el museo? (a las seis)
17. ¿Hay una farmacia cerca de la pensión? (sí)
18. ¿Sabe Ud. a qué hora se abre la farmacia? (no)
19. ¿Qué necesita comprar Ud. en la farmacia? (aspirinas)
20. ¿Qué va a hacer Ud. esta tarde? (jugar al tenis)
21. ¿Ud. va a ir a acampar en sus vacaciones? (sí)
22. ¿Qué necesita para ir a acampar? (una tienda de campaña)
23. ¿Tiene Ud. una bolsa de dormir? (sí)
24. ¿Cuál es su deporte favorito? (el tenis)
25. ¿Prefiere Ud. el pelo corto? (no, largo)

26. ¿Quién le corta el pelo a Ud.? (el peluquero)
27. ¿Se lava Ud. la cabeza todos los días? (sí)
28. ¿Cuándo tiene Ud. turno en la peluquería? (mañana)
29. ¿Quiere Ud. este peine o ése? (ése)
30. Necesito el espejo. ¿Puede Ud. dármelo? (sí)
31. ¿Qué champú usa Ud.? (Prell)
32. ¿Esta tijera es suya? (sí)
33. ¿A qué hora se levanta Ud.? (a las siete)
34. ¿Se baña Ud. por la mañana o por la noche? (por la mañana)
35. ¿Fue Ud. al supermercado hoy? (sí)
36. ¿Qué compró Ud.? (una docena de huevos y pan)
37. ¿Qué preparó Ud. para el almuerzo? (ensalada de papas)
38. ¿Le pasó Ud. la aspiradora a la alfombra? (sí)
39. ¿Cree Ud. que va a llover hoy? (sí)
40. ¿Cómo está el cielo? (nublado)

Para leer y entender

Marisa has a lot to do, and here she tells you about her schedule for the next few days. Listen to her description, paying special attention to pronunciation and intonation. Make sure you understand and remember as much as you can.

Hoy es jueves, y el sábado a las dos de la tarde salgo para Buenos Aires. Esta tarde voy a ir a la agencia de viajes para comprar un pasaje de ida y vuelta. El pasaje en clase turista cuesta mil doscientos dólares de Madrid a Buenos Aires. ¡Ah! Hablando de dinero... tengo que ir al banco y después a la farmacia.

Esta noche tengo que ir a la casa de Teresa, una chica argentina. Ella me va a dar una lista de lugares de interés. ¡Quiero visitarlos todos! Mi coche[1] no funciona, así que[2] tengo que tomar el autobús. Mientras espero el ómnibus, voy a escribirle a mi amigo José Luis en Buenos Aires para decirle que lo veo la semana próxima.

---

[1]*car*
[2]**así que**   *so, therefore*

Mañana por la mañana voy a la peluquería. Tengo turno para las nueve y media: lavado, corte y peinado. Por la tarde voy a ir con Jorge a ver un partido de fútbol y por la noche voy a ir al teatro con mi amiga Elsa a ver una comedia musical.

Now answer the following questions.

1. ¿Qué día es mañana?
2. ¿El avión de Marisa sale por la mañana?
3. ¿A qué país (*country*) de Sudamérica va Marisa?
4. ¿Qué va a hacer Marisa esta tarde?
5. ¿Cuántos pasajes va a comprar Marisa?
6. ¿Ella va a comprar un pasaje de ida?
7. ¿En qué ciudad española va a tomar el avión Marisa?
8. ¿Va a viajar en primera clase?
9. ¿El pasaje cuesta más o menos de mil dólares?
10. Después de ir al banco, ¿adónde tiene que ir?
11. ¿Qué le va a dar Teresa a Marisa?
12. ¿Qué quiere visitar Marisa?
13. ¿De dónde es Teresa?
14. ¿Por qué tiene que tomar el autobús Marisa?
15. ¿Quién es José Luis?
16. ¿Dónde va a estar Marisa la semana próxima?
17. ¿Qué tiene que hacer Marisa mañana a las nueve y media?
18. ¿Qué va a hacer Marisa por la tarde?
19. ¿Va a ir al teatro con su hermana?
20. ¿Qué van a ver las chicas en el teatro?

Lección 11

Hoy tenemos mucho que hacer

Objectives

Structures
- Time expressions with **hacer**
- Irregular preterits
- The preterit of stem-changing verbs (**e:i** and **o:u**)
- Command forms: **tú**

Communication
- How to talk about the preparation of meals
- More about household chores

Culture: Ecuador
- Women's and men's roles
- Nicknames

Nombre _____ Sección _____ Fecha _____

Aprenda estas palabras

1. barrer
2. la escoba
3. el recogedor, la palita
4. la basura
5. la lata de la basura[1]
6. el fregadero, la pileta
7. la olla
8. la cacerola
9. el huevo frito
10. la sartén
11. la tostadora
12. pelar
13. la cafetera

---

[1] **facón,** in Puerto Rico

Hoy tenemos mucho que hacer

La familia García es de Guayaquil, pero hace un año que vive en Quito, la capital de Ecuador. Hoy Estela, Víctor y Juanita están limpiando la casa porque anoche tuvieron una fiesta y todo está muy sucio. Ahora van a desayunar.

Juanita —¿Qué preparo para el desayuno, mamá?
Estela —Haz tocino con huevos para tu papá y chocolate y tostadas para mí. ¿Qué vas a comer tú?
Juanita —Cereal. ¿Cómo preparo los huevos? ¿Fritos, revueltos o pasados por agua?
Estela —Fritos. Y trae jugo de naranja también.

Después del desayuno.

Estela —Víctor, limpia el garaje, por favor.
Víctor —Voy a barrerlo. Dame la escoba y el recogedor.
Estela —¿Vinieron a arreglar el televisor ayer? No quiero perderme mi telenovela.
Víctor —Sí, vinieron, pero no pudieron arreglarlo. Vuelven mañana. Lo siento.
Estela —No te preocupes. Tía Elsa me la puede grabar.

Estela	—¡Juanitaaa! Saca la basura. Está debajo del fregadero.
Juanita	—Ahora no puedo. Estoy fregando las ollas y la sartén.
Víctor	—Estela, ¿pongo la carne en el horno?
Estela	—No, no la pongas todavía. Yo lo hago después.

Más tarde, Estela y su hija conversan mientras ponen la mesa.

Juanita	—¿Se divirtieron mucho los invitados anoche?
Estela	—Sí, y estuvieron aquí hasta la madrugada.
Juanita	—¿Tuvo éxito el flan que preparaste?
Estela	—¡Ya lo creo! Todos me pidieron la receta.
Juanita	—Mamá, enséñame a cocinar. Quiero aprender a preparar algunos postres.
Estela	—¿De veras? ¡Muy bien! Empezamos mañana. Tengo unas recetas muy buenas. ¡Ah! ¿Dónde están las servilletas de papel?
Juanita	—Los puse en el armario de la cocina. (*Llama.*) ¡Papá! ¡Ven a almorzar!

Cuando terminan de comer, Juanita y su mamá hablan de lo que van a hacer para celebrar el cumpleaños de Juanita, que el mes próximo cumple quince años. ¡Quieren dar una gran fiesta!

¡Escuchemos!
While listening to the dialogue, circle **V (verdadero)** if the statement is true and **F (falso)** if it is false.

1. La familia García vive en Guayaquil. V F
2. Juanita es la mamá de Estela. V F
3. Víctor va a desayunar tocino con huevos. V F
4. A Estela le gustan las telenovelas. V F
5. Víctor no va a hacer nada después de desayunar. V F

Nombre _____ Sección _____ Fecha _____

6. El televisor de la familia García no funciona.   V   F

7. Anoche la familia García tuvo una fiesta para celebrar el cumpleaños de Juanita.   V   F

8. Los invitados se aburrieron en la fiesta.   V   F

9. Juanita quiere aprender a cocinar.   V   F

10. La esposa de Víctor sabe preparar muchos postres.   V   F

VOCABULARIO

Cognados
el garaje

Nombres
el armario *cupboard*
el baile *dance*
el cartón *cardboard*
el cumpleaños *birthday*
el (la) invitado(a) *guest*
la madrugada *dawn*
el papel *paper*
la receta *recipe*
la servilleta *napkin*
la telenovela *soap opera*
la tostada, el pan tostado *toast*

Verbos
aprender *to learn*
arreglar *to fix*
cocinar *to cook*
cumplir (años) *to turn (years old)*
desayunar *to have breakfast*
divertirse (e:ie) *to have a good time*
enseñar *to teach*
fregar (e:ie) *to wash, to scrub*
grabar *to tape, to record*
perderse (e:ie) *to miss (out)*

Adjetivos
grande (gran) *big (great)*
revuelto *scrambled (egg)*
sucio(a) *dirty*

Otras palabras y expresiones
a ver... *let's see...*
anoche *last night*
debajo de *under*
¿de veras? *really?*
pasado por agua *soft-boiled (egg)*
plato de cartón *paper plate*
poner la mesa *to set the table*
sacar la basura *to take out the garbage*
tener éxito *to be a success, to be successful*
tener mucho que hacer *to have a lot to do*
todo el mundo, todos *everybody*
va a haber *there's going to be*

LECCIÓN 11: HOY TENEMOS MUCHO QUE HACER

Nombre _____ Sección _____ Fecha _____

🌐 VOCABULARIO ADICIONAL

ensuciar *to get (something) dirty*

Para poner la mesa (*To set the table*)
los cubiertos *silverware*
la jarra *pitcher*
el mantel *tablecloth*
el tazón *bowl*
la vajilla *china*

Formas de cocinar (*Ways to cook*)
asar *to roast*
cocinar al vapor *to steam*
freír[1] *to fry*
hervir (e:ie) *to boil*

Notas Culturales

- En los países de habla hispana, los trabajos de la casa todavía se consideran responsabilidad de la mujer. Sin embargo (*However*), esta actitud tradicional empieza a cambiar ahora que muchos hombres profesionales solteros viven en su propio apartamento y no con sus padres y que, en muchos matrimonios, los dos trabajan.

- En español se usan con frecuencia formas diminutivas de los nombres para expresar afecto, especialmente con los niños. La mayoría de los diminutivos se forman con los sufijos **-ito** o **-ita**: el sobrenombre (*nickname*) de Juana es Juanita y el de Luis es Luisito, por ejemplo. Anita, pues (*therefore*), es el diminutivo de Ana, y es el equivalente español de *Annie*, y no un nombre diferente, como se piensa en los Estados Unidos. Algunos nombres tienen distintos sobrenombres.

Francisco: Paco, Paquito, Pancho (*Méx.*)	Francisca: Paquita
José: Pepe, Pepito	Josefa: Pepa, Pepita
Ignacio: Nacho	Dolores: Lola, Lolita
Guillermo: Memo	María Teresa: Marité
Enrique: Quique	Guadalupe: Lupe

- En España y en Latinoamérica, cuando una chica cumple quince años, sus padres ofrecen una gran fiesta, pues se considera que ella se convierte en una señorita. Excepto en México, donde la fiesta se llama "la quinceañera", esta celebración se conoce como "la fiesta de los quince".

- En Ecuador, como en el resto de los países de habla hispana, las telenovelas son muy populares. Cada país tiene sus propias cadenas de televisión, pero entre las más importantes están Univisión y Telemundo, que transmiten sus programas no sólo para el mundo hispano sino (*but*) también para los Estados Unidos.

---

[1]Present indicative: **frío, fríes, fríe, freímos, freís, fríen**

Nombre _____ Sección _____ Fecha _____

En tu mundo...

1. Generalmente, ¿ayudan los esposos norteamericanos con los trabajos de la casa?
2. ¿Qué formas diminutivas de nombres son populares en este país?
3. ¿Qué cumpleaños celebran las chicas norteamericanas con una fiesta especial?

Actividades

Dígame... Answer the following questions, basing your answers on the dialogue.

1. ¿De dónde es la familia García y cuánto tiempo hace que vive en Quito?
   _____

2. ¿Qué está haciendo la familia García hoy? ¿Por qué?
   _____

3. ¿Para quién son los huevos y cómo los va a preparar Juanita? ¿Qué van a tomar en el desayuno?
   _____

4. ¿Quién va a barrer el garaje y qué va a necesitar para hacerlo?
   _____

5. ¿Por qué no arreglaron el televisor ayer? ¿Cuándo vuelven para arreglarlo?
   _____

6. ¿Dónde está la lata de la basura? ¿Por qué no puede Juanita sacar la basura?
   _____

7. ¿Qué no quiere perderse Estela? ¿Qué va a hacer su tía Elsa?
   _____

8. ¿Tuvo éxito la fiesta? ¿Cómo lo sabe?
   _____

9. ¿Les gustó a los invitados el flan? ¿Qué le pidió todo el mundo a Estela?
   _____

10. ¿Qué quiere aprender a hacer Juanita? ¿Por qué?
    _____

Lección 11: Hoy tenemos mucho que hacer

Nombre _____ **Sección** _____ **Fecha** _____

11. ¿Dónde puso Juanita las servilletas de papel?
_____

12. ¿Cuántos años cumple Juanita el mes próximo? ¿Cómo van a celebrarlo?
_____

Hablemos
Interview a classmate, using the following questions. When you have finished, switch roles.

1. ¿Qué hiciste hoy para el desayuno? ¿Usaste la tostadora y la cafetera?
2. ¿Prefieres comer huevos fritos, huevos revueltos o huevos pasados por agua?
3. ¿Sabes cocinar? ¿Quién te enseñó? ¿Tienes muchas recetas?
4. ¿Usas mucha sal y pimienta en la comida?
5. ¿Quién friega los platos en tu casa?
6. ¿Qué trabajos de la casa no te gusta hacer?
7. ¿Tuviste mucho que hacer ayer? ¿Qué tuviste que hacer?
8. ¿Dónde estuviste anoche y qué hiciste?
9. ¿Adónde fuiste el sábado? ¿Te divertiste?
10. ¿Cuándo vas a dar una fiesta? ¿Vas a tener muchos invitados? ¿Va a haber baile?

¿Cómo lo decimos?
Give the Spanish equivalent of the words in parentheses.

1. ¿_____ los cubiertos para poner la mesa, Anita? ¿Dónde _____? (*Did you bring / did you put them*)

2. _____ el mantel blanco y _____, Anita. (*Bring / set the table*)

3. Carlitos, _____ a la tienda y _____ seis tazones. _____ a Roberto; _____ a Marta. (*go / buy / Don't give them / give them*)

4. Mi papá _____ huevos pasados por agua para todos. (*made*)

5. Elba _____ huevos fritos y pan tostado. (*served*)

6. Anita, _____ aquí; _____ un favor: _____ los platos y _____ la basura. (*come / do me / wash / take out*)

7. _____. ¡Está muy sucia! (*I have been cleaning the kitchen for two hours.*)

8. Ellos _____ vegetales cocinados al vapor y pollo asado. La comida _____ mucho éxito. (*served / had*)

Nombre _____ **Sección** _____ **Fecha** _____

9. Carlos _____ el armario en esa tienda. _____ vender su escritorio para poder hacerlo. (*got / He had to*)

10. Pedro _____ ayer y _____ aquí hasta las cinco. _____ mucho. (*came / was / He had a good time*)

¿Qué pasa aquí?
With a partner, answer the following questions according to what you see in the pictures.

A.

1. ¿Qué está haciendo José?
2. ¿Qué tiene que hacer José?
3. ¿Qué va a necesitar José para hacerlo?
4. ¿Qué está haciendo Lisa?
5. ¿Qué cree Ud. que Lisa le dice a José?

B.

1. ¿A quién llama Rita?
2. ¿Quién cree Ud. que es Carmen?
3. ¿Dónde está la lata de la basura?
4. ¿Qué cree Ud. que le dice Rita a Carmen?

C.

1. ¿Qué cree Ud. que la Sra. Mena le dice a Eva?
2. ¿Qué quiere hacer Eva primero?

LECCIÓN 11: HOY TENEMOS MUCHO QUE HACER

Nombre _____ **Sección** _____ **Fecha** _____

D.

1. ¿Para cuántas personas está puesta (*set*) la mesa?
2. Nombre las cosas que hay en la mesa.
3. Julio no toma vino. ¿Cómo lo sabemos?
4. ¿Qué le hace falta a Rosa?
5. ¿Qué le hace falta a Julio?

E.

1. ¿Qué está haciendo la Sra. Miño?
2. ¿Para cuántas personas prepara la Sra. Miño la comida?
3. ¿Qué va a hacer la Sra. Miño con las papas?

Una encuesta Survey your classmates and your instructor to find someone who fits each of the following descriptions and write the person's name in the space provided. Remember to use the **tú** form when speaking to your classmates and the **Ud.** form when speaking to your instructor. Then, in groups of three, discuss the result of the survey.

Esta persona...

1. ☐ barre la cocina todos los días. _____
2. ☐ siempre tiene mucho que hacer. _____
3. ☐ tiene que sacar la basura. _____
4. ☐ limpia su casa los sábados. _____
5. ☐ come huevos fritos a veces. _____
6. ☐ prefiere los huevos revueltos. _____
7. ☐ tuvo una fiesta el mes pasado. _____
8. ☐ mira telenovelas. _____

Nombre _____ Sección _____ Fecha _____

9.	☐	graba algunos programas de televisión.	_____
10.	☐	se divirtió mucho el sábado pasado.	_____
11.	☐	no pudo venir a clase la semana pasada.	_____
12.	☐	vino a la universidad el mes pasado.	_____

En estas situaciones
With a partner, act out the following situations in Spanish.

1. A young person comes to help you with the housework. Tell him/her to do the following things.
   a. make bacon and scrambled eggs
   b. bring you three pieces of toast with butter
   c. sweep the garage
   d. take out the trash
   e. go to the market and buy eggs
   f. put the meat in the oven
   g. peel four potatoes
   h. set the table
   i. clean the toaster
   j. scrub the frying pan and the pots and pans

2. You want to fix a big breakfast for a visiting friend. Find out what he/she likes to eat and how he/she likes the food prepared (style of eggs, toast with or without butter, etc.)

3. You are in charge of organizing the breakfast buffet at a restaurant. You are telling your assistant to bring the food items and the necessary dishes and utensils for the buffet table.

4. Your friend is having a birthday. Ask him/her how he/she is going to celebrate it. Ask him/her also how old he/she will be.

5. Your friend doesn't want to miss her soap opera. Tell her not to worry because you can tape it for her.

¿Qué dice aquí?
With a partner, read the ad for *La Escoba Mágica* on the following page and answer the following questions.

1. ¿Qué días pueden los clientes llamar a *La Escoba Mágica*?
2. ¿Cuál es el número de teléfono de *La Escoba Mágica*?
3. ¿Qué otros servicios ofrecen, además de limpiar la casa?

LECCIÓN 11: HOY TENEMOS MUCHO QUE HACER

Nombre _____ Sección _____ Fecha _____

4. ¿Qué tipo de comida preparan?

5. ¿Cuántas veces (*times*) al mes cree Ud. que muchos clientes utilizan los servicios de *La Escoba Mágica*?

La Escoba Mágica

¡No se preocupe por la limpieza de su casa!
¡Nosotros lo hacemos todo!

1. Limpiamos la casa de arriba abajo.
2. Planchamos su ropa.
3. Fregamos ollas, sartenes y platos.
4. Limpiamos las ventanas.
5. Sacamos la basura.
6. Preparamos la cena.
7. Ponemos la mesa.

Mientras su familia va de compras, trabaja o estudia, nosotros nos ocupamos de su casa.

Llame hoy mismo al teléfono
784-3792

Todos los días excepto los domingos.

Una actividad especial Your classroom turns into several homes. Several students play the roles of parents, and other students play the roles of children. The parents tell the children what to do. Each child will do what he/she is told, and then report back to **mamá** or **papá**, for example, **Ya lavé los platos. ¿Qué hago ahora?** Bring tablecloths, silverware, brooms, etc., to help the dramatization seem as real as possible.

Un paso más Review the **Vocabulario adicional** in this **lección** and then complete the following sentences with the appropriate word or phrase.

1. Le voy a pasar la aspiradora a la alfombra porque los niños la _____.

2. Voy a planchar el _____ antes de ponerlo en la mesa.

3. No voy a hervir las papas; las voy a _____.

4. A ver... Necesito los _____ para servir el cereal.

5. Pon el jugo de naranja en la _____.

6. ¿Tus _____ son de plata (*silver*)?

7. Mi _____ es de porcelana.

8. Yo siempre cocino los vegetales al _____.

UNA ADIVINANZA (A RIDDLE)

Una cajita° muy blanca.   *little box*
Todos la saben abrir,
nadie la puede cerrar.

Pepito: Pon la mesa, por favor.

¿Dónde...?

LECCIÓN 11: HOY TENEMOS MUCHO QUE HACER

LECCIÓN 12

UN MATRIMONIO PERUANO VA DE COMPRAS

OBJECTIVES

Structures
- **En** and **a** as equivalents of *at*
- The imperfect tense
- The past progressive
- The preterit contrasted with the imperfect

Communication
- Shopping for clothes

Culture: Perú
- Different ways of shopping in the Hispanic world

Aprenda estas palabras

ARTÍCULOS PARA SEÑORAS

1. la blusa
2. la falda[1]
3. la chaqueta
4. el pantalón (los pantalones)
5. el traje de baño[2]
6. el abrigo
7. los guantes
8. el sombrero
9. la cartera (el bolso/la bolsa)
10. la vidriera, la vitrina

ARTÍCULOS PARA CABALLEROS

11. la chaqueta
12. la camisa
13. la corbata
14. el cinto (el cinturón)[3]
15. el traje

---

[1] In Cuba, **la saya**
[2] Also **el bañador** (*Spain*), **la trusa** (*Cuba*)
[3] Also **la correa** (*Puerto Rico and Spain*)

Un matrimonio peruano va de compras

Alicia y su esposo Julio se van a encontrar en el centro comercial Larco Mar, uno de los más nuevos de Lima, para ir de compras juntos. Hace media hora que Julio espera a Alicia y está un poco preocupado. Al fin, a eso de las tres, llega ella.

Julio —Pero dime, mi amor, ¿qué estabas haciendo?
Alicia —Estaba hablando con Andrea; por eso no pude venir antes.
Julio —¡Ah! Yo no sabía que estaba aquí. ¡Ya vino de Asunción! ¿Qué te trajo?
Alicia —Me trajo una blusa y a ti te trajo una camisa y una corbata.
Julio —¡Qué amable! ¡Oye! Hoy tienen una liquidación en la tienda Valenti. ¿Vamos?
Alicia —Sí, vamos. Aquí tengo la lista de las cosas que queremos comprar.
Julio —¿No dijo Beto que necesitaba una camisa azul?
Alicia —Sí, podemos comprársela, ya que él no pudo venir con nosotros...
Julio —Dijiste que ibas a comprarle un regalo a tu papá. Él me dijo que quería un suéter de alpaca.
Alicia —Buena idea. ¡Ah, Julio, por favor! Tienes que comprarte un traje nuevo; el tuyo ya está pasado de moda. Yo creo que tú compraste ése cuando tenías quince años...
Julio —(*Se ríe*) No, querida, cuando yo tenía quince años no usaba traje. Bueno, voy a buscar uno.

Con una empleada del departamento de ropa para señoras.

Alicia —¿Cuánto cuesta el vestido verde que está en la vidriera?
Empleada —Mil nuevos soles.[1] Está en venta. Antes costaba dos mil. Es una ganga.
Alicia —Me encanta el color. ¿Puedo probármelo?
Empleada —Sí, el probador está a la derecha. ¿Qué talla usa Ud.?
Alicia —Uso talla grande o mediana. También quiero probarme esta falda y esta blusa.

Alicia compró la falda y el vestido, pero no compró la blusa porque le quedaba chica. Compró otras cosas, pagó y ya eran las cuatro cuando fue a buscar a Julio. Cuando iban para su casa, vieron un grupo de vendedores ambulantes y Alicia decidió comprar algunos objetos de artesanía.

¡Escuchemos! While listening to the dialogue, circle **V (verdadero)** if the statement is true and **F (falso)** if it is false.

1. Alicia y Julio están en Perú. — V F
2. Julio está esperando a Alicia en el centro comercial. — V F
3. Andrea estaba en Paraguay. — V F
4. Beto fue de compras con Víctor y Alicia. — V F
5. El papá de Alicia necesita un suéter. — V F
6. Julio necesita un traje nuevo. — V F

---

[1] Peruvian currency. Rate of exchange subject to change.

Nombre _____ Sección _____ Fecha _____

7. El vestido que compró Alicia era una ganga. V F

8. A Alicia no le gusta el color verde. V F

9. Alicia usa talla pequeña. V F

10. Alicia nunca les compra nada a los vendedores ambulantes. V F

🔊 VOCABULARIO

Cognados
el color
el departamento
el grupo
el objeto

Nombres
la artesanía *arts and crafts*
el centro comercial *mall*
el departamento de ropa (artículos) para señoras *women's department*
el (la) empleado(a) *clerk*
la ganga *bargain*
la liquidación, la venta *sale*
el probador *fitting room*
el regalo *gift, present*
la talla, la medida *size*
el (la) vendedor(a) ambulante *street vendor*

Verbos
buscar *to look for, to get*
creer *to think, to believe*
encantarle a uno(a) *to love (something)*
perdonar *to forgive*
probarse (o:ue) *to try on*
reír(se)[1] *to laugh*
usar, llevar *to wear*

Adjetivos
amable *nice, kind, courteous*
azul *blue*
mediano(a) *medium*
preocupado(a) *worried*
rojo(a) *red*
rosado(a) *pink*
verde *green*

Otras palabras y expresiones
a la derecha (izquierda) *to the right (left)*
al fin *at last, finally*
antes *before, sooner*
ir de compras *to go shopping*
media hora *half an hour*
por eso *that's why*
¡Qué amable! *How nice!*
quedarle chico (grande) a uno *to be too small (big) on one*
ya que *since, as long as*

---

[1] **reír**, present indicative: **río, ríes, ríe, reímos, reís, ríen**

Nombre _____ Sección _____ Fecha _____

VOCABULARIO ADICIONAL

la bufanda *scarf*
el chaleco *vest*
la gorra *cap*
hacer juego (con) *to match*
el impermeable *raincoat*

el pañuelo *handkerchief*
el paraguas *umbrella*
quedarle ancho(a) [estrecho(a)] a uno *to be too wide, loose (narrow, tight) on one*
las zapatillas, las pantuflas *slippers*

Notas Culturales

- Las tallas de la ropa y el tamaño (*size*) de los zapatos (*shoes*) varían mucho de país a país (*country*). Esta tabla da una equivalencia aproximada de las tallas en España y los Estados Unidos.

MUJERES

Vestidos:

España	34	36	38	40	42	44	46	48
EE. UU.	6	8	10	12	14	16	18	20

Zapatos:

España	36	37	38	39	40
EE. UU.	6	7	8	9	10

HOMBRES

Trajes y abrigos:

España	42	44	46	48	50	52	54	56
EE. UU.	32	34	36	38	40	42	44	46

Camisas:

España	38	41	43	45
EE. UU.	15	16	17	18

Zapatos:

España	38	39	41	42	43	44	45	47
EE. UU.	5	6	7	8	9	10	11	12

- En Lima, como en la mayoría de las grandes ciudades de España y Latinoamérica, existen hoy grandes centros comerciales donde hay restaurantes, tiendas por departamentos, cines, etc. Además en todas las ciudades se pueden encontrar pequeñas tiendas especializadas en uno u otro producto. También se les pueden comprar diversos artículos, principalmente objetos de artesanía, a los vendedores ambulantes, que venden mucho más barato y con los que es fácil regatear (*to haggle*).

- En Perú es fácil encontrar suéteres, bufandas, abrigos, etc. hechos de lana de alpaca, animal que es muy abundante en el país.

Nombre _____ Sección _____ Fecha _____

En tu mundo...

1. ¿En qué ciudades de los Estados Unidos son populares los vendedores ambulantes?
2. ¿Es popular regatear en la mayoría de las tiendas de este país?
3. ¿Dónde prefiere comprar su ropa la mayoría de los norteamericanos, en los grandes centros comerciales o en pequeñas tiendas? ¿Por qué?

Actividades

Dígame... Answer the following questions, basing your answers on the dialogue.

1. ¿Dónde se van a encontrar Alicia y su esposo y para qué?
   _____

2. ¿Cuánto tiempo tuvo que esperar Julio a Alicia? ¿Qué estaba haciendo ella?
   _____

3. ¿Qué les trajo Andrea a Alicia y a Julio? ¿De dónde se lo trajo?
   _____

4. ¿A qué tienda van Julio y Alicia? ¿Por qué?
   _____

5. ¿Qué dijo Beto que necesitaba? ¿Qué quería el papá de Alicia?
   _____

6. ¿Qué dijo Alicia que tenía que comprarse Julio? ¿Por qué?
   _____

7. ¿Qué no usaba Julio cuando tenía quince años?
   _____

8. ¿Cuánto cuesta el vestido que se prueba Alicia y cuánto costaba antes?
   _____

9. ¿Qué talla usa Alicia y qué más quiere probarse? ¿Por qué no compró ella la blusa?
   _____

10. ¿Qué hora era cuando Alicia fue a buscar a Julio?
    _____

Lección 12: Un matrimonio peruano va de compras

Nombre _____ **Sección** _____ **Fecha** _____

11. ¿Qué vieron Alicia y Julio cuando iban para su casa?

    _____

12. ¿Qué decidió hacer Alicia?

    _____

Hablemos
Interview a classmate, using the following questions. When you have finished, switch roles.

1. ¿Te gusta ir de compras? ¿Prefieres comprar en un centro comercial o en tiendas pequeñas?
2. ¿Cuál es tu tienda favorita? ¿En qué departamento compras tu ropa?
3. En una liquidación, ¿compras a veces cosas que no necesitas? ¿Puedes darme un ejemplo?
4. ¿Tú usas talla pequeña, mediana o grande?
5. Si tienes que comprarle un regalo a tu papá o a tu hermano, ¿prefieres comprarle una camisa, una corbata o un cinto? ¿Por qué?
6. ¿Tu papá usa traje y corbata todos los días?
7. ¿Tu mamá prefiere usar vestido o falda y blusa cuando va a una fiesta?
8. ¿Qué te gustaba usar cuando eras pequeño(a)?
9. ¿Te pusiste guantes ayer? ¿Por qué?
10. ¿De qué color es tu chaqueta? ¿Ése es tu color favorito?
11. ¿Necesitas comprarte ropa? ¿Qué necesitas?
12. ¿Qué hora era cuando llegaste a tu casa ayer?

¿Cómo lo decimos?
Complete the following sentences, using the Spanish equivalent of the words in parentheses.

1. Ayer Eva y yo _____ y _____ faldas, una blusa y sandalias. (*went shopping / bought*)
2. Cuando Elisa y Luis _____ para la tienda, _____ un accidente en la calle Soto. (*were going / they saw*)
3. Ayer Celia _____ que esa tienda _____ una gran liquidación. (*told me / had*)
4. Yo _____ un traje cuando el empleado _____ al probador y _____ cinco trajes más. (*was trying on / came / brought me*)
5. Ayer mamá _____ muchas gangas _____ la tienda *La Elegante*. (*found / at*)

176 BASIC SPANISH FOR GETTING ALONG

Nombre _____ Sección _____ Fecha _____

6. ¿Qué hora _____ cuando Uds. _____ la tienda? (*was it / arrived at*)

7. Yo _____ las botas porque _____. (*didn't buy / they were too small on me*)

8. Cuando Marité _____ veinte años, _____ un trabajo en el departamento de ropa para señoras. (*was / she got*)

9. Esta mañana _____ el impermeable porque _____. (*I put on / it was raining*)

10. Beto _____ porque su hijo _____. (*was worried / wasn't home*)

¿Qué pasa aquí? With a partner, answer the following questions according to what you see in the pictures.

A.

1. ¿A quién esperaba Luisa?
2. ¿Dónde se encuentran Luisa y Tito?
3. ¿Cuánto tiempo hace que Luisa espera a Tito?
4. ¿En qué tienda estuvo Tito?
5. ¿A qué hora llegó Luisa a la calle Juárez?

B.

1. ¿Qué se prueba José?
2. ¿En qué se mira?
3. ¿Cuánto cuesta la chaqueta?
4. ¿Qué precio tenía antes?
5. ¿Está en liquidación la chaqueta?
6. ¿Es una ganga? ¿Por qué o por qué no?

LECCIÓN 12: UN MATRIMONIO PERUANO VA DE COMPRAS

C.

1. ¿Cómo se llama la tienda?
2. ¿Qué tiene la tienda hoy?
3. ¿En qué departamento está José?
4. ¿Qué cree Ud. que va a comprar José?
5. ¿Cuántos empleados hay en el departamento?

D.

1. ¿Qué está mirando María?
2. ¿Cuánto cuesta la falda que está en la vidriera?
3. ¿Cuánto cuesta la blusa? ¿Y el vestido?
4. ¿Cuál es el más caro de los artículos en la vidriera? ¿Cuál es el más barato?

E.

1. ¿Qué talla usa Inés?
2. ¿En qué se mira? ¿Qué se prueba?
3. ¿Le queda grande?
4. ¿Qué le trae la empleada a Inés?

Nombre _____ Sección _____ Fecha _____

Una encuesta Survey your classmates and your instructor to find someone who fits each of the following descriptions and write the person's name in the space provided. Remember to use the **tú** form when speaking to your classmates and the **Ud.** form when speaking to your instructor. Then, in groups of three, discuss the result of the survey.

Esta persona...

1. ☐ fue de compras la semana pasada. _____
2. ☐ compró un regalo la semana pasada. _____
3. ☐ consiguió una ganga cuando fue de compras. _____
4. ☐ fue a una liquidación la semana pasada. _____
5. ☐ a veces se encuentra con sus amigos en el centro comercial. _____
6. ☐ usa talla mediana. _____
7. ☐ usa traje y corbata cuando va a la iglesia. _____
8. ☐ dijo que necesitaba ropa. _____
9. ☐ usa chaleco a veces. _____
10. ☐ usa impermeable cuando llueve. _____
11. ☐ usa zapatillas cuando está en su casa. _____
12. ☐ tiene algunos objetos de artesanía en su casa. _____
13. ☐ usa paraguas cuando llueve. _____
14. ☐ usa guantes cuando hace frío. _____

En estas situaciones With a partner, act out the following situations in Spanish.

1. There is a sale on at a department store in your town. You're telling a friend about the clothing you want to purchase as gifts for various members of your family. You want to know whether he/she wants to go shopping with you.

Nombre _____ **Sección** _____ **Fecha** _____

2. You and a friend have arranged to meet at a certain time. By the time he/she shows up, you have been waiting for half an hour, wondering where he/she is and worrying. Your friend finally shows up and explains why he/she couldn't come sooner.

3. You are a sales clerk at a department store. A customer wishes to try on some articles of clothing. You need to find out what size he/she wears and give directions to the fitting room. As the customer tries on the clothing, you will want to say things that will make him/her want to buy it.

4. You and a friend are shopping. He/She likes your jacket and wants to know where you bought it. Before looking at a jacket for him/her, you want to go to the men's department and find out how much ties cost.

5. You kept your friend waiting. Ask him/her to forgive you.

¿Qué dice aquí?
You and a partner are helping a friend with some shopping at a store in Lima. Answer her questions, using the information provided in the ad on the following page.

1. ¿Cómo se llama la tienda?
2. ¿En qué artículos están rebajados (*marked down*) los precios?
3. Necesito comprarme un vestido. ¿Cuánto me va a costar?
4. ¿Qué más puedo comprar para mí?
5. Mi esposo necesita zapatos. ¿Qué tipo de zapatos venden (*sell*) en la tienda y cuántos nuevos soles cuestan?
6. Tengo una hija de nueve años y un hijo de catorce años. ¿Qué puedo comprarles para la playa?
7. Es el cumpleaños de mi padre y no tengo mucho dinero. ¿Qué puedo comprarle?
8. ¿Para cuántas personas son los manteles que venden en el almacén?
9. ¿Cuánto cuesta el sillón reclinable? ¿Es caro o es barato?
10. ¿Cuál es el lema (*slogan*) de los *Almacenes Ultra*?

Aproveche la gran venta de fin de verano en

Almacenes Ultra

¡Precios rebajados en artículos para toda la familia!

SEÑORAS
- Vestidos lisos y estampados, de poliéster o algodón .... 75 S/
- Blusas y faldas estampadas, en distintos dibujos y colores .... 38 S/
- Carteras de noche, última moda .... 33 S/

CABALLEROS
- Pantalones de sport y de vestir, desde .... 50 S/
- Zapatos de cuero legítimo .... 80 S/
- Corbatas de seda .... 12 S/

JÓVENES
- Trajes de baño tradicionales y bikinis, múltiples estilos .... 45 S/
- Gran variedad de sandalias para playa, desde .... 8 S/

NIÑOS
- Playeras en distintos colores, todas las tallas .... 5 S/
- Camisas y pantalones para niños de 3 a 12 años .... 18 S/

PARA EL HOGAR
- Batería de cocina, ocho piezas, de acero .... 99 S/
- Manteles para cuatro, seis u ocho personas .... 75 S/
- Sillón reclinable, con asiento y respaldo de cuero .... 495 S/

Calidad por calidad, todo cuesta menos en

Almacenes Ultra

S/ (Nuevo Sol): Peruvian currency   Rate of exchange: 1 US$ = 2.05 S/

Nombre _____ **Sección** _____ **Fecha** _____

Una actividad especial
Each of your classmates will bring in a picture of an article of clothing. The instructor will pin a picture on each student's back. The students will walk around the class asking yes/no questions of each classmate to try to identify his/her picture. For example: **¿Es ropa? ¿Es algo que usan las mujeres?**

Un paso más
Review the **Vocabulario adicional** in this **lección** and complete the following sentences with the appropriate word or phrase.

1. El traje es gris y lo venden con un _____ negro.
2. Cuando llego a casa, me quito los zapatos y me pongo las _____.
3. Tengo frío. Necesito el abrigo y la _____.
4. No usa sombrero, pero usa _____.
5. Llueve mucho. Lleva el _____ y también el _____.
6. Las zapatillas no me quedan bien; me quedan _____.
7. Mi abuela siempre tiene un _____ blanco en la cartera.

UN DICHO PARA RECORDAR

Aunque la mona se vista de seda, mona se queda.   *Clothes don't make the person. (lit.: Even if the monkey dresses in silk, she's still a monkey.)*

¿Está seguro de que no necesita una talla más grande?

Lección 13

En una tienda por departamentos en La Paz

Objectives

Structures
- Changes in meaning with the imperfect and preterit of **conocer, saber,** and **querer**
- **Hace** meaning *ago*
- Uses of **se**
- **¿Qué?** and **¿cuál?** used with **ser**

Communication
- More about shopping: clothes, shoes, jewelery

Culture: Bolivia
- Stores in Hispanic cities

Aprenda estas palabras

1. el pijama
2. un par de calcetines (medias)
3. el calzoncillo
4. la camiseta
5. un par de zapatos
6. los anteojos de sol[1]
7. la navajita[2]
8. las botas
9. las sandalias
10. las pantimedias
11. el camisón (la bata de dormir)
12. la bata
13. los aretes (aros)
14. el collar
15. la cadena
16. el reloj de pulsera
17. el anillo, la sortija

[1] Also called **las gafas de sol** (*Spain*)
[2] Also called **la hoja de afeitar** (*Spain*)

BASIC SPANISH FOR GETTING ALONG

🔊 En una tienda por departamentos en La Paz

Hoy Rocío y su esposo, Sergio, tienen la tarde libre y deciden ir de compras a un centro comercial que está cerca de la Plaza de Armas. Cuando llegan a la tienda La Elegante, Rocío se queda en la planta baja, donde está el departamento de ropa para señoras, y Sergio le pregunta a un empleado en qué piso venden ropa para caballeros.

Sergio —Perdón, ¿dónde está el departamento de caballeros?
Empleado —En el tercer piso. Use el ascensor; la escalera mecánica no funciona.

En el departamento de ropa de caballeros.

Sergio —Esta corbata me gusta mucho. ¿Cree Ud. que hace juego con el traje gris?
Empleado —Sí, señor. ¡Ah! Este traje es muy elegante y de muy buena calidad.
Sergio —¿Es de lana?
Empleado —Sí, es de lana pura. Acabamos de recibirlo.
Sergio —Los pantalones me quedan un poco largos.
Empleado —Nosotros podemos arreglárselos. Pueden estar listos para mañana. ¿Cuál es su número de teléfono?
Sergio —792-37-45. ¿A qué hora abre la tienda mañana?
Empleado —A las nueve.

Sergio compró el traje y la corbata y también una chaqueta de cuero y ropa interior. Rocío llegó cuando él estaba pagando.

LECCIÓN 13: EN UNA TIENDA POR DEPARTAMENTOS EN LA PAZ

Nombre _____ Sección _____ Fecha _____

Rocío —(*A Sergio*) Compré pantimedias, un camisón, una bata y la camisa que quería mi sobrino. ¡Todo a mitad de precio!
Sergio —¡Qué bien! Yo compré un traje magnífico. Oye, te hace falta un par de sandalias, ¿no? Yo quiero comprarme zapatos.
Rocío —Yo no sabía que tú necesitabas zapatos. Vamos a la zapatería, entonces.

En la zapatería, Rocío habla con el empleado.

el empleado   Rocío

Empleado —¿Qué número calza Ud.?
Rocío —Yo calzo treinta y ocho y medio.

Rocío compró las sandalias, pero Sergio no quiso comprar los zapatos porque no eran muy cómodos. De allí fueron a la joyería para comprarle unos aretes y un reloj de pulsera a su hija. Eran casi las ocho de la noche cuando por fin llegaron a su casa, cargados de paquetes.

Rocío —¡Caramba! Ya cerraron las tiendas y otra vez me olvidé de comprar el regalo para Teresa y Daniel.
Sergio —¡Ay, no! ¡Y su aniversario de bodas fue hace dos semanas!
Rocío —Oye, ¿dónde conoció Daniel a Teresa?
Sergio —En Sucre. Se conocieron cuando eran estudiantes.

🔊 **¡Escuchemos!** While listening to the dialogue, circle **V** (**verdadero**) if the statement is true and **F** (**falso**) if it is false.

1. Rocío y su esposo tienen que trabajar hoy por la tarde. V   F
2. El centro comercial está en la capital de Bolivia. V   F
3. Sergio usó la escalera mecánica para ir al departamento de caballeros. V   F
4. La corbata que le gusta a Sergio hace juego con el traje que compró. V   F
5. En la tienda no saben arreglar los pantalones. V   F

BASIC SPANISH FOR GETTING ALONG

Nombre _____ Sección _____ Fecha _____

6. Rocío le compró un pijama a su sobrino.   V   F

7. Rocío no compró nada en la joyería.   V   F

8. Rocío no compró las sandalias porque no eran cómodas.   V   F

9. Rocío y Sergio compraron muchas cosas.   V   F

10. Hace quince días que Teresa y Daniel celebraron su aniversario de bodas.   V   F

VOCABULARIO

Cognados
el par
puro(a)

Nombres
el ascensor, el elevador *elevator*
la calidad *quality*
el cuero *leather*
el departamento de artículos (ropa) para caballeros *men's clothing department*
la escalera *stairs*
la escalera mecánica *escalator*
la joyería *jewelry store*
la lana *wool*
la mitad *half*
la planta baja *ground (first) floor*
la ropa interior *underwear*
la tarde *afternoon*
la tienda por departamentos *department store*
la zapatería *shoe store*

Verbos
arreglar *to arrange, to fix*
calzar *to wear a certain size of shoe*
conocer(se) *to meet (for the first time)*
olvidarse (de) *to forget*
vender *to sell*

Adjetivos
cargado(a) (de) *loaded (with)*
gris *gray*
libre *off, free*
listo(a) *ready*

Otras palabras y expresiones
a mitad de precio *at half price*
¿cuál? *what?, which?*
hacer juego (con) combinar (con) *to match*
llegar a casa *to arrive home*
otra vez *again*
Perdón. *Excuse me.*
¡Qué bien! *That's great!*
¿Qué número calza? *What size shoe do you wear?*

LECCIÓN 13: EN UNA TIENDA POR DEPARTAMENTOS EN LA PAZ

Nombre _____ Sección _____ Fecha _____

VOCABULARIO ADICIONAL

Otras cosas que usamos (*Other things we wear*)

- **el esmoquin** *tuxedo*
- **la pulsera** *bracelet*
- **el vestido de noche** *evening gown*
- **los zapatos de tenis** *sneakers, tennis shoes*

Otras tiendas (*Other stores*)

- **la carnicería** *meat market, butcher's shop*
- **la dulcería** *candy shop*
- **la frutería** *fruit store*
- **la mueblería** *furniture store*
- **la panadería** *bakery*
- **la pescadería** *fish market*

Notas Culturales

- En España y en Latinoamérica hay muchas tiendas excelentes donde se puede comprar ropa hecha (*readymade*), pero mucha gente prefiere usar los servicios de una modista (*dressmaker*) o de un sastre (*tailor*).

- En la mayoría de los países de habla hispana, el primer piso corresponde al segundo piso en los Estados Unidos. Lo que aquí es el primer piso se llama **planta baja** en los países hispanos.

- Aunque hay muchas tiendas por departamento en las ciudades hispanas, todavía hay muchas tiendas especializadas: por ejemplo, se vende perfume en la perfumería, joyas (*jewelry*) en la joyería y zapatos en la zapatería.

- Generalmente, las ciudades de los países hispánicos están construidas alrededor de una plaza, que es el centro social y geográfico de la ciudad. Alrededor de ella se encuentran los edificios más importantes del gobierno, restaurantes, tiendas, etc. Estas plazas reciben diferentes nombres en cada país. Por ejemplo, en La Paz, en Lima y en Quito se llaman *Plaza de Armas*.

EN TU MUNDO...

1. ¿Cuáles son las tiendas más famosas de este país?
2. En general, ¿los norteamericanos prefieren comprar en tiendas por departamentos o en tiendas especializadas?
3. ¿Qué lugares son centros sociales y geográficos en las ciudades de este país?

ACTIVIDADES

Dígame... Answer the following questions, basing your answers on the dialogue.

1. ¿Adónde van hoy Sergio y Rocío? ¿Por qué? ¿Dónde está el centro comercial?

_____

Nombre _____ Sección _____ Fecha _____

2. ¿Cómo se llama la tienda? ¿Dónde se quedó Rocío? ¿Adónde fue Sergio?
   _____

3. ¿Por qué no puede usar Sergio la escalera mecánica? ¿Qué puede usar?
   _____

4. ¿Con qué hace juego la corbata que Sergio quiere comprar?
   _____

5. ¿Qué problema tiene Sergio con los pantalones? ¿A qué hora se abre la tienda mañana?
   _____

6. ¿Qué cosas compró Sergio? ¿Qué no quiso comprar? ¿Por qué?
   _____

7. ¿Qué compró Rocío?
   _____

8. ¿Qué número calza Rocío? ¿Qué compró en la zapatería?
   _____

9. ¿Qué compraron en la joyería? ¿Para quién?
   _____

10. ¿Cómo llegaron a su casa? ¿Qué hora era cuando llegaron?
    _____

11. ¿Qué se olvidó de hacer Rocío? ¿Cúando fue el aniversario de bodas de Teresa y Daniel?
    _____

12. ¿Dónde se conocieron Daniel y Teresa? ¿Qué eran los dos cuando se conocieron?
    _____

Hablemos Interview a classmate, using the following questions. When you have finished, switch roles.

1. ¿Usas camisón o pijama para dormir?
2. ¿Usas bata para salir del baño?
3. ¿Qué número calzas?
4. ¿Qué tipo de zapatos te gusta usar más en el verano? ¿Y en el invierno (*winter*)?
5. ¿Qué ropa usas más en el verano? ¿Y en el invierno?

6. ¿Cuáles son tus tiendas favoritas?
7. ¿Qué joyas usas? ¿Dónde las compras?
8. ¿Usas anteojos de sol? ¿Cuándo?
9. ¿Dónde te arreglan la ropa que te queda larga o corta?
10. ¿Cuánto crees tú que cuesta una chaqueta de cuero?
11. ¿Qué ropa te hace falta?
12. ¿Te gustan más las chaquetas de lana o las chaquetas de cuero?
13. ¿Prefieres usar el ascensor, la escalera o la escalera mecánica?

¿Cómo lo decimos? Give the Spanish equivalent of the words in parentheses.

1. Yo _____ que ustedes trabajaban en esta mueblería. (*didn't know*)

2. Él _____ trabajar en la frutería, pero cuando _____ que el salario _____ de dos mil dólares, _____ empezar a trabajar en seguida. (*didn't want / found out / was / he decided*)

3. ¿Tú _____ a la mamá de tu novia ayer? ¡Qué bien! Nosotras ya _____. (*met / knew her*)

4. Pedro _____ ir a la joyería con nosotros. _____ en su casa. (*refused / He stayed*)

5. Yo compré estos zapatos de cuero _____. (*three years ago*)

6. ¿A qué hora _____ la panadería? (*opens*)

7. ¿_____ de la frutería? (*What is the address*)

8. ¿_____ una esmeralda? ¿Tú lo sabes? (*What is*)

9. _____ para celebrar su aniversario de bodas. (*They gave a party two weeks ago*)

10. Ella _____ que los zapatos no hacían juego con la bolsa. (*didn't know*)

Nombre _____ Sección _____ Fecha _____

¿Qué pasa aquí? With a partner, answer the following questions according to what you see in the pictures.

A.

B.

1. ¿Dónde está Rosa?
2. ¿Qué va a comprar?
3. ¿Puede subir Eva por la escalera mecánica? ¿Por qué o por qué no?
4. ¿Qué puede tomar Eva para ir al tercer piso?
5. ¿En qué piso está ahora?

1. ¿Qué está haciendo Juan?
2. ¿Qué cosas necesita comprar Juan?
3. ¿Qué tipo de anteojos va a comprar Juan?
4. ¿Qué usa Juan para dormir?
5. ¿Qué usa Juan para afeitarse?

LECCIÓN 13: EN UNA TIENDA POR DEPARTAMENTOS EN LA PAZ

Nombre _____ Sección _____ Fecha _____

C.

1. ¿Qué está haciendo Rosa?
2. ¿Cuánto cuestan las sandalias?[1]
3. ¿Cuánto cuestan las botas?
4. ¿Cuánto cuestan los zapatos?
5. ¿Qué es más caro? ¿Qué es más barato?

D.

1. ¿Qué está haciendo Susana?
2. ¿Qué número calza Susana?
3. ¿Le van a quedar bien (*fit*) los zapatos a Susana? ¿Por qué o por qué no?

E.

1. ¿Cuánto cuesta el reloj de pulsera?[1]
2. ¿Puede comprarlo Alberto?
3. ¿Cuánto dinero tiene que conseguir (*get*) Alberto para comprar el reloj?
4. ¿Cuánto cuesta el anillo? ¿El collar? ¿Cuánto cuestan los aretes?

---

[1]Price tags are marked in U.S. dollars.

Nombre _____ Sección _____ Fecha _____

Una encuesta

Survey your classmates and your instructor to find someone who fits each of the following descriptions and write the person's name in the space provided. Remember to use the **tú** form when speaking to your classmates and the **Ud.** form when speaking to your instructor. Then, in groups of three, discuss the result of the survey.

ESTA PERSONA...

1. ☐ compra su ropa en tiendas por departamentos. _____
2. ☐ compró algo a mitad de precio la semana pasada. _____
3. ☐ tiene una chaqueta de cuero. _____
4. ☐ tiene un abrigo de lana. _____
5. ☐ tiene un reloj de pulsera nuevo. _____
6. ☐ tiene un anillo de oro. _____
7. ☐ calza el número siete. _____
8. ☐ se compró un par de zapatos el mes pasado. _____
9. ☐ usa anteojos de sol. _____
10. ☐ solamente compra artículos de (*buena*) calidad. _____
11. ☐ a veces tiene la tarde libre. _____
12. ☐ conoció a su mejor amigo(a) en la escuela secundaria. _____

En estas situaciones

With a partner, act out the following situations in Spanish.

1. You are a customer at a shoe store. A clerk is helping you try on different types of shoes in your size. Some of them fit, but others do not; some you like, and some you don't. The clerk is anxious to make a sale.

2. You ask whether the escalator is out of order. You indicate that you are going to use the elevator or the stairs.

LECCIÓN 13: EN UNA TIENDA POR DEPARTAMENTOS EN LA PAZ

3. Some of your clothes need altering. You take them to a tailor and tell him/her which items are too big, which are too long, etc. You tell the tailor that you are going to give him your telephone number. Tell him also what time you're going to be home.

4. You are at a women's clothing and jewelry store to buy a gift for a friend. You're not sure what you want to buy, so you ask the clerk the prices of various items in the store and in the shop window. You also ask for recommendations. The clerk asks what size your friend wears and offers gift suggestions.

¿Qué dice aquí? With a partner, read the ad for *Centro Artesanal Buenavista* and answer the following questions.

1. ¿A qué hora está abierto diariamente?
2. ¿Se puede ir a comprar al Centro el domingo por la tarde? ¿Por qué?
3. ¿Qué joyas (*jewelry*) puedo comprar allí?
4. ¿Los anillos y la cadena son de oro (*gold*) o de plata (*silver*)?
5. ¿Cuánto debo pagar por los anillos?
6. ¿Cuánto costaban los anillos antes?
7. ¿Qué clase (*kind*) de ropa venden?
8. ¿Cree Ud. que la tienda es grande o pequeña? ¿Por qué?
9. ¿Hay lugar para estacionar (*to park*) coches?

Centro Artesanal Buenavista

LE OFRECE
"una NAVIDAD DE ORO"

70,000 ARTICULOS en 12,000 m²

CADENA ORO 14 kilates
de $16,000.00 a $9,500.00
(IVA INCLUIDO)

ANILLOS ORO 14 kilates, piedras
genuinas, de $11,700.00 a $6,900.00
(IVA INCLUIDO)

PIEZAS EXCLUSIVAS EN
BRILLANTERIA, PLATA, ONIX,
PIEL
MUEBLES COLONIALES
EN FINAS TALLAS
ROPA FINA DE MARCAS
INTERNACIONALES

Abierto Diariamente
de 9 a 6 p.m.
Domingos hasta las 2 p.m.

Bienvenidas todas las
Tarjetas de Crédito
1000 m² de Estacionamiento Propio

Aldama No. 187, frente a
F.F.C.C. Buenavista, Col. Guerrero
Tel. 529-77-44

Nombre _____ Sección _____ Fecha _____

Una actividad especial The classroom is turned into a department store. You and your classmates will bring various articles of clothing and jewelry to class and price every item. Four or five students may work in the shoe department, and another group may work in the ladies' or the men's clothing department. The rest will be customers. Signs for fitting rooms should be provided. Customers will select clothes, ask questions about sizes and prices, etc. Every customer should buy something. One or two students should be cashiers, who describe each item, quote all prices, collect money, and give change.

Un paso más

A Review the **Vocabulario adicional** for this **lección,** and then match each item from column A with the store in column B where you can buy it.

A

1. pollo
2. cama
3. pan
4. salmón
5. frutas
6. postres

B

_____ a. panadería
_____ b. dulcería
_____ c. pescadería
_____ d. mueblería
_____ e. carnicería
_____ f. frutería

B Complete the following sentences appropriately.

1. Esta noche voy a una fiesta. Voy a comprar un vestido de _____ y a ponerme la _____ de diamantes y el anillo.

2. Voy a correr. Necesito llevar los _____.

3. Alberto se va a poner el _____ para la boda.

C With a partner, talk about what stores you have to go to and what you have to buy in each of them.

Un dicho

Lo barato sale caro. *You get what you pay for.*

Papá dijo que tú podías arreglármelo...

LECCIÓN 14

PROBLEMAS CON EL COCHE

OBJECTIVES

Structures
- The past participle
- The present perfect tense
- The past perfect (pluperfect) tense

Communication
- How to deal with situations related to automobiles

Culture: Paraguay
- The use of the automobile in the Hispanic world

Aprenda estas palabras

1. LA ESTACIÓN DE SERVICIO, LA GASOLINERA
2. la grúa (el remolcador)
3. remolcar
4. la gasolina
5. el coche, el carro, el automóvil
6. el capó[1]
7. el mecánico
8. el parabrisas
9. la ventanilla
10. la luz
11. el volante[2]
12. el maletero[3]
13. la chapa, la matrícula, la placa
14. la batería (el acumulador)
15. el aceite
16. la goma (la llanta, el neumático)
17. el gato

---

[1] Also called **el bonete** (*Puerto Rico*)
[2] Also called **el guía** (*Puerto Rico*)
[3] Also called **la cajuela** (*Mex.*), **el baúl** (*Puerto Rico*)

BASIC SPANISH FOR GETTING ALONG

Problemas con el coche

Carlos, un muchacho de Villa Rica, se mudó el mes pasado a Asunción, la capital de Paraguay. Él no tiene auto todavía y no quiere tomar el autobús. Por eso le ha pedido prestado el coche a su hermana. Él ha visto que el tanque está casi vacío y ha ido a la estación de servicio.

En la estación de servicio.

Carlos —Llene el tanque, por favor. Y ponga aceite también.
Empleado —¿Qué marca de aceite usa Ud.?
Carlos —Penzoil. ¡Ah!, me hace falta un limpiaparabrisas nuevo.
Empleado —Ahora se lo cambio, y también voy a revisar la presión de aire de las llantas.

Carlos paga y se prepara para irse, pero el coche no arranca.

Carlos —(*Llama al empleado.*) ¡Señor! ¡El motor no arranca! ¿Hay un mecánico aquí?
Empleado —Sí, pero ya se ha ido; no trabaja esta tarde. ¿Es Ud. socio de un club automovilístico?
Carlos —Mi hermana es socia. Voy a llamarlos. Ellos pueden remolcar el coche a un taller de mecánica.
Empleado —¿Cuánto tiempo hace que llevó el coche al mecánico?
Carlos —No sé. El coche es de mi hermana. Yo ya había notado que tenía problemas y se lo había dicho.

Nombre _____ Sección _____ Fecha _____

En el taller de mecánica.

Mecánico —(*Levanta el capó.*) Necesita una batería nueva, señor.
Carlos —Y los frenos no funcionan muy bien...
Mecánico —Va a tener que dejar el coche aquí, señor.
Carlos —¿Cuándo va a estar listo?
Mecánico —El lunes, si no necesita piezas de repuesto.
Carlos —¿No puede tenerlo listo para mañana?
Mecánico —No, lo siento. El taller está cerrado los domingos.
Carlos —¡Ay, no! ¡Voy a tener que tomar el bus!

¡Escuchemos! While listening to the dialogue, circle **V (verdadero)** if the statement is true and **F (falso)** if it is false.

1. A Carlos no le gusta viajar en autobús.	V F
2. El coche de la hermana de Carlos necesita gasolina.	V F
3. Carlos es socio de un club automovilístico.	V F
4. Carlos sabía que el coche tenía problemas.	V F
5. El mecánico dice que los frenos del coche están bien.	V F
6. El mecánico va a necesitar usar un gato.	V F
7. Carlos no va a poder usar el coche hoy.	V F
8. El mecánico cree que el coche va a estar listo mañana.	V F
9. El mecánico trabaja los domingos.	V F
10. Carlos tuvo que volver a su casa en autobús.	V F

VOCABULARIO

Cognados
el club automovilístico
el motor
el tanque

Nombres
los frenos brakes
la goma pinchada, la goma ponchada
    flat tire
el limpiaparabrisas *windshield wiper*
la marca *brand*
la pieza de repuesto *spare part*
la presión de aire *air pressure*
el (la) socio(a) *member*
el taller de mecánica *repair shop*

Nombre _____ Sección _____ Fecha _____

Verbos

arrancar *to start (a motor)*
levantar *to raise, to lift*
mudarse *to move (from one location to another)*
revisar, chequear *to check*
tomar *to take*

Adjetivos

cerrado(a) *closed*
pasado(a) *last*
vacío(a) *empty*

Otras palabras y expresiones

¡ay! *oh!*
pedir prestado(a) *to borrow*
todavía no... *not yet...*

🌐 VOCABULARIO ADICIONAL

Para hablar de coches (*To talk about cars*)

la autopista *freeway*
la bolsa de aire *air bag*
la bomba de agua *water pump*
la carretera *highway*
el coche híbrido *hybrid car*
instalar *to install*
la llanta de repuesto *spare tire*
lleno(a) *full*
la milla *mile*
el portaguantes, el guantero, la guantera *glove compartment*
el ruido *noise*
sin plomo *unleaded*
la velocidad máxima *speed limit*

Notas Culturales

- En grandes ciudades hispanas como Madrid, Caracas, México y Buenos Aires el gran número de coches causa serios problemas de contaminación del aire (*smog*). Sin embargo (*However*), hay muchos lugares remotos sin buenos caminos (*roads*) donde las personas usan medios (*means*) de transportación más tradicionales.

- En muchos países hispanos la gasolina y los automóviles son muy caros. La gasolina generalmente se vende por litros (aproximadamente 1/4 de galón) y a veces cuesta tanto como un galón en los Estados Unidos. Por esta razón las motocicletas, las motonetas (*motor scooters*) y las bicicletas son muy populares entre (*among*) la gente joven (*young people*).

LECCIÓN 14: PROBLEMAS CON EL COCHE

Nombre _____ Sección _____ Fecha _____

EN TU MUNDO...

1. ¿En qué ciudades de los Estados Unidos es un problema muy serio la contaminación del aire?
2. En este país, ¿la gasolina es cara o barata?
3. ¿Es popular en este país el transporte colectivo? ¿Qué tipo de transporte prefieren usar los norteamericanos?

ACTIVIDADES

Dígame... Answer the following questions, basing your answers on the dialogue.

1. ¿De dónde es Carlos? ¿Dónde vive ahora y cuándo se mudó?
   _____

2. ¿A quién le ha pedido prestado el coche Carlos? ¿Adónde lo ha llevado? ¿Por qué?
   _____

3. ¿Qué dice Carlos que necesita el coche además de gasolina? ¿Qué marca de aceite usa Carlos?
   _____

4. ¿Qué va a revisar el empleado?
   _____

5. ¿Por qué no puede irse Carlos?
   _____

6. ¿Qué dice del mecánico el empleado?
   _____

7. ¿Qué va hacer Carlos y por qué?
   _____

8. ¿Qué había notado Carlos y a quién se lo había dicho?
   _____

9. ¿Qué otros problemas tiene el coche?
   _____

10. ¿Por qué no puede estar listo el coche mañana? ¿Cuándo va a estar listo?
    _____

Nombre _____ Sección _____ Fecha _____

11. ¿El taller está abierto los domingos?
_____

12. ¿Qué va a tener que hacer Carlos?
_____

Hablemos Interview a classmate, using the following questions. When you have finished, switch roles.

1. ¿Tú le has pedido prestado el coche a alguien (*someone*) recientemente? (¿A quién y por qué?)
2. ¿Qué haces cuando el tanque de tu coche está vacío?
3. ¿Qué marca de aceite usas? ¿Y de gasolina?
4. ¿Eres socio(a) de algún club automovilístico? (¿De cuál?)
5. ¿Qué número tiene la chapa de tu coche?
6. ¿Prefieres los coches norteamericanos o los coches extranjeros (*foreign*)?
7. ¿Qué haces si el motor de tu coche no arranca?
8. ¿Has puesto un gato en el maletero de tu coche? ¿Para qué lo necesitas?
9. ¿Funciona bien tu coche? ¿Has comprado piezas de repuesto recientemente?
10. ¿Hay una estación de servicio cerca de aquí? ¿Dónde queda?

¿Cómo lo decimos? Complete the following sentences, using the Spanish equivalent of the words in parentheses.

1. Las estaciones de servicio _____. (*were open*)
2. El mecánico _____ que _____ la pieza de repuesto que necesita. (*has told me / he hasn't been able to get*)
3. ¿Tú _____ el gato en el maletero? (*have put*)
4. Yo nunca le _____ el coche. (*have borrowed*)
5. El taller de mecánica _____. (*is closed*)
6. Carlos nunca _____ socio de un club automovilístico. (*has been*)
7. ¿Tú _____ la presión de aire de las llantas? (*had checked*)
8. Nosotros _____ un remolcador porque el coche no arranca. (*have had to call*)
9. Mis hermanos _____ gasolina sin plomo. (*had bought*)
10. Yo te dije que nosotros _____ la chapa para el coche nuevo. (*hadn't received*)

LECCIÓN 14: PROBLEMAS CON EL COCHE

¿Qué pasa aquí? With a partner, answer the following questions according to what you see in the pictures.

A.
¡El tanque está casi vacío!
Ana

1. ¿Adónde va Ana?
2. ¿Para qué va allí?
3. ¿Cuánto cuesta la gasolina?
4. ¿Tiene algún otro problema el carro de Ana?

B.
batería nueva...
¿Un problema con el motor? ¡Acabo de comprar el coche por $10,000!
Eva

1. ¿Quién está al volante?
2. ¿Cuánto ha pagado Eva por el carro?
3. ¿Qué ha hecho el mecánico?
4. ¿Qué cree el mecánico que necesita el carro?

C.
Eva
Jorge

1. ¿Usted cree que el coche de Jorge es nuevo o viejo (*old*)?
2. ¿Qué cree Jorge que le hace falta al coche?
3. ¿Qué cree Eva que necesita Jorge?
4. ¿Adónde quiere llamar Eva?

D.
Rafael
TALLER DE MECÁNICA
TEL. 862-4790

1. ¿Dónde está Rafael?
2. ¿Con quién está hablando?
3. ¿Qué necesita el coche de Rafael?
4. ¿Qué acaba de hacer el mecánico?
5. ¿Cuál es el número de teléfono del taller?

Nombre _____ Sección _____ Fecha _____

Una encuesta Survey your classmates and your instructor to find someone who fits each of the following descriptions and write the person's name in the space provided. Remember to use the **tú** form when speaking to your classmates and the **Ud.** form when speaking to your instructor. Then, in groups of three, discuss the result of the survey.

Esta persona...

1. ☐ ha comprado gasolina recientemente. _____
2. ☐ ha tenido que llevar su coche al taller de mecánica. _____
3. ☐ sabe cambiar una llanta. _____
4. ☐ ha cambiado el filtro de aceite recientemente. _____
5. ☐ ha llenado el tanque de su coche. _____
6. ☐ usa gasolina sin plomo. _____
7. ☐ tiene un gato en el maletero. _____
8. ☐ tiene muchos mapas en el portaguantes de su coche. _____
9. ☐ ha memorizado el número de la chapa de su coche. _____
10. ☐ empezó a manejar (*drive*) cuando tenía dieciséis años. _____
11. ☐ es socio(a) de un club automovilístico. _____
12. ☐ ha estado en México o en España. _____

En estas situaciones With a partner, act out the following situations in Spanish.

1. You stop at a gas station because your gas tank is empty, you need a new battery, and the headlights on your car are not working. According to the mechanic, the car won't be ready tomorrow because you need spare parts. Ask when he thinks it's going to be ready.

LECCIÓN 14: PROBLEMAS CON EL COCHE

Nombre _____ **Sección** _____ **Fecha** _____

2. You're telling a friend that you didn't make it to his/her party last night because you had car trouble. He/She doesn't believe you and wants to hear details as proof that you're telling the truth.

3. You work at a gas station and want to make a good impression on the customers. Tell a customer at the full-service pump things you'll check on or clean while his/her gas tank is filling.

4. Say why you have to take the bus. Admit that you haven't taken the car to the repair shop yet.

5. You ask a friend if he/she has a spare tire in the trunk.

¿Qué dice aquí? You and a classmate are taking a trip together and have car trouble. Read the following ad from the yellow pages and answer the questions to decide if you should use this repair shop.

AUTOSERVICIO CALLAO

TALLER DE REPARACIÓN DE AUTOMÓVILES DE PASAJEROS Y CAMIONES DE CARGA

MODERNO SERVICIO COMPUTARIZADO

- ✓ SERVICIO DE AIRE ACONDICIONADO
- ✓ CAMBIO DE CARBURADORES
- ✓ AFINAMIENTO DE MOTORES
- ✓ FRENOS Y AMORTIGUADORES
- ✓ BATERÍAS DE TODAS LAS MARCAS
- ✓ LUBRICACIÓN Y CAMBIO DE ACEITE
- ✓ MECÁNICA EN GENERAL
- ✓ REPARACIÓN DE TRANSMISIONES MANUALES Y AUTOMÁTICAS

SERVICIO DE GRÚA LAS 24 HORAS, SIETE DÍAS A LA SEMANA

Santa Rosa 654
Miraflores
Lima
Teléfono 453-8866
ABIERTO DE LUNES A SÀBADO de 8:00 A 6:00

---

1. Su coche no arranca. ¿A qué número de teléfono puede llamar para recibir ayuda?

2. ¿A qué hora está abierto el taller de mecánica?

Nombre _____ Sección _____ Fecha _____

3. Hoy es domingo. ¿Pueden arreglar su coche hoy? ¿Por qué o por qué no?
4. ¿Pueden remolcar su coche? ¿Por qué o por qué no?
5. ¿Arreglan frenos en este taller?
6. ¿Pueden limpiar el carburador de su coche? ¿Cómo lo saben Uds.?
7. Si Uds. tienen un problema en la carretera por la noche, ¿pueden recibir ayuda de Autoservicio Callao? ¿Cómo lo saben?
8. Si necesitan una batería nueva, ¿dónde pueden comprarla?
9. Su coche tiene transmisión automática. ¿Pueden arreglarla los mecánicos de este taller?
10. Estamos en Lima y necesitamos cambiarle el aceite al coche. ¿Adónde podemos llevarlo?

Una actividad especial
With your classmates, set up two service stations and two repair shops in the classroom. There should be two or three people working in each place. Prices for oil and gasoline should be provided, along with a description of services offered. The rest of the class will play the role of customers. Each customer should go to the service station and the repair shop.

Un paso más
Review the **Vocabulario adicional** in this **lección,** and complete the following sentences with the appropriate word or phrase.

1. El tanque no está _____; está vacío.
2. El coche hace un _____ terrible.
3. La _____ máxima en la _____ es de 65 millas por hora.
4. Tengo que _____ una bomba de _____ nueva.
5. Puse los mapas en la _____.
6. Siempre pongo los mapas en el _____ de mi coche.
7. ¿Quiere gasolina regular o sin _____?
8. Quiero comprar un coche _____.
9. El coche tiene dos _____ de aire.
10. Arizona tiene muy buenas autopistas y _____.

LECCIÓN 14: PROBLEMAS CON EL COCHE

Un dicho

Quien ríe último, ríe mejor. *He who laughs last, laughs best.*

Lección 15

Alquilando un coche

Objectives

Structures
- The future tense
- The conditional tense
- Some uses of the prepositions **a, de,** and **en**

Communication
- How to discuss renting a car

Culture: Chile
- The metric system
- Driving in Spain and Latin America

Aprenda estas palabras

1. un coche de dos puertas
2. un modelo compacto
3. un coche convertible[1]
4. conducir (manejar)[2]
5. la licencia para conducir (manejar)[3]

Señales de tráfico (Traffic signs)

- PUENTE ANGOSTO — Narrow Bridge
- CEDA EL PASO — Yield
- COMIENZA LA AUTOPISTA — Freeway Begins
- ALTO — Stop
- UNA VÍA — One Way
- R.R. Crossing (ferrocarril)
- CURVA PELIGROSA — Dangerous Curve
- NO TIRE BASURA — Don't Litter
- DESVÍO — Detour
- PELIGRO — Danger
- PROHIBIDO ESTACIONAR — No Parking
- PASO DE PEATONES — Pedestrian Crossing

[1] Also called **un descapotable** [2] **Guiar,** (*Puerto Rico*) [3] Also called **la licencia para guiar** (*Puerto Rico*)

BASIC SPANISH FOR GETTING ALONG

Alquilando un coche

Tom, un muchacho norteamericano, vino a pasar el verano con sus padres en Santiago, la capital de Chile. Su padre es el ejecutivo de la sucursal de un banco norteamericano. Tom y su amiga Elisa quieren ir a Viña del Mar, y deciden alquilar un coche. Ahora están en una agencia de alquiler de automóviles.

Tom —Elisa, tú tendrás que hablar con el empleado de la agencia.
Elisa —¿Y por qué no quieres hablar tú?
Tom —Porque a veces no me entienden.

En la agencia.

Elisa —Queremos alquilar un coche.
Empleado —¿Les gustaría un coche grande o un modelo compacto?
Elisa —Compacto, de dos puertas. ¿Cobran Uds. por los kilómetros?
Empleado —Depende. Si lo alquila por día, sí; si lo alquila por semana, no.
Elisa —Queremos alquilar un coche automático por una semana.
Tom —Sería mejor alquilar un coche de cambios mecánicos. Gastan menos gasolina.
Empleado —También tendrán que sacar seguro.
Tom —(*A Elisa*) Es mejor estar asegurado. Manejar sin seguro es peligroso.
Elisa —Está bien. (*Al empleado*) ¿Tenemos que pagar en efectivo?
Empleado —Sería mejor pagar con tarjeta de crédito.
Tom —Mi licencia para manejar es de los Estados Unidos. ¿Es válida aquí?
Empleado —Sí, señor. Ud. podrá usarla aquí sin problema.
Elisa —¡Tom! ¿Por qué no alquilamos aquel convertible rojo? ¡Es hermoso!

Al salir de la agencia, Elisa y Tom van al banco porque ella quiere cambiar un cheque y depositar dinero en su cuenta de ahorros. Después van a un café al aire libre a tomar algo.

Elisa —¿Extrañas a tu hermano? ¿Lo llamas por teléfono a veces?
Tom —Sí, y además nos comunicamos por correo electrónico.
Elisa —¿Le mandaste la información que él quería?
Tom —Sí, anoche se la mandé por fax y le dejé un recado en la máquina contestadora.

Nombre _____ Sección _____ Fecha _____

🔊 **¡Escuchemos!** While listening to the dialogue, circle **V (verdadero)** if the statement is true and **F (falso)** if it is false.

1.	Tom vino a Chile a pasar el invierno.	V F
2.	Tom habla muy bien el español.	V F
3.	Tom y Elisa van a alquilar un coche.	V F
4.	Tom y Elisa van a tener que pagar por los kilómetros.	V F
5.	Los coches automáticos gastan más gasolina.	V F
6.	Tom y Elisa van a pagar con tarjeta de crédito.	V F
7.	El empleado dice que es peligroso manejar sin seguro.	V F
8.	La licencia para manejar de los Estados Unidos no se puede usar en Chile.	V F
9.	A Elisa le gustan los convertibles.	V F
10.	El hermano de Tom tiene una máquina contestadora.	V F

🌐 VOCABULARIO

Cognados
automático(a)
el banco
el fax, el facsímil

Nombres
la agencia de alquiler de automóviles *car rental agency*
el correo electrónico, el correo "e", el "c-e" *e-mail*
la cuenta de ahorros *savings account*
el (la) ejecutivo(a) *executive*
la máquina contestadora *answering machine*
el recado, el mensaje *message*
el seguro, la aseguranza (*Méx.*) *insurance*
la sucursal *branch (i.e., of a bank)*

Verbos
comunicar(se) *to communicate*
depender *to depend*
depositar *to deposit*
entender (e:ie) *to understand*
extrañar *to miss*
gastar *to consume, to spend, to use (gas, oil, etc.)*

Adjetivos
asegurado(a) *insured*
hermoso(a) *beautiful*
peligroso(a) *dangerous*

Nombre _____ Sección _____ Fecha _____

Otras palabras y expresiones
cambiar un cheque *to cash a check*
cobrar por kilómetros *to charge mileage*
de cambios mecánicos *standard shift*
llamar por teléfono *to telephone*
por día *by the day, daily*
por semana *by the week*
sin *without*

🌐 VOCABULARIO ADICIONAL

Más sobre automóviles (*More about automobiles*)
el asiento para niños *child seat*
el camión *truck*
la camioneta *van; pickup truck*
chocar *to collide*
dar marcha atrás *to back up*
estacionar, aparcar, parquear *to park*
la zona de estacionamiento *parking lot*

Para hacer transacciones financieras (*To make financial transactions*)
a plazos *in installments*
ahorrar *to save*
al contado *in full (not in installments)*
anual *yearly*
el billete *bill (currency)*
la multa *fine, ticket*
el pago *payment*
por mes, mensual *monthly*
el recibo *receipt*

Notas Culturales

- El sistema métrico se usa en toda Latinoamérica y en España. Un kilómetro equivale a 0.6 millas, un kilo equivale a 2.2 libras y un galón equivale a 3.8 litros. En Puerto Rico, donde hay mucha influencia norteamericana, el sistema métrico se usa solamente para medir (*measure*) ciertas cosas. Por ejemplo, las distancias de las carreteras se miden en kilómetros.

- En España y en Latinoamérica, la gente maneja en el lado derecho del camino (*road*) como en los Estados Unidos.

- En España y en la mayoría de los países latinoamericanos, una persona debe tener por lo menos (*at least*) dieciocho años para obtener una licencia de conducir, y el proceso es mucho más caro que en los Estados Unidos. Las escuelas públicas no ofrecen clases para enseñar a conducir y los exámenes para obtener la licencia son tan rigurosos que muchos no los pasan la primera vez que los toman.

- En Chile, como en otros países de habla hispana, hay muchas empresas norteamericanas con personal de los Estados Unidos.

LECCIÓN 15: ALQUILANDO UN COCHE

Nombre _____ Sección _____ Fecha _____

EN TU MUNDO...

1. Los estudiantes norteamericanos, ¿aprenden en las escuelas el sistema métrico?
2. En este país, ¿cuál es la edad mínima para obtener una licencia para conducir?
3. ¿Qué empresas de este país tienen sucursales en el extranjero (*abroad*)?

ACTIVIDADES

Dígame... Answer the following questions, basing your answers on the dialogue.

1. ¿Qué está haciendo Tom en Chile? ¿Por qué viven sus padres allí?

2. ¿Adónde van Elisa y Tom?

3. ¿Qué dice Tom que tendrá que hacer Elisa? ¿Por qué?

4. ¿Qué tipo de coche quieren alquilar? ¿Quieren un coche de cuatro puertas?

5. Si Tom alquila el coche por semana, ¿le cobran por los kilómetros?

6. ¿Por cuánto tiempo quieren alquilar el coche?

7. ¿Qué tipo de coche quiere alquilar Tom? ¿Por qué?

8. ¿Qué dice el empleado que tendrán que hacer?

9. ¿Qué coche le gusta a Elisa? ¿Por qué?

10. ¿Adónde van Elisa y Tom después? ¿Qué va a hacer Elisa allí?

Nombre _____ Sección _____ Fecha _____

11. ¿A quién extraña Tom? ¿Cómo se comunica con él?
_____

12. ¿Qué hizo Tom anoche?
_____

Hablemos Interview a classmate, using the following questions. When you have finished, switch roles.

1. ¿Tienes licencia para manejar? ¿Cuántos años hace que manejas?
2. ¿Manejas un coche automático o un coche de cambios mecánicos? ¿De qué marca?
3. ¿Gasta mucha gasolina tu coche? ¿Es una buena idea usar gasolina sin plomo?
4. ¿Con qué compañía está asegurado tu coche?
5. ¿Te gustan los coches grandes o prefieres los modelos compactos? ¿Te gustan los coches híbridos?
6. ¿Te gustan los coches convertibles? ¿Por qué o por qué no?
7. ¿Alquilarás un coche para tus próximas vacaciones?
8. ¿Qué agencia de alquiler de automóviles usarías?
9. Cuando tú vas de compras, ¿pagas en efectivo o usas tu tarjeta de crédito? ¿Por qué?
10. ¿En qué banco tienes tu cuenta de ahorros?
11. ¿Tú te comunicas con alguien por correo electrónico? ¿Con quién?
12. ¿Alguien te mandó un fax recientemente (*recently*)? ¿Alguien te dejó un mensaje en la máquina contestadora?

¿Cómo lo decimos? Give the Spanish equivalent of the words in parentheses.

1. Nosotros _____ a la agencia de alquiler de automóviles. (*will have to go*)
2. Carlos quiere _____ un camión. (*learn how to drive*)
3. Teresa quiere comprarle una camioneta a su novio. ¿_____, Anita? (*Would you do that*)
4. Mis padres _____ el coche a plazos. (*will buy*)
5. ¿Tú _____ tu dinero en ese banco? (*would deposit*)
6. Ellos _____ que debes ahorrar más, Anita. (*will tell you*)
7. ¿_____ abrir una cuenta con nosotros, señora? (*Would you like*)
8. Ellos _____ los pagos el mes próximo. (*will start to make*)

LECCIÓN 15: ALQUILANDO UN COCHE

Nombre _____ **Sección** _____ **Fecha** _____

9. Ella _____ la información por correo electrónico, Sr. Paz. (*would be able to send you*)

10. ¿Tú _____ por teléfono o _____? (*will call me / will write to me*)

¿Qué pasa aquí?
With a partner, answer the following questions according to what you see in the pictures.

A.

1. ¿De dónde sale Pedro?
2. ¿Qué ve Pedro al salir de la agencia?
3. ¿Cree Ud. que le gusta el convertible? ¿Por qué o por qué no?
4. ¿Cuánto le costaría a Pedro alquilar el convertible?
5. ¿Dónde podría Pedro cambiar un cheque?

B.

1. ¿Adónde quiere ir Olga?
2. ¿Olga va a sacar seguro para su coche o para su casa?
3. ¿Qué piensa Luis que es peligroso?

C.

1. ¿Dónde están Marta y José?
2. ¿Qué quieren hacer ellos?
3. ¿Qué coche quiere alquilar José?
4. ¿Qué coche quiere alquilar Marta?
5. ¿Cómo quiere pagar Marta?
6. ¿Cómo va a pagar José?

Nombre _____ Sección _____ Fecha _____

Una encuesta Survey your classmates and your instructor to find someone who fits each of the following descriptions and write the person's name in the space provided. Remember to use the **tú** form when speaking to your classmates and the **Ud.** form when speaking to your instructor. Then, in groups of three, discuss the result of the survey.

Esta persona....

1. ☐ prefiere los coches automáticos. _____
2. ☐ prefiere los coches compactos. _____
3. ☐ consiguió su primera licencia para conducir cuando tenía 16 años. _____
4. ☐ ha tenido que alquilar un coche recientemente. _____
5. ☐ tiene seguro de automóvil. _____
6. ☐ generalmente paga en efectivo. _____
7. ☐ ha depositado dinero en su cuenta corriente recientemente. _____
8. ☐ se comunica con sus amigos por correo electrónico. _____
9. ☐ generalmente tiene muchos recados en su máquina contestadora. _____
10. ☐ tuvo que cambiar un cheque la semana pasada. _____
11. ☐ llamará por teléfono a sus padres. _____
12. ☐ tendrá que trabajar este fin de semana. _____

En estas situaciones With a partner, act out the following situations in Spanish.

1. You are at a car rental agency. Discuss with an employee the types of automobiles available, the cost of renting them, and your preferences. Be sure to tell him/her whether you drive a standard shift or an automatic.

2. You tell a friend that she/he needs a car seat for her/his child.

Lección 15: Alquilando un coche

Nombre _____ Sección _____ Fecha _____

3. You are planning to rent a car while you are on vacation in Central America next month. A friend of yours made a similar trip last year. Discuss with him/her the particulars of renting a car: whether he/she had to pay mileage charges, whether a U.S. driver's license is valid there, whether it is necessary to buy insurance from the agency, and the forms of payment that are accepted.

4. You ask your Spanish-speaking friend if he/she misses his/her family and how he/she communicates with them. Ask also if he/she generally has many messages on his/her voicemail.

Renta Autos Santiago

¿Necesita alquilar un coche? ¡Visítenos!

**TENEMOS COCHES COMPLETAMENTE NUEVOS DE TODAS LAS MARCAS,
GRANDES, MEDIANOS Y COMPACTOS,
AUTOMÁTICOS O DE CAMBIOS MECÁNICOS,
TODOS CON AIRE ACONDICIONADO Y CON DOS BOLSAS DE AIRE.**

Le ofrecemos:

Los precios más bajos sin límite de kilómetros.
Precios especiales si alquila por semanas.
Entrega y recogida en cualquier lugar sin costo adicional.
Oficinas en todos los aeropuertos del país.

Nota: Los coches deben ser entregados con el tanque lleno.

Haga su reservación por teléfono o por e-mail, o visite cualquiera de nuestras agencias.

Oficina Central: Telf. 453-4532   e-mail: asantiago.com.ch

---

218   BASIC SPANISH FOR GETTING ALONG

Nombre _____ Sección _____ Fecha _____

¿Qué dice aquí?
Some friends of yours need to rent a car. With a partner, help answer their questions, using the information provided in the ad on the previous page.

1. ¿Cómo se llama la compañía?
2. ¿Cómo son los coches que alquila y qué tienen todos?
3. Queremos alquilar un Chevrolet o un Ford. ¿Podemos encontrarlo en *Renta Autos Santiago*? ¿Por qué?
4. Pensamos viajar mucho. ¿Vamos a tener que pagar por los kilómetros? ¿Cómo lo sabe?
5. ¿Qué ventajas (*advantages*) tiene alquilar el coche por una semana?
6. ¿Cómo podemos reservar un coche en *Renta Autos Santiago*?
7. Somos cinco personas. ¿Qué tipo de coche necesitamos alquilar?
8. ¿Qué debemos hacer antes de entregar (*to return*) el coche?

Una actividad especial
With your classmates, turn the classroom into three or four car rental agencies, with one or two students working at each agency. The rest of the students will play the roles of travelers renting cars. Some of the students should be in pairs and discuss arrangements between themselves before talking to the clerk at the car rental agency.

Un paso más
Review the **Vocabulario adicional** in this **lección,** and complete the following sentences with the appropriate word or phrase.

1. Voy a _____ dinero porque no quiero comprar mi coche a _____. Quiero comprarlo al contado.
2. Tienes que _____ para salir del garaje.
3. Dejé el coche en la _____.
4. El policía le puso una _____ porque no paró (*stop*) en la señal de "Alto".
5. Los _____ son de $50,00. Y no son anuales; son _____.
6. Le pagué con un _____ de $100,00 pero no me dio ningún _____.
7. No podemos _____ aquí porque el letrero (*sign*) dice "Prohibido Estacionar".
8. Ayer, en la autopista, un camión _____ con una _____.

LECCIÓN 15: ALQUILANDO UN COCHE

Un buen consejo (Some good advice)

Si bebe, no maneje.
Si maneja, no beba.

Pero no gasta gasolina …

AGENCIA DE ALQUILER DE AUTOMÓVILES

Nombre _____ **Sección** _____ **Fecha** _____

LECCIONES 11-15 REPASO

Práctica de vocabulario

A Match the questions in column **A** with the corresponding answers in column **B**.

A

1. ¿Dónde compraste la falda?
2. ¿Vas a llenar el tanque?
3. ¿Qué hora es?
4. ¿No compraste el abrigo?
5. ¿Compraste tu coche a plazos?
6. ¿Qué número calzas?
7. ¿Cuántos años cumples?
8. ¿De qué club automovilístico eres socio?
9. ¿Cuándo estará listo el carro?
10. ¿Te quedan bien los zapatos?
11. ¿Necesitas el gato?
12. ¿Necesitas la escoba?
13. ¿Dónde está la basura?
14. ¿Pongo el pollo en el horno?
15. ¿Alquilaste un coche automático?
16. ¿Vas a depositar dinero en el banco?
17. ¿Cómo se comunican Uds.?
18. ¿A qué hora se fueron los invitados?
19. ¿Va a haber baile?
20. ¿Compraste los platos de cartón?
21. ¿Te gusta el vestido rojo o el rosado?
22. ¿Usaste el ascensor?

B

a. No, no me gustó.
b. Veinte.
c. No, voy a cambiar un cheque.
d. No, son muy grandes.
e. No, la escalera.
f. Sí, y el recogedor.
g. El siete y medio.
h. Sí, tengo una goma pinchada.
i. Debajo del fregadero.
j. En el departamento de ropa para señoras.
k. No, no nos gusta bailar.
l. No, yo lo hago después.
m. No, al contado.
n. A la madrugada.
o. No sé; no tengo mi reloj de pulsera.
p. De la AAA.
q. El lunes.
r. Por correo electrónico o por fax.
s. Sí, porque está vacío.
t. Ninguno de los dos.
u. No, no tuve tiempo. Perdóname.
v. No, de cambios mecánicos.

Nombre _____ Sección _____ Fecha _____

B Circle the word or phrase that does not belong in each group.

1. pasta dentífrica, anteojos de sol, cepillo de dientes
2. ascensor, pañuelo, escalera mecánica
3. piso, venta, liquidación
4. talla, medida, cartera
5. escoba, aceite, recogedor
6. olla, ropa, cacerola
7. aprender, divertirse, enseñar
8. crema de afeitar, calcetines, navajitas
9. grande, mediano, nuevo
10. ropa interior, recado, calzoncillo
11. basura, freno, motor
12. buscar, usar, llevar
13. placa, chapa, llanta
14. maletero, limpiaparabrisas, cajuela
15. estación de servicio, pileta, gasolinera
16. ganga, probador, liquidación
17. algunos, todos, todo el mundo
18. creer, divertirse, reírse
19. tienda por departamentos, centro comercial, máquina contestadora
20. libre, grabar, telenovela
21. cafetera, tostadora, bolsa de aire
22. híbrido, hervido, compacto

C Circle the word or phrase that best completes each sentence.

1. Van a llevar el coche (al taller de mecánica, al probador) porque el motor no arranca.
2. Hay una liquidación y todo está muy (barato, blanco).
3. Necesitan la escoba para (barrer, gastar) la casa.
4. Vi los zapatos en la (vidriera, ventanilla) de la zapatería.
5. Necesito un par de (garajes, calcetines).
6. Va a (depositar, entender) dinero en su cuenta de ahorros.
7. El coche no está listo todavía porque necesitamos (corbatas, piezas de repuesto).
8. Compré varias blusas de la talla más (pequeña, elegante).
9. No podía ver bien porque el coche no tenía (luces, gasolina).
10. Nos encontramos en el departamento de caballeros para ir de compras (juntos, todavía).
11. Las servilletas están en (el armario, la tostadora).
12. Los cubiertos están sucios. Debes ponerlos en el (sartén, fregadero).
13. Para desayunar quiero huevos (nuevos, revueltos).
14. Para poner la mesa necesito (la planta baja, el mantel).
15. Me gustan mucho estos aretes. Me los (compro, como).
16. Necesitamos ponerle aire a la (llanta, batería).
17. Para ir al tercer piso, tomé (el elevador, la grúa).
18. Voy a (fregar, cocinar) la vajilla.
19. Vamos a sacar seguro porque es (hermoso, peligroso) manejar sin seguro.
20. Ellos necesitan el (gato, grupo) porque tienen una goma ponchada.
21. Hace frío. Voy a ponerme el (abrigo, objeto).
22. Por fin Julio se compró un traje (listo, nuevo).
23. No fui a la fiesta. Me la (tomé, perdí).
24. Es un ejecutivo de la (sucursal, artesanía) de un banco.
25. Vivo en la misma casa. Todavía no (conocí, me mudé).
26. ¿Te gusta ese color? ¡A mí me (extraña, encanta)!

222   BASIC SPANISH FOR GETTING ALONG

Nombre _____ Sección _____ Fecha _____

D Palabras escondidas (*Hidden words*). Find the words for the following items.

C	P	L	B	B	O	T	A	S	J	Z	V	E	L	V	H
C	A	M	I	S	E	T	A	O	N	T	S	L	V	E	A
D	N	L	T	V	K	L	C	A	M	I	S	O	N	S	P
O	T	N	Z	O	G	U	A	N	T	E	S	F	B	T	A
R	A	L	S	O	M	B	R	E	R	O	B	O	Z	I	N
S	L	G	N	T	N	O	B	C	D	R	O	A	S	D	T
Z	A	N	D	J	T	C	E	V	F	A	L	D	A	O	I
T	N	H	L	M	E	O	I	A	P	Q	S	R	Z	T	M
C	O	Z	N	J	U	V	B	L	U	S	A	H	U	L	E
K	O	U	A	S	A	N	D	A	L	I	A	S	L	O	D
I	K	R	A	S	Z	A	P	A	T	O	S	T	V	A	I
J	T	O	B	L	V	D	Z	I	U	N	R	Q	S	B	A
N	N	C	H	A	Q	U	E	T	A	T	S	I	N	R	S
C	A	L	C	E	T	I	N	E	S	H	M	V	N	I	O
O	T	J	B	L	O	A	C	K	N	A	L	V	D	G	A
P	I	J	A	M	A	B	C	U	C	I	N	T	O	O	H

LECCIONES **11–15**: REPASO

Nombre _____ Sección _____ Fecha _____

E Crucigrama. Use the clues provided below to complete the crossword puzzle.

HORIZONTAL

1.
3.
7.
8.
11.
13.
16.
17.
19.
23.
27.
28.
29.

VERTICAL

2.
4.
5.
6.
9.
10.
12.
14.
15.

Nombre _____ Sección _____ Fecha _____

18.

20.

21.

22.

24.

25.

26.

LECCIONES 11-15: REPASO

225

Nombre _____ Sección _____ Fecha _____

🔊 **Práctica oral** The speaker will ask you some questions. Answer each question, using the cue provided. The speaker will verify your response. Repeat the correct answer.

1. ¿Cuánto tiempo hace que Ud. me espera? (media hora)
2. ¿Dónde estaba Ud.? (en el departamento de caballeros)
3. ¿Usó Ud. la escalera mecánica o el ascensor? (el ascensor)
4. ¿Qué me dijo Ud. que necesitaba? (calcetines y camisetas)
5. ¿Qué le trajo su novia? (una camisa y una corbata)
6. ¿Qué talla usa Ud.? (mediana)
7. ¿Dónde puso Ud. el traje? (en mi cuarto)
8. ¿De quién son los anteojos de sol? (Carlos)
9. ¿Dónde te arreglaron los pantalones? (en la tienda)
10. ¿Compró Ud. sus zapatos en una liquidación? (no)
11. ¿Le quedan bien los zapatos? (no, grandes)
12. ¿Qué número calza Ud.? (el ocho)
13. ¿Esta camisa hace juego con el traje azul? (sí)
14. ¿Va Ud. a comprar un vestido o una falda y una blusa? (vestido)
15. ¿Dónde se probó Ud. la ropa? (probador)
16. ¿Usa Ud. pijama o camisón para dormir? (pijama)
17. ¿El pijama le queda bien o le queda grande? (bien)
18. Ud. no fue a la tienda ayer. ¿Por qué? (no quise)
19. ¿Es Ud. socio del club automovilístico? (sí)
20. ¿Sabe Ud. cuál es el número de teléfono del club? (no)
21. ¿El tanque de su coche está vacío? (no, lleno)
22. ¿Qué marca de aceite usa Ud.? (Penzoil)
23. ¿Le gusta a Ud. conducir? (sí)
24. En el coche, ¿dónde pone Ud. las maletas? (en el maletero)
25. ¿Dónde compra Ud. gasolina? (en la estación de servicio)
26. ¿Qué le hace falta al coche? (una batería nueva)
27. Mi coche no arranca y debo remolcarlo. ¿Qué voy a necesitar? (una grúa)
28. ¿Tiene Ud. licencia para conducir? (sí)
29. ¿Su licencia es válida aquí? (sí)
30. ¿Va Ud. a alquilar un coche de cambios mecánicos? (no, automático)
31. ¿Va a pagar Ud. con tarjeta de crédito? (no, en efectivo)
32. ¿Qué preparó Ud. para el desayuno hoy? (huevos, chocolate y tostadas)
33. ¿Cómo prefiere Ud. comer los huevos? (fritos)
34. ¿Tiene Ud. que limpiar el garaje hoy? (sí, está sucio)
35. ¿Qué necesita para hacerlo? (la escoba y el recogedor)
36. ¿Sabe Ud. cocinar? (sí)
37. ¿Tiene Ud. muchas recetas? (no)
38. ¿Qué va a cocinar Ud. hoy? (pollo)
39. ¿Lo va a asar o lo va a freír? (asar)
40. ¿Ud. va a poner la mesa ahora? (no)

Nombre _____ Sección _____ Fecha _____

🔊 Para leer y entender
Listen to the following reading, paying special attention to pronunciation and intonation. Make sure you understand and remember as much as you can.

Hace dos días que Teresa y su amiga Alicia llegaron de Guadalajara, adonde fueron de vacaciones. Fueron por avión, estuvieron allí dos semanas y el viaje les gustó mucho.

Cuando llegaron a Guadalajara, las chicas decidieron alquilar un coche y los primeros[1] días no tuvieron problemas, pero después de una semana tuvieron que llevar el coche a la estación de servicio porque no arrancaba. El empleado les dijo que necesitaban llamar una grúa para remolcar el coche a otra estación de servicio porque ellos no tenían mecánico allí. El coche necesitaba una batería nueva y los frenos no funcionaban; por eso Teresa y Alicia decidieron llamar a la agencia de autos y pedir otro coche.

En Guadalajara, las chicas compraron muchas cosas para ellas y para sus familias. Teresa compró un vestido bordado[2] para ella y Alicia compró uno también. La mamá de Teresa le había pedido un par de zapatos y ella se los compró; también le compró una bolsa muy bonita. Su hermana quería una falda y una blusa y Teresa se las compró.

Todas las cosas que compraron eran bonitas y muy baratas. Las chicas han decidido que el próximo verano van a volver a México para visitar otras ciudades. Piensan ir a Acapulco y a Puerto Vallarta.

Now answer the following questions.

1. ¿Teresa y Alicia fueron de vacaciones a Suramérica?
2. ¿Cuánto tiempo hace que llegaron de su viaje?
3. ¿Fueron en coche?
4. ¿Estuvieron mucho tiempo de vacaciones las chicas?
5. ¿Llevaron las chicas su coche en el viaje o alquilaron uno?
6. ¿Por qué tuvieron que llevar el coche a la estación de servicio?
7. ¿Por qué tuvieron que llevarlo a otra estación de servicio?
8. ¿Cómo llevaron el coche?
9. ¿Qué problemas tenía el coche?
10. ¿Qué decidieron hacer Teresa y Alicia?
11. ¿Cuántos vestidos bordados compraron las chicas?
12. ¿Qué compró Teresa para su mamá?
13. ¿Qué quería la hermana de Teresa?
14. ¿Eran muy caras las cosas que compraron Teresa y Alicia?
15. ¿Adónde van a ir las chicas las próximas vacaciones?
16. ¿Cuándo van a viajar?
17. ¿Qué ciudades quieren visitar?
18. ¿Creen Uds. que a Teresa y a Alicia les gustó mucho el viaje? ¿Por qué o por qué no?

---

[1] *first*
[2] *embroidered*

LECCIÓN 16

DE VIAJE

OBJECTIVES

Structures
- The present subjunctive
- The subjunctive with verbs of volition
- The absolute superlative

Communication
- Traveling by train and by bus

Culture: Argentina
- Seasons and climates

Nombre _____ Sección _____ Fecha _____

Aprenda estas palabras

1. LA ESTACIÓN DE TRENES

HORARIO
- a Rosario 8:30
- a Córdoba 9:05
- a San Juan 17:30

2. el horario (itinerario) de trenes
3. el tren
4. la cola, la fila
5. hacer cola (fila)
6. % = por ciento
7. Norte
8. Oeste
9. Este
10. Sur
11. el coche-cama
12. el coche-comedor
13. la litera alta
14. la litera baja

De viaje

Isabel y Gloria, dos chicas de Buenos Aires, quieren viajar a Bahía Blanca, una ciudad que está al sur de Buenos Aires, para visitar a los tíos de Isabel. Ahora están haciendo cola en una estación de trenes en Buenos Aires.

En el despacho de boletos.

Isabel —¿Cuándo hay trenes para Bahía Blanca?
Empleado —Por la mañana y por la noche. Yo les aconsejo que viajen por la noche.
Isabel —¿Por qué?
Empleado —Porque el tren de la noche es el expreso.
Gloria —Entonces deme dos pasajes de ida y vuelta para el expreso del sábado.
Empleado —Muy bien. Los billetes de ida y vuelta tienen un 20 por ciento de descuento.
Isabel —¿Tiene el tren coche-comedor?
Empleado —Sí, señorita. Tiene coche-comedor y coche-cama.
Isabel —¿No tenemos que transbordar?
Empleado —No, señorita.

El día del viaje.

Gloria —¿De qué andén sale el tren?
Isabel —Del andén número dos, pero tiene una hora de retraso.
Gloria —Sí, según este itinerario no sale hasta las 22 horas.

Después de pasar 15 fabulosos días en la estancia de los tíos de Isabel, las chicas regresan a Buenos Aires. Un mes más tarde comienzan a planear sus vacaciones de invierno.

Gloria —Quiero que vayamos a Asunción porque quiero que conozcas a mi hermana, que vive allí. No le voy a avisar que vamos porque quiero darle una sorpresa.
Isabel —¿Vamos en avión o en autobús?
Gloria —En avión. El viaje en autobús es larguísimo.
Isabel —No me gusta volar. Siempre me mareo cuando despega y cuando aterriza el avión.
Gloria —Te sugiero que tomes una pastilla para el mareo.

Nombre _____   Sección _____   Fecha _____

Una semana más tarde, en el aeropuerto de Asunción.

Isabel	—(*A un empleado.*) Perdón, ¿cómo se llega al centro?
Empleado	—Siga derecho por este pasillo hasta llegar a la salida. Allí doble a la izquierda y camine hasta la parada de autobuses.
Gloria	—¿Qué autobús tenemos que tomar?
Empleado	—El autobús número 45.
Isabel	—Creo que será mejor tomar un taxi. (*Al empleado.*) ¿Hay una parada de taxis?
Empleado	—Sí, a la derecha.
Isabel y Gloria	—Gracias.

¡Escuchemos! While listening to the dialogue, circle **V (verdadero)** if the statement is true and **F (falso)** if it is false.

1. Isabel y Gloria van a viajar a una ciudad al norte de Buenos Aires.   V   F
2. Hoy hay muchas personas en la estación de trenes.   V   F
3. El tren de la noche es el rápido.   V   F
4. Los billetes de ida y vuelta son más baratos.   V   F
5. Las chicas no van a poder comer en el tren.   V   F
6. Las chicas no van a tener que cambiar de tren.   V   F
7. El tren va a salir sin retraso.   V   F
8. Las chicas se aburrieron mucho en la estancia.   V   F
9. En las vacaciones de invierno, las chicas fueron a Paraguay.   V   F
10. En el aeropuerto las chicas tomaron un autobús para ir al centro.   V   F

VOCABULARIO

Cognados
fabuloso(a)
la sorpresa

Nombres
el andén *platform (railway)*
el boleto, el billete *ticket (for train or bus)*
el descuento *discount*
el despacho de boletos, la ventanilla *ticket window*
la estancia, el rancho (*Méx.*) *ranch*
el expreso, el rápido *express train*
la hora *hour*
el invierno *winter*
el mareo *dizziness, dizzy spell*
el número *number*
la parada de autobuses *bus stop*
la parada de taxis *taxi stand*
el pasillo *hallway*
la pastilla *pill*
la salida *departure*

Verbos
aconsejar *to advise*
aterrizar *to land (a plane)*
avisar *to inform, to let (someone) know*
caminar *to walk*
despegar *to take off (a plane)*
doblar, girar *to turn*
marearse *to become dizzy*
sugerir (e:ie) *to suggest*
transbordar *to change, to transfer (trains, buses, etc.)*
volar (o:ue) *to fly*

Otras palabras y expresiones
¿Cómo se llega a...? *How do you get to . . . ?*
hasta llegar a *until you get to*
para *for, to*
quince días *two weeks*
seguir derecho *to go straight ahead*
según *according to*
tener... horas de retraso (atraso) *to be . . . hours behind schedule*

VOCABULARIO ADICIONAL

Para hablar de viajes (*To talk about travel*)
a tiempo *on time*
abrocharse el cinturón de seguridad *to fasten one's seat belt*
bajarse *to get off, to disembark*
diario(a) *daily*
empacar, hacer las maletas *to pack*
facturar el equipaje *to check luggage*
la frontera *border*
hospedarse *to stay (i.e.) at a hotel*
perder el tren (avión, autobús) *to miss the train (plane, bus)*
¿Por cuánto tiempo es válido el pasaje? *How long is the ticket valid for?*
la tarifa *rate*
el tranvía *streetcar, local train*

Nombre _____ Sección _____ Fecha _____

Notas Culturales

- En los hemisferios norte y sur las estaciones están invertidas. Por ejemplo, cuando en los Estados Unidos es verano, en Argentina es invierno. Allí las clases comienzan en marzo y terminan en diciembre. Los estudiantes tienen vacaciones de invierno en julio; por eso muchos argentinos viajan a Paraguay en esta época porque el clima de Paraguay es más bien tropical y casi siempre hace calor. Los paraguayos dicen que Paraguay tiene dos estaciones: el verano y la del ferrocarril (*railroad*).

- En Argentina, como en la mayoría de los países hispanos, se usa el sistema de 24 horas, especialmente para horarios de trenes, aviones, autobuses, etc., y también para invitaciones. Por ejemplo, "las 17 horas" corresponde a las cinco de la tarde.

EN TU MUNDO...

1. ¿Se usa el sistema de 24 horas en los Estados Unidos? ¿Para qué?
2. ¿En qué mes comienzan las clases en tu universidad?
3. Generalmente, ¿en qué meses tienen vacaciones los estudiantes en las universidades de este país?

ACTIVIDADES

Dígame... Answer the following questions, basing your answers on the dialogue.

1. ¿Adónde quieren ir Isabel y Gloria? ¿Dónde está Bahía Blanca?
   _____

2. ¿Dónde están ellas ahora y qué están haciendo?
   _____

3. ¿Cuándo hay trenes para Bahía Blanca y qué les aconseja el empleado? ¿En qué tren van a viajar las chicas? ¿Por qué?
   _____

4. ¿Por qué es una buena idea comprar billetes de ida y vuelta?
   _____

5. ¿El tren tiene retraso? ¿A qué hora va a ser la salida?
   _____

Nombre _____ Sección _____ Fecha _____

6. ¿Cuánto tiempo pasaron las chicas en la estancia del tío de Isabel? ¿Se divirtieron?

7. ¿Por qué quiere Gloria que Isabel vaya con ella a Asunción? ¿Qué quiere darle a su hermana?

8. ¿Por qué no quiere Gloria ir en autobús a Asunción?

9. ¿Qué problema tiene Isabel cuando despega y aterriza el avión? ¿Qué le sugiere Gloria?

10. Para ir a la parada de autobuses, ¿qué deben hacer las chicas?

11. ¿Qué autobús tienen que tomar las chicas para ir al centro?

12. Al final (*In the end*), ¿cómo deciden las chicas ir al centro?

Hablemos
Interview a classmate, using the following questions. When you have finished, switch roles.

1. ¿Te gusta viajar en tren? Si no, ¿cómo prefieres viajar?

2. Si viajas en tren, ¿prefieres una litera alta o baja (*upper/lower berth*)?

3. Cuando viajas, ¿qué compras para leer?

4. ¿Qué crees que es más peligroso, viajar en avión o viajar en coche?

5. Cuando viajas, ¿te dan un descuento? ¿De cuánto?

6. Cuando tus amigos te preguntan adónde deben viajar, ¿qué les aconsejas?

7. ¿Qué haces durante las vacaciones de invierno? ¿Qué te gustaría hacer?

8. Si un amigo tuyo está mareado, ¿qué le sugieres que haga?

9. ¿Qué ciudad de los Estados Unidos consideras hermosísima?

10. ¿Has visitado algunas ciudades del sur de los Estados Unidos? (¿Del norte? ¿Del este? ¿Del oeste?)

Nombre _____ Sección _____ Fecha _____

¿Cómo lo decimos?
Complete the following sentences, using the Spanish equivalent of the words in parentheses.

1. Ella necesita que tú _____ el horario de trenes. (*give her*)
2. Eva quiere que nosotros _____. (*stand in line*)
3. Quiero que Uds. _____. (*fasten your seatbelts*)
4. Necesito que ellos _____ por cuánto tiempo es válido el pasaje. (*tell me*)
5. Les aconsejo que _____ a la parada de autobuses y que _____ el autobús número 42. (*go / take*)
6. Adela quiere que _____ los boletos aquí y que _____ con cheques de viajero. (*we buy / we pay*)
7. Te sugiero que _____ cómo se llega al hotel. (*you ask them*)
8. No quiero que Uds. _____. (*miss the plane*)
9. Necesito que Ud. _____ las pastillas. (*give me*)
10. Ellos nos recomiendan que _____ en la frontera a las seis. (*we be*)

¿Qué pasa aquí?
With a partner, answer the following questions according to what you see in the pictures.

A.

1. ¿De qué andén sale el tren?
2. ¿En qué coche está María?
3. ¿Cree Ud. que tiene litera?
4. ¿Adónde viaja María?

B.

1. ¿Dónde están Rosa, Juan y Hugo?
2. ¿Qué hacen?
3. ¿Adónde va Rosa? ¿En que país está la ciudad adonde va?
4. ¿Cuándo hay trenes para Lima?
5. ¿Va a comprar Juan un pasaje de ida?
6. ¿Qué descuento van a hacerle a Juan?
7. ¿En qué tren quiere viajar Hugo?

C.

1. ¿Cuántas horas de retraso tiene el tren de Lima?
2. ¿Adónde va a viajar Sara?
3. ¿Qué le va a mandar Sara a Juan Mena?

Una encuesta Survey your classmates and your instructor to find someone who fits each of the following descriptions and write the person's name in the space provided. Remember to use the **tú** form when speaking to your classmates and the **Ud.** form when speaking to your instructor. Then, in groups of three, discuss the result of the survey.

Esta persona...

1. ☐ prefiere viajar en tren o en autobús.
2. ☐ ha viajado en tren muchas veces.
3. ☐ ha viajado por el sur de los Estados Unidos.
4. ☐ quiere que sus amigos viajen con él (ella).
5. ☐ quiere visitar España.
6. ☐ se marea cuando vuela.

Nombre _____ Sección _____ Fecha _____

7. ☐ toma pastillas para el mareo cuando viaja en avión. _____

8. ☐ ha perdido el avión. _____

9. ☐ siempre se abrocha el cinturón de seguridad cuando viaja en coche. _____

10. ☐ quiere que sus amigos conozcan a sus padres. _____

11. ☐ recibe descuentos en algunas tiendas. _____

12. ☐ tiene que hacer cola cuando va al banco. _____

En estas situaciones
With a partner, act out the following situations in Spanish.

1. You work at the ticket window of a train station and are helping a customer. He/She wants to know when the express train leaves and whether any discounts are available.
2. You are planning to take a two-day train trip and want to know what your options are for sleeping and eating on the train. You call the train station to obtain the necessary information.
3. You would like a friend from school to meet your family. Discuss how such a meeting might take place, including any necessary travel arrangements.
4. You are having a party and need to tell a friend how to get from the university to your house (dorm, apartment).

¿Qué dice aquí?
One of your friends is planning to visit Argentina and is asking you and a classmate about the trains there. Answer your friend's questions using the information in the ad on the following page.

1. ¿A qué lugares de Argentina se puede ir por tren?
2. ¿Tienen los trenes aire acondicionado? ¿Calefacción?
3. ¿Cuántas personas pueden dormir en los departamentos de los coches-cama?
4. ¿Tienen estos departamentos baño privado?
5. ¿Cuántas personas pueden dormir en los departamentos de los coches-litera?
6. ¿Dónde se puede comer en el tren?
7. ¿Qué tipos de comida sirven en el tren?
8. ¿Qué descuento dan en los viajes de ida y vuelta?
9. ¿En qué estación (*season*) del año tienen los ferrocarriles precios especiales?

POR TREN A TODA ARGENTINA

Para conocer Argentina, viaje por tren. La Red Nacional de Ferrocarriles lo lleva a todas partes.

Trenes modernos, cómodos, con aire acondicionado y calefacción.

Coches-cama con departamentos para una o dos personas, con baño privado.

Coches-litera con departamentos para cuatro o seis pasajeros.

Un coche-comedor en cada tren con un excelente servicio de comidas y bebidas argentinas e internacionales.

Descuentos del 10% en viajes de ida y vuelta.
Precios especiales en el verano.

Actividades especiales

A With your classmates, turn the classroom into a train station (put up signs with platform numbers, train schedules, etc.). Set up five or six ticket windows, with one student working at each window. The rest of the students will play the roles of travelers buying train tickets. Some of the students should be in pairs and discuss arrangements with their partners before talking to the clerk at the ticket window.

B With a partner, and using the map on page 240, tell each other how to get from various places to others. Take turns giving directions.

Nombre _____ **Sección** _____ **Fecha** _____

Un paso más
Review the **Vocabulario adicional** in this **lección,** and complete the following sentences with the appropriate word or phrase.

1. ¿Por cuánto tiempo es _____ el pasaje?
2. El tren va a llegar _____. Hoy no tiene retraso.
3. El tren que va a la Ciudad de México sale todos los días. Es _____.
4. Los niños son terribles; acaban de subirse al tren y ya quieren _____ de él.
5. No podemos pasar la _____ porque no tenemos pasaporte.
6. Si no sales ahora mismo, vas a _____ el tren.
7. Después de abordar el avión, hay que _____.
8. En San Francisco, la gente puede viajar en _____.
9. En el verano *(summer)* hay una _____ especial para viajar a España.
10. No voy a llevar las maletas conmigo. Voy a _____ el equipaje.

Un trabalenguas

Erre con erre cigarro,
erre con erre barril,
rápidos corren los carros
del ferrocarril.

¡Pero me dieron el cincuenta por ciento de descuento!

LECCIÓN 17

EN LA SALA DE EMERGENCIA

OBJECTIVES

Structures
- The subjunctive to express emotion
- The subjunctive with some impersonal expressions
- Formation of adverbs

Communication
- How to talk about medical emergencies and doctor's recommendations

Culture: Uruguay
- Hospitals and medical care in the Hispanic world

Aprenda estas palabras

1. caerse
2. la bata
3. la curita
4. la ambulancia
5. la fractura
6. el pecho
7. el estómago
8. la mano
9. la cabeza
10. (el) corazón
11. los dedos
12. la rodilla
13. el tobillo
14. la frente
15. los ojos
16. la nariz
17. la boca
18. la lengua
19. el oído[1]
20. la cara
21. el brazo
22. la pierna
23. el pie
24. la espalda
25. los dedos del pie

[1] *inner ear*

En la sala de emergencia de un hospital en Montevideo

Inés se cayó en la escalera del edificio de apartamentos donde vive y Javier, su esposo, la llevó al hospital. Estaban en la sala de espera cuando la enfermera vino para llevarla al consultorio.

Javier —(*A la enfermera*) Señorita, mi esposa tiene mucho dolor. Es necesario que el médico la vea inmediatamente.

Enfermera —En seguida viene el doctor Valverde, señor. (*A Inés*) Quítese la ropa y póngase esta bata, señora.

Con el médico.

Médico —¿Qué pasó, señora? ¿Cómo se lastimó?

Inés —Me caí en la escalera, me golpeé la cabeza y me corté la frente. Y me duele mucho el tobillo.

Médico —¿Perdió Ud. el conocimiento?

Inés	—Por unos segundos.
Médico	—Bueno, voy a lavarle y desinfectarle la herida. ¿Le pusieron una inyección antitetánica alguna vez?
Inés	—Sí, hace cuatro meses. Espero que no tenga que darme puntos.
Médico	—Es probable que tengamos que hacerlo.
Inés	—El tobillo me duele mucho. Ojalá que no haya fractura.
Médico	—Necesitamos una radiografía para saberlo. Ahora la van a llevar a la sala de rayos X.

Después de ver las radiografías, el médico habla con Inés.

Médico	—Usted se fracturó el tobillo, señora. Tendremos que enyesarle la pierna y va a tener que usar muletas. Generalmente tiene que usarlas por unas ocho semanas.
Inés	—(*A su esposo*) Temo que no puedas volver a la oficina hoy, porque necesito que te quedes conmigo.
Javier	—No te preocupes, mi amor. Lo importante es que tú estés bien.
Médico	—Le voy a recetar unas pastillas para el dolor. Espero que pronto se sienta mejor.
Javier	—Ojalá que tu mamá pueda venir a quedarse contigo mañana, para ayudarte con los niños.

¡Escuchemos! While listening to the dialogue, circle **V (verdadero)** if the statement is true and **F (falso)** if it is false.

1. Inés y Javier viven en Uruguay. V F
2. Inés tuvo un accidente y la llevaron al hospital. V F
3. Ines perdió el conocimiento por varios minutos. V F
4. Inés tiene una herida en la frente. V F
5. Inés se lastimó el tobillo. V F
6. A Inés nunca le pusieron una inyección antitetánica. V F
7. Inés espera que no tengan que darle puntos en la herida. V F
8. Inés se fracturó una pierna. V F
9. Javier puede regresar a su trabajo hoy. V F
10. El médico le va a poner una inyección a Inés para que no tenga dolor. V F

Nombre _____ Sección _____ Fecha _____

🌐 Audio VOCABULARIO

Cognados

el apartamento
la inyección
inmediatamente

Nombres

el consultorio *doctor's office*
el dolor *pain, ache*
el edificio *building*
la herida *wound*
la inyección antitetánica *tetanus shot*
el (la) médico(a) *medical doctor, M.D.*
las muletas *crutches*
la radiografía *X-ray*
la sala de emergencia *emergency room*
la sala de espera *waiting room*
la sala de rayos X *X-ray room*
la silla de ruedas *wheelchair*

Verbos

desinfectar *to disinfect*
dudar *to doubt*
enyesar *to put in a cast*
esperar *to hope*
fracturarse, romperse *to fracture, to break*
golpear(se) *to hit (oneself)*
lastimarse *to get hurt*
pasar *to happen*
quitarse *to take off*
recetar *to prescribe*
sentirse (e:ie) *to feel*

Otras palabras y expresiones

alguna vez *ever*
dar (poner) puntos *to put in stitches*
inmediatamente *immediately*
lo importante *the important thing*
ojalá *I hope*
perder el conocimiento, desmayarse *to lose consciousness, to faint*
poner una inyección *to give a shot*
ser (no ser) necesario *to be (not to be) necessary*

🌐 Audio VOCABULARIO ADICIONAL

Para hablar del cuidado médico
(*To talk about medical care*)

el accidente *accident*
el análisis *analysis, medical test*
de sangre *blood test*
los anteojos, las gafas *glasses*
el (la) cirujano(a) *surgeon*
el cuello *neck*
el (la) dentista *dentist*
la garganta *throat*
los lentes de contacto *contact lenses*
la muñeca *wrist*
el (la) oculista *oculist, eye specialist*
el (la) ortopédico(a) *orthopedist*
vendar *to bandage*

LECCIÓN 17: EN LA SALA DE EMERGENCIAS

Nombre _____ Sección _____ Fecha _____

Notas Culturales

- En la mayoría de los países de habla hispana, la hospitalización es gratuita (*free*) porque los hospitales están subvencionados (*subsidized*) por el gobierno. Hay también clínicas privadas para las personas de mejor posición económica que prefieren no ir a un hospital público. Las clínicas generalmente ofrecen mejores servicios y no tienen tantos pacientes.

- Especialmente en las grandes ciudades hispanas, la medicina está muy avanzada, pero en muchos pueblos (*towns*) remotos no hay hospitales ni médicos. En esos lugares, especialmente en Latinoamérica, hay curanderos (*healers*) que recomiendan hierbas (*herbs*) o tes o que usan remedios tradicionales para sus curas. En el campo (*country*) muchas mujeres tienen sus bebés con la ayuda de una partera (*midwife*).

En tu mundo...

1. En este país, ¿hay hospitales subvencionados por el gobierno?
2. ¿Qué tipos de tiendas venden aquí tes y hierbas?
3. En general, ¿las mujeres norteamericanas prefieren tener su bebé en un hospital o en casa con la ayuda de una partera?

Actividades

Dígame... Answer the following questions, basing your answers on the dialogue.

1. ¿Qué le pasó a Inés y quién la llevó al hospital?
   _____

2. ¿Dónde estaba Inés cuando la enfermera vino a buscarla?
   _____

3. ¿Qué problema tiene Inés? ¿Qué dice Javier?
   _____

4. ¿Qué se golpeó Inés? ¿Qué se cortó?
   _____

5. ¿Por cuánto tiempo perdió el conocimiento?
   _____

Nombre _____ **Sección** _____ **Fecha** _____

6. ¿Qué espera Inés que no tenga que hacer el médico? ¿Qué dice el médico?
   _____

7. ¿Qué le duele a Inés? ¿Qué espera ella que no haya?
   _____

8. ¿Qué necesita el médico para saber si hay fractura? ¿A dónde van a llevar a Inés?
   _____

9. ¿Qué tendrá que usar Inés para caminar? ¿Por cuántas semanas tendrá que usarlas?
   _____

10. ¿Qué teme Inés que Javier no pueda hacer hoy? ¿Por qué?
    _____

11. ¿Qué le va a recetar el médico a Inés? ¿Qué le dice?
    _____

12. ¿Qué espera Javier que pueda hacer la mamá de Inés?
    _____

Hablemos Interview a classmate, using the following questions. When you have finished, switch roles.

1. ¿Tú vives en una casa o en un edificio de apartamentos?
2. ¿Te pusieron una inyección antitetánica recientemente? ¿Cuánto tiempo hace?
3. ¿Perdiste el conocimiento alguna vez? ¿Qué te pasó?
4. ¿Han tenido que darte puntos alguna vez?
5. ¿Te duele la cabeza? (¿la espalda? ¿la garganta? ¿el oído? ¿el pecho?)
6. ¿Qué tomas cuando te duele la cabeza?
7. ¿Has tenido un accidente grave (*serious*) alguna vez? (¿Cuándo fue?)
8. ¿Te has fracturado alguna vez un brazo? (¿una pierna? ¿un tobillo?)
9. ¿Has tenido que usar muletas alguna vez? (¿Por qué?)
10. ¿Te gustaría ser médico(a) o enfermero(a)? ¿Por qué o por qué no?
11. ¿Has usado una silla de ruedas alguna vez? ¿Cuándo? ¿Por qué?
12. ¿Tienes que usar anteojos (gafas)?

LECCIÓN 17: EN LA SALA DE EMERGENCIAS

Nombre _____ Sección _____ Fecha _____

¿Cómo lo decimos? Give the Spanish equivalent of the words in parentheses.

1. Es probable que el médico _____, señora. (*has to give you a tetanus shot*)

2. Ojalá que ellos _____ a la sala de emergencia inmediatamente. (*can take her*)

3. Espero _____ con la enfermera esta tarde, pero temo que ella _____ en el hospital hoy. (*I can speak / is not*)

4. Es importante que la enfermera _____ la herida. (*disinfect*)

5. Me alegro de que su mamá _____. (*feels better*)

6. Es necesario _____ al médico todos los años. (*to go*)

7. Siento que _____, señora. (*your back hurts*)

8. Esperamos que los niños _____. (*don't get hurt*)

9. Necesitamos _____ las radiografías _____. (*that they bring / immediately*)

10. _____ él trabaja en _____. (*Generally / the X-ray room*)

¿Qué pasa aquí? With a partner answer the following questions according to what you see in the pictures.

A. SALA DE EMERGENCIA — Luis

B. Rita

1. ¿Dónde está Luis?
2. ¿Qué le pasó a Luis?
3. ¿Dónde tiene Luis una herida?
4. ¿Qué va a hacer la enfermera?
5. ¿A Luis le gustan las inyecciones? ¿Cómo lo sabe?

1. ¿Dónde está Rita?
2. ¿Qué hace Rita?
3. ¿Qué le da la enfermera?
4. ¿Qué cree Ud. que le van a hacer a Rita?

BASIC SPANISH FOR GETTING ALONG

Nombre _____ Sección _____ Fecha _____

C.

1. ¿Dónde está Raúl?
2. ¿Qué le pasó a Raúl?
3. ¿Qué le hicieron a Raúl?
4. ¿Qué tendrá que usar Raúl para caminar?

D.

1. ¿Dónde está Laura?
2. ¿Qué hace Laura mientras espera?
3. ¿Cuánto tiempo tuvo que esperar Laura?

E.

1. ¿Qué se lastimó Rosa?
2. ¿Cree Ud. que le duele mucho la rodilla?
3. ¿Qué le va a hacer su mamá?

F.

1. ¿Qué cree Ud. que le duele a Julio?
2. ¿Qué hizo Julio?
3. ¿Qué cree Julio que debe tomar para el dolor de estómago?

LECCIÓN 17: EN LA SALA DE EMERGENCIAS   251

Nombre _____ Sección _____ Fecha _____

Una encuesta Survey your classmates and your instructor to find someone who fits each of the following descriptions and write the person's name in the space provided. Remember to use the **tú** form when speaking to your classmates and the **Ud.** form when speaking to your instructor. Then, in groups of three, discuss the results of the survey.

ESTA PERSONA...

1. ☐ se rompió una pierna o un brazo cuando era niño(a). _____
2. ☐ tenía dolor de oídos frecuentemente cuando era niño(a). _____
3. ☐ a veces tiene dolor de espalda. _____
4. ☐ toma *Tylenol* cuando le duele la cabeza. _____
5. ☐ ha tenido que usar muletas. _____
6. ☐ necesita una inyección antitetánica. _____
7. ☐ se siente bien hoy. _____
8. ☐ nunca se ha desmayado. _____
9. ☐ fue al dentista el mes pasado. _____
10. ☐ tuvo que ir al oculista el año pasado. _____
11. ☐ sabe desinfectar y vendar una herida. _____
12. ☐ tuvo que llevar a alguien a la sala de emergencia el año pasado. _____
13. ☐ usa lentes de contacto. _____
14. ☐ se hizo un análisis de sangre el mes pasado. _____

En estas situaciones With a partner, act out the following situations in Spanish.

1. You are in the emergency room because you fell down some stairs and injured your arm. One of your fingers hurts a lot and you're afraid that it's broken. A small cut on your face is bleeding, too. A nurse comes over to tend to you.

Nombre _____ Sección _____ Fecha _____

2. You're a doctor. You've just looked at the X-rays for one of your patients, which confirm that his/her leg is fractured. You're going to have to put the leg in a cast.

3. You're a doctor. A patient is going to need seven stitches on his/her forehead. You need to know how long ago he/she had a tetanus shot.

¿Qué dice aquí? You and a partner are about to begin jobs as receptionists at the *Clínica La Benéfica*. Read the ad and answer the questions that follow so that you will be prepared to help Spanish speakers who call the clinic.

CLÍNICA LA BENÉFICA

NOS PREOCUPAMOS POR LA SALUD DE TODA LA FAMILIA

Tenemos médicos especializados en:
- Enfermedades del corazón
- Enfermedades de los pulmones y del estómago
- Problemas del embarazo
- Medicina general
- Alergias
- Ortopedia

Ofrecemos servicios de laboratorio, rayos X y farmacia.
Hacemos exámenes físicos completos.
Consultorios abiertos de lunes a viernes, de 8 a 5.
Servicio de enfermeras a domicilio.

Llamadas de emergencia y servicio de ambulancias las 24 horas del día.

Avenida Rivera 789   Telf. 453-9543

Amplio espacio de estacionamiento

ACEPTAMOS TODO TIPO DE SEGUROS

LECCIÓN 17: EN LA SALA DE EMERGENCIAS

Nombre _____ Sección _____ Fecha _____

1. ¿Cómo se llama la clínica? ¿Cuál es su dirección (*address*)?
   _____

2. ¿En qué enfermedades están especializados los médicos de la clínica?
   _____

3. Mi hijo tiene asma. ¿A qué especialista puedo llevarlo?
   _____

4. Necesito una radiografía. ¿A qué departamento debo ir?
   _____

5. ¿Qué otros servicios ofrece la clínica?
   _____

6. ¿Qué días y a qué hora están abiertos (*open*) los consultorios?
   _____

7. Tengo un seguro de accidentes de trabajo. ¿Lo aceptan en la clínica?
   _____

8. Necesito cuidados (*care*) en mi domicilio (*home*). ¿Qué servicio puedo solicitar en la clínica?
   _____

9. ¿Tiene la clínica servicios de emergencia y de ambulancia? ¿Cuándo?
   _____

10. ¿Es fácil (*easy*) estacionar el coche en la clínica? (Diga por qué.)
    _____

Una actividad especial
With your classmates, transform your classroom into a hospital emergency room. Put up different signs for the waiting room, the examining room, etc. There will be at least six doctors on duty; the rest of the students will be the patients. Some will have broken bones, some will have cuts and various aches and pains. The receptionists will take information from the patients and plan treatments.

Un paso más
Review the **Vocabulario adicional** in this **lección**, and complete the following sentences with the appropriate word or phrase.

1. Tuvo un _____ y lo llevaron al hospital en una ambulancia.

2. La rodilla es parte de la pierna y la _____ es parte del brazo.

Nombre _____ Sección _____ Fecha _____

3. Tiene problemas con los ojos. Necesita ir al _____.

4. No puedo hablar mucho porque tengo dolor de _____.

5. Me fracturé la pierna y me llevaron al consultorio del _____.

6. Voy al laboratorio porque necesito hacerme un _____.

7. No puedo mover la cabeza porque me duele mucho el _____.

8. La enfermera le desinfectó la herida y se la _____.

9. La _____ dijo que me operaría el lunes.

10. El _____ quiere que me cepille los dientes tres veces al día.

Palabras escondidas Find these parts of the body in the puzzle.

C	E	D	E	D	O	S	M	O
A	G	B	L	N	A	N	A	H
B	C	O	R	A	Z	O	N	S
E	A	C	A	R	O	J	O	S
Z	R	A	P	I	E	D	L	M
A	A	F	O	Z	O	I	D	O
B	L	E	N	G	U	A	S	T

LECCIÓN 17: EN LA SALA DE EMERGENCIAS

Un dicho

Ojos que no ven, corazón que no siente. *Out of sight, out of mind. (lit., Eyes that don't see, heart that doesn't feel.)*

LECCIÓN 18

EN LA UNIVERSIDAD

OBJECTIVES

Structures
- The subjunctive to express doubt, disbelief, and denial
- The subjunctive to express indefiniteness and nonexistence
- Diminutive suffixes

Communication
- How to talk about college life

Culture: Los puertorriqueños
- The educational system in Spain and Latin America

Aprenda estas palabras

1. la suerte
2. la informática
3. la contabilidad
4. la química
5. ¡Chau!¹
6. Las notas
7. las matemáticas
8. la educación física
9. la literatura
10. la historia
11. la geografía
12. el arte
13. graduarse
14. el título

---

¹From **ciao**, the Italian word for *good-bye* or *hello*. Used only as *good-bye* in Spanish.

En la universidad

Fernando es un muchacho puertorriqueño que vive en Nueva York. Ahora está hablando con Adriana, una chica argentina que está en su clase de informática, una asignatura que ella encuentra fácil y que él encuentra muy difícil.

Fernando —Hoy tengo que estudiar porque mañana tengo un examen parcial en mi clase de administración de empresas.

Adriana —Es una lástima que tengas que estudiar porque esta noche hay una fiesta en el club internacional y podríamos ir juntos...

Fernando —Dudo que pueda ir porque por desgracia también tengo que escribir un informe para mi clase de sociología.

Adriana —Esa clase es un requisito, ¿no? Yo tengo que tomarla el semestre que viene.

Fernando —Si quieres tomarla con la Dra. Salcedo tienes que matricularte lo más pronto posible.

Adriana —No creo que mis padres me puedan dar el dinero para pagar la matrícula.

Fernando —Estoy seguro de que la universidad te dará la beca que solicitaste.

Adriana —Es difícil que me la dé porque, desgraciadamente, el semestre pasado no saqué muy buenas notas.

Fernando —¿Cuál es tu especialización? ¿Contabilidad?

Adriana —No sé todavía, pero probablemente va a ser química o física.

Fernando —Bueno, Adriana, tengo que ir a la biblioteca a estudiar. Nos vemos mañana.

Adriana —Chau, Fernando. Buena suerte en el examen.

Fernando espera sacar una "A" en el examen, pero duda que la profesora le dé una buena nota en el semestre, porque él ha faltado mucho a clase.

Cuando el muchacho vuelve a su cuarto en la residencia universitaria, escucha un mensaje que su hermanita, que estudia en la escuela secundaria, le dejó en la máquina contestadora.

Anita —Fernando, habla Anita. Quedé suspendida en el examen de matemáticas. Necesito que busques a alguien que me ayude con esa asignatura que, como sabes, yo odio. Entre mis amigos no hay nadie que sepa nada de matemáticas. Llámame a casa de Maribel, mi compañera de estudios. Te veo más tarde.

LECCIÓN 18: EN LA UNIVERSIDAD

Nombre _____ Sección _____ Fecha _____

🔊 **¡Escuchemos!** While listening to the dialogue, circle **V (verdadero)** if the statement is true and **F (falso)** if it is false.

1. Fernando y Adriana estudian la misma asignatura.   V   F
2. Adriana tiene que estudiar esta noche.   V   F
3. La sociología es un requisito.   V   F
4. Adriana está segura de que sus padres le van a pagar la matrícula.   V   F
5. Adriana solicitó una beca.   V   F
6. Adriana tiene "A" en todas sus asignaturas.   V   F
7. Adriana no ha decidido todavía cuál va a ser su especialización.   V   F
8. Fernando cree que puede sacar una buena nota en su examen.   V   F
9. Fernando nunca falta a sus clases.   V   F
10. La materia que más le gusta a la hermanita de Fernando es matemáticas.   V   F

🌐 Audio VOCABULARIO

Cognados
argentino(a)
la clase
el examen
la física
internacional
puertorriqueño(a)
el semestre
la sociología

Nombres
la administración de empresas *business administration*
la asignatura, la materia *(academic) subject*
la beca *scholarship*
la biblioteca *library*
la escuela secundaria *high school*
la especialización *major*
el examen parcial (de mitad de curso) *midterm exam*
el informe *report*
la máquina contestadora *answering machine*
la matrícula *tuition*
el promedio *grade point average*
el requisito *requirement*
la residencia universitaria *dorm*

Verbos
aprobar (o:ue) *to pass (an exam)*
escuchar *to listen*
matricularse *to register*
odiar *to hate*
sacar *to get (a grade)*
solicitar *to apply*

Adjetivos

difícil *difficult*
fácil *easy*
juntos(as) *together*

Otras palabras y expresiones

alguien *someone, somebody*
como *as*
el (la) compañero(a) de estudios *study partner*
desgraciadamente, por desgracia *unfortunately*
entre *among*
Es difícil. *It's unlikely.*
Es (una) lástima. *It's a pity.*
faltar a clase *to miss classes*
lo más pronto posible *as soon as possible*
Nos vemos. *We'll see you.*
que viene *next, coming*
quedar suspendido(a) *to fail (i.e. an exam)*
sacar buenas (malas) notas *to get good (bad) grades*

VOCABULARIO ADICIONAL

la biología *biology*
la calculadora *calculator*
la carrera *career*
la computadora, el ordenador (España) *computer*
el (la) consejero(a) *counselor, adviser*
el diccionario *dictionary*
la escuela elemental, la escuela primaria *elementary school*
el horario de clases *class schedule*
la librería *bookstore*
la psicología *psychology*
la tarea *homework*
el trimestre *quarter*

Notas Culturales

- El concepto de "especialización," como existe en las universidades norteamericanas, no existe en la mayoría de las universidades del mundo hispano. Los estudiantes españoles y latinoamericanos usualmente toman los requisitos académicos generales en la escuela secundaria y comienzan estudios especializados cuando ingresan (*enter*) en la facultad (por ejemplo, la Facultad de Medicina, la Facultad de Arquitectura, etc.). En la facultad, los estudiantes toman solamente las clases que necesitan para sus respectivas carreras.

- La mayoría de las universidades hispanas usan un sistema de calificaciones basado en números. El sistema numérico varía de país a país. En Puerto Rico, el sistema universitario se basa en el sistema norteamericano.

- A diferencia de los Estados Unidos, en la mayoría de los países hispanos, los estudiantes no viven en residencias universitarias; viven con sus familias o en pensiones.

- En los países de habla hispana los estudiantes generalmente estudian con uno o dos compañeros. Normalmente se reúnen en casa de uno de ellos.

LECCIÓN 18: EN LA UNIVERSIDAD

Nombre _____ Sección _____ Fecha _____

EN TU MUNDO...

1. ¿Dónde toman los estudiantes norteamericanos los requisitos académicos generales?
2. El sistema de calificaciones de las universidades de este país, ¿está basado en números o en letras (*letters*)?
3. ¿Es popular entre los estudiantes de este país estudiar en grupos?

ACTIVIDADES

Dígame... Answer the following questions, basing your answers on the dialogue.

1. ¿De dónde son Fernando y Adriana? ¿Qué clase toman juntos?

   _____

2. ¿En qué clase tiene Fernando un examen parcial?

   _____

3. ¿Por qué dice Adriana que es una lástima que Fernando tenga que estudiar?

   _____

4. ¿Qué tiene que escribir Fernando para su clase de sociología?

   _____

5. ¿Cuándo tiene que tomar Adriana sociología? ¿Por qué tiene que tomarla?

   _____

6. ¿Qué debe hacer Adriana si quiere tomar la clase de la Dra. Salcedo?

   _____

7. ¿Qué duda Adriana?

   _____

8. ¿Qué solicitó Adriana? ¿Está segura de que se la van a dar? ¿Por qué?

   _____

9. ¿Cuál es la especialización de Adriana?

   _____

BASIC SPANISH FOR GETTING ALONG

Nombre _____ **Sección** _____ **Fecha** _____

10. ¿Dónde va a estudiar Fernando ahora?
_____

11. ¿Qué le desea Adriana a Fernando?
_____

12. ¿Fernando cree que va a sacar una buena nota en el semestre? ¿Por qué?
_____

13. ¿Qué necesita la hermanita de Fernando?
_____

14. Entre los amigos de Anita, ¿hay alguien que sepa matemáticas?
_____

Hablemos
Interview a classmate, using the following questions. When you have finished, switch roles.

1. ¿En qué clases harías lo siguiente?
   a. Leer un drama de Shakespeare
   b. Hacer ejercicio
   c. Trabajar con mapas
   d. Hablar sobre Lincoln
   e. Trabajar con números
   f. Estudiar a Picasso, Dalí, etc.
   g. Hacer experimentos
2. ¿Cuál es tu materia favorita? ¿Cuál es tu especialización? ¿Qué asignatura odias?
3. ¿Qué requisitos estás tomando? ¿Qué requisitos tomaste el semestre pasado?
4. ¿Cuándo esperas graduarte?
5. ¿Estás tomando una clase de informática?
6. ¿Crees que las matemáticas son fáciles o difíciles?
7. ¿Qué nota esperas que te dé el (la) profesor(a) en esta clase?
8. ¿Vas a estudiar con un(a) compañero(a) el semestre que viene?
9. ¿Sacaste buenas notas el semestre pasado? ¿Solicitaste una beca?
10. ¿Es verdad que tus padres te dan el dinero para pagar la matrícula?
11. ¿Tienes un(a) compañero(a) de estudios? ¿Quién es?
12. ¿Cuándo piensas terminar tu carrera?

LECCIÓN 18: EN LA UNIVERSIDAD

Nombre _____ **Sección** _____ **Fecha** _____

13. ¿Has faltado mucho a clase este semestre? ¿Cuántas veces has faltado?
14. Entre tus amigos, ¿hay alguien que viva en una residencia universitaria?
15. ¿Escuchaste algún mensaje en tu máquina contestadora hoy?
16. ¿Has quedado suspendido en un examen alguna vez? (¿En cuál?)

¿Cómo lo decimos?

Complete the following sentences, using the Spanish equivalent of the words in parentheses.

1. Entre mis amigos no hay nadie que _____. (*lives in the dorm*)
2. Yo tengo muchos compañeros que _____. (*get good grades*)
3. Es difícil que mi hermanita _____ el semestre que viene. (*will get a scholarship*)
4. ¿Es verdad que tú _____ lo más pronto posible? (*have to register*)
5. _____, es difícil que ellos _____ esa asignatura, Laura. (*As you know / take*)
6. No es verdad que nosotros _____. (*study together*)
7. Yo no creo que ella _____ en una escuela secundaria. (*will want to teach*)
8. Ella busca a alguien que _____ con la clase de contabilidad porque no quiere _____. (*can help her / fail*)
9. Hay muchos estudiantes que _____ las matemáticas. (*hate*)
10. No hay nadie que _____ llevar a _____ a la escuela. (*wants / my little brothers*)

Nombre _____ Sección _____ Fecha _____

¿Qué pasa aquí? With a partner, answer the following questions according to what you see in the pictures.

A.

1. ¿Qué asignatura están estudiando Jorge y María?
2. ¿En qué materia está pensando Jorge?
3. ¿Por qué está pensando en esa materia?
4. ¿María cree que va a quedar suspendida en la clase de matemáticas?
5. ¿Son fáciles o difíciles las matemáticas para María?

B.

1. ¿Qué espera Teresa que haga su papá?
2. ¿Qué solicitó Teresa?
3. ¿Está segura de que se la van a dar?
4. ¿En qué mes piensa graduarse Raúl?
5. ¿Qué quiere ser Raúl?

LECCIÓN 18: EN LA UNIVERSIDAD

Nombre _____ **Sección** _____ **Fecha** _____

C.

Dora   Carmen   Pedro

1. ¿Qué asignatura cree Ud. que es la más fácil para Dora?
2. ¿En qué clase sacó Dora la nota más baja?
3. ¿Cuál es su nota en la clase de arte?
4. ¿Quién tiene que escribir un informe?
5. ¿Cuál es la nacionalidad de Pedro?
6. ¿Adónde tiene que ir Pedro hoy?

Una encuesta Survey your classmates and your instructor to find someone who fits each of the following descriptions and write the person's name in the space provided. Remember to use the **tú** form when speaking with your classmates and the **Ud.** form when speaking with your instructor. Then, in groups of three, discuss the results of the survey.

Esta persona...

1. ☐ está tomando una clase de informática. _____
2. ☐ tiene una computadora en su cuarto. _____
3. ☐ tomó un examen la semana pasada. _____
4. ☐ tuvo que escribir un informe el semestre pasado. _____

Nombre _____ Sección _____ Fecha _____

5.	☐	saca buenas notas.	_____
6.	☐	ha faltado mucho a clase.	_____
7.	☐	tiene un(a) compañero(a) de estudios.	_____
8.	☐	hace la tarea los domingos.	_____
9.	☐	piensa solicitar una beca.	_____
10.	☐	piensa matricularse para el próximo semestre.	_____
11.	☐	tomó química en la escuela secundaria.	_____
12.	☐	piensa graduarse lo más pronto posible.	_____
13.	☐	siempre aprueba todos los exámenes.	_____
14.	☐	no ha decidido qué carrera va a estudiar.	_____
15.	☐	tiene un promedio de B+.	_____

En estas situaciones
With a partner, act out the following situations in Spanish.

1. A friend invites you to a party. Unfortunately, you can't go because you have a midterm exam in one of your courses tomorrow. Your friend wishes you good luck on the test.
2. You have to convince one of your parents that you need money right away because you have to register as soon as possible.
3. You are in your adviser's office, trying to convince him/her that the university should give you a scholarship because you got very good grades last semester, and you never missed classes.
4. You and a friend are discussing your favorite (and least favorite) classes, your professors, and your extracurricular activities.

Lección 18: En la universidad

Nombre _____ Sección _____ Fecha _____

¿Qué dice aquí? You and a classmate are advising a friend who is planning to go abroad to learn Spanish. Answer her questions about the program described in the ad.

Español en Ecuador

- Programas preparados especialmente para estudiantes extranjeros.
- 7 horas diarias de instrucción individual (un estudiante por profesor), de lunes a viernes.
- Cursos prácticos, basados en vocabulario, gramática y conversación en todos los niveles.
- Ud. puede empezar las clases en cualquier momento.
- Ud. vive en la casa de una familia ecuatoriana. Recibe tres comidas y tiene su propio cuarto. Un estudiante por familia.
- Ud. paga 2.000 dólares por cuatro semanas. Clases y comidas incluidas en el precio.

Academia de Español Quito

Calle Reina Victoria 75
Apartado Postal 93–B, Quito, Ecuador
Teléfono: (2) 854-726

---

1. ¿Cómo se llama la escuela?
2. ¿Cuánto debo pagar por la matrícula? ¿Están incluidas las comidas en el precio? ¿Cuáles?
3. ¿Puedo empezar las clases sólo en septiembre?
4. ¿Hay clases los sábados? ¿Cuántas horas de clase diarias tienen?
5. ¿Hay muchos estudiantes en cada clase?
6. ¿Las clases son sólo para estudiantes extranjeros (*foreign*)?
7. ¿Dónde voy a vivir? ¿Mi amiga puede vivir conmigo en la misma (*same*) casa? ¿Por qué o por qué no?
8. ¿Qué materias voy a aprender?

BASIC SPANISH FOR GETTING ALONG

Nombre _____ Sección _____ Fecha _____

Una actividad especial Your class will be divided into groups of four or five students. Each group will come up with a list of eight to twelve characteristics that the ideal student should have. The class will then discuss those characteristics, write the most important ones on the board, and prioritize the list.

Un paso más Review the **Vocabulario adicional** in this **lección,** and complete the following sentences with the appropriate word or phrase.

1. Tuve que ir a la _____ para comprar un diccionario.

2. Necesito el _____ para saber a qué hora empieza la clase de matemáticas.

3. Estamos estudiando las ideas de Freud en nuestra clase de _____.

4. Jorge terminó la escuela _____ el año pasado y ahora va a comenzar la escuela secundaria.

5. En esta universidad no tenemos semestres; tenemos _____.

6. Mi _____ quiere que yo tome una clase de informática. Voy a necesitar una _____.

7. Necesito la calculadora para hacer mi _____ de matemáticas.

8. En la clase de _____ usamos un microscopio.

UNA FRASE CÉLEBRE (A FAMOUS PHRASE)

Sólo sé que no sé nada.   *I know only that I know nothing.* (Socrates)

[Cartoon: A man feeding a baby in a high chair says: "Y en el año 2031 vas a recibir el título de ingeniero..."]

LECCIÓN 18: EN LA UNIVERSIDAD

LECCIÓN 19

LA SEÑORA DUARTE ESTÁ ENFERMA

OBJECTIVES

Structures
- The subjunctive after certain conjunctions
- The present perfect subjunctive
- Uses of the present perfect subjunctive

Communication
- How to discuss health problems with a doctor

Culture: Los mexicoamericanos
- More about health care in the Hispanic world

Aprenda estas palabras

1. 100 libras (el peso)
2. pesar
3. la balanza
4. embarazada
5. sacar la lengua
6. anteayer
7. ayer
8. una cucharada
9. una cucharadita
10. el jarabe
11. las cápsulas
12. las píldoras
13. el termómetro

La señora Duarte está enferma

La señora Elisa Duarte, de Guadalajara, está de vacaciones en Los Ángeles. Hoy va al médico porque no se siente bien. Tiene diarrea y náusea. Fue al consultorio del Dr. Peña porque le dijeron que él era mexicoamericano y que hablaba muy bien el español. En el consultorio, la enfermera, que también habla español, le hace algunas preguntas.

Enfermera	—Tengo que hacerle algunas preguntas antes de que el doctor la vea.
Elisa	—Muy bien.
Enfermera	—¿Hay alguien en su familia que tenga diabetes o asma?
Elisa	—Mi mamá es diabética, pero no hay nadie que tenga asma.
Enfermera	—¿Hay alguien en su familia que haya muerto de un ataque al corazón?
Elisa	—Sí, mi abuelo.
Enfermera	—¿Qué enfermedades tuvo de niña?
Elisa	—Sarampión, rubéola y paperas.
Enfermera	—¿Ha sido operada alguna vez?
Elisa	—Sí, me operaron de apendicitis el año pasado.

La enfermera la pesa y después le toma la temperatura y la presión.

Enfermera	—¿Cuánto tiempo hace que no se siente bien?
Elisa	—Desde anteayer. Pasé dos días vomitando.
Enfermera	—Tiene la presión un poco alta y un poco de fiebre. ¿Qué otros síntomas tiene?
Elisa	—Me siento débil y me duele la espalda. Ojalá no haya pescado una pulmonía.
Enfermera	—No lo creo; probablemente sea gripe. ¿Está Ud. embarazada?
Elisa	—No, no estoy embarazada.
Enfermera	—¿Es usted alérgica a alguna medicina?
Elisa	—Que yo sepa, no.

Con el médico.

el médico

Médico —Abra la boca y saque la lengua. Respire hondo. Otra vez.
Elisa —Me duele el pecho cuando respiro y también me duelen los oídos.
Médico —Tiene una infección en el oído y también tiene síntomas de gastroenteritis. Voy a recetarle unas pastillas y un antibiótico.
Elisa —¿Y para la diarrea, doctor?
Médico —Tome este líquido en cuanto llegue a su casa. Una cucharada cada cuatro horas.
Elisa —¿Por cuánto tiempo tengo que tomar el antibiótico?
Médico —Hasta que lo termine.

¡Escuchemos! While listening to the dialogue, circle **V (verdadero)** if the statement is true and **F (falso)** if it is false.

	V	F
1. Elisa Duarte no sabe hablar inglés.	V	F
2. La mamá de la Sra. Duarte tiene asma.	V	F
3. El año pasado la Sra. Duarte tuvo paperas.	V	F
4. Hace dos días que la señora no se siente bien.	V	F
5. La presión de la señora es normal.	V	F
6. La Sra. teme tener pulmonía.	V	F
7. La Sra. es alérgica a la aspirina.	V	F
8. El médico le receta una medicina a la Sra. para la diarrea.	V	F
9. La Sra. va a tener que tomar un antibiótico.	V	F
10. Tiene que tomar el antibiótico por tres días.	V	F

Nombre _____ Sección _____ Fecha _____

VOCABULARIO

Cognados

alérgico(a)
el antibiótico
la apendicitis
el asma
contagioso(a)
la diabetes
  diabético(a)
la diarrea
la gastroenteritis
la infección
el líquido
la medicina
la náusea
los síntomas
la temperatura

Nombres

el ataque al corazón, el infarto *heart attack*
la enfermedad *disease, sickness*
la fiebre *fever*
la gripe *influenza, flu*
las paperas *mumps*
la presión *blood pressure*
la pulmonía *pneumonia*
la rubéola *German measles (rubella)*
el sarampión *measles*

Verbos

morir (o:ue) *to die*
operar *to operate*
respirar *to breathe*
vomitar *to vomit, to throw up*

Adjetivos

alto(a) *high*
débil *weak*

Otras palabras y expresiones

antes de que *before*
cada *every*
de niño(a) *as a child*
desde *since*
en cuanto, tan pronto como *as soon as*
hacer preguntas *to ask questions*
hasta que *until*
nadie *nobody*
pescar una pulmonía *to catch pneumonia*
Que yo sepa, no. *Not that I know of.*
respirar hondo *to take a deep breath*
ser operado(a) *to be operated on*
tener la presión alta *to have high blood pressure*

VOCABULARIO ADICIONAL

alérgico(a) *allergic*
el dolor de cabeza *headache*
empeorar *to get worse*
fuerte *strong*
guardar cama *to stay in bed (when one is sick)*
mejorar(se) *to get better*
la operación, la cirugía *operation, surgery*

¡Que se (te) mejore(s)! *Get well soon!*
sangrar *to bleed*
sufrir del corazón *to have heart trouble*
tener la presión baja *to have low blood pressure*
tener el colesterol alto *to have high cholesterol*
tener tos *to have a cough*
toser *to cough*

LECCIÓN 19: LA SEÑORA DUARTE ESTÁ ENFERMA

Nombre _____ Sección _____ Fecha _____

Notas Culturales

- En la mayoría de los países de habla hispana, hay todavía médicos que van a la casa de sus pacientes, si éstos no pueden ir a su consultorio. A menudo (*Often*), cuando una persona necesita una inyección, una enfermera o una ayudante va a la casa de esa persona para ponérsela.

- En España, las farmacias se turnan (*take turns*) en mantenerse abiertas por la noche, para que haya una farmacia abierta las veinticuatro horas del día en cada zona de la ciudad. Un letrero (*sign*) en la ventana de las farmacias cerradas avisa a los vecinos dónde encontrarán una farmacia abierta.

- En algunos países latinoamericanos, se pueden comprar jeringuillas (*syringes*) en las farmacias, pues su venta al público no está prohibida, como lo está en los Estados Unidos.

En tu mundo...

1. Los médicos de este país, ¿van a las casas de sus pacientes a veces?
2. ¿Hay aquí farmacias que estén abiertas las veinticuatro horas del día?
3. En este país, ¿qué tipos de medicinas pueden recomendar los farmacéuticos?

Actividades

Dígame... Answer the following questions, basing your answers on the dialogue.

1. ¿Elisa se siente mal? ¿Qué tiene? ¿Por qué fue a ver al Dr. Peña?
   _____
2. ¿Qué tiene que hacer la enfermera antes de que el doctor vea a Elisa?
   _____
3. ¿Quién tiene diabetes en la familia de Elisa?
   _____
4. ¿Hay alguien que haya muerto de un ataque al corazón?
   _____
5. ¿Qué enfermedades tuvo Elisa de niña?
   _____
6. ¿De qué operaron a Elisa el año pasado?
   _____

Nombre _____ Sección _____ Fecha _____

7. ¿Elisa tiene la presión alta o baja?

8. ¿La enfermera cree que Elisa tiene gripe o pulmonía?

9. Elisa tiene náusea y vomita mucho. ¿Está embarazada?

10. ¿Elisa es alérgica a alguna medicina?

11. ¿Qué va a recetarle el médico a Elisa para la infección? ¿Y para la diarrea?

12. ¿Qué debe hacer Elisa en cuanto llegue a su casa?

13. ¿Por cuánto tiempo debe tomar Elisa el antibiótico?

Hablemos
Interview a classmate, using the following questions. When you have finished, switch roles.

1. ¿Qué enfermedades tuviste de niño(a)?
2. ¿Qué enfermedades han tenido otros miembros de tu familia?
3. ¿Alguna vez has pescado una pulmonía?
4. ¿Fuiste al médico recientemente? (¿Cuándo fuiste?)
5. ¿Has tenido asma alguna vez? ¿Eres alérgico(a) a alguna medicina?
6. Cuando tienes gripe, ¿qué síntomas tienes?
7. Si tienes gripe, ¿qué debes hacer?
8. ¿Vas a clase cuando tienes fiebre?
9. Si una persona tiene fiebre, ¿qué le recomiendas que haga?
10. ¿Has sido operado(a) alguna vez? (¿Cuándo? ¿Dónde?)
11. ¿Tienes el colesterol alto o normal?
12. ¿Alguna vez has tenido una enfermedad contagiosa? ¿Cuál?

Nombre _____ Sección _____ Fecha _____

¿Cómo lo decimos? Give the Spanish equivalent of the words in parentheses.

1. _____, me voy a pesar. (*As soon as I get home*)

2. ¿Hay alguien en su familia _____ de un ataque al corazón? (*who has died*)

3. Le voy a dar este jarabe para que _____. (*he feels better*)

4. Va a estar en el hospital solamente hasta mañana, a menos que _____. (*they have to operate on her*)

5. _____ a tu hermana, dile que el niño tiene fiebre. (*When you see*)

6. Voy a llevarla al médico _____. (*in case she has the flu*)

7. No es verdad que la niña _____. (*has gotten worse*)

8. Temo que mi abuelo _____ gastroenteritis. (*has had*)

9. Espero que el médico _____ que tiene la presión alta. (*has told him*)

10. No se va a mejorar a menos que _____. (*she stays in bed*)

¿Qué pasa aquí? With a partner, answer the following questions according to what you see in the pictures.

A.

1. ¿Se siente bien Jorge?
2. ¿Qué le pasa?
3. ¿A quién llamó Jorge?
4. ¿Cuál es la dirección del Dr. Peña?

B.

1. ¿Qué hace la enfermera?
2. ¿Cuánto pesa Mario?
3. ¿Cree Ud. que Mario es muy gordo?

C.

1. ¿Cuál es el problema de Juan?
2. ¿Qué le va a recetar el Dr. Miño?
3. ¿Cuántas cucharadas de jarabe tiene que tomar Juan?
4. ¿Cuándo tiene que tomar Juan el jarabe?

D.

1. ¿Qué le pregunta Ada a la Dra. Vidal?
2. ¿Cuándo tiene que volver Ada al consultorio de la Dra. Vidal?

E.

1. ¿Qué tiene Jorge en la mano?
2. ¿Todavía tiene fiebre Jorge?
3. ¿Qué piensa Jorge que ya no necesita hacer?
4. ¿Cuánto le debe Jorge al Dr. Peña?

F.

1. ¿Quién le está tomando la presión a Luis?
2. ¿Qué cree Ud. que le está diciendo el Dr. Soto a Luis?
3. ¿Qué quiere el Dr. Soto que haga Luis después?

LECCIÓN 19: LA SEÑORA DUARTE ESTÁ ENFERMA

Nombre _____ Sección _____ Fecha _____

👥 Una encuesta

Survey your classmates and your instructor to find someone who fits each of the following descriptions and write the person's name in the space provided. Remember to use the **tú** form when speaking to your classmates and the **Ud.** form when speaking to your instructor. Then, in groups of three, discuss the results of the survey.

ESTA PERSONA...

1. ☐ tuvo que trabajar mucho anteayer. _____
2. ☐ va al médico cuando no se siente bien. _____
3. ☐ siempre le hace muchas preguntas a su médico. _____
4. ☐ tiene la presión un poco baja a veces. _____
5. ☐ es alérgica. _____
6. ☐ toma jarabe cuando tiene tos. _____
7. ☐ tiene un termómetro en su casa. _____
8. ☐ tiene una balanza en su baño. _____
9. ☐ tuvo gripe el año pasado. _____
10. ☐ tuvo que guardar cama el año pasado. _____
11. ☐ tuvo que tomar un antibiótico el año pasado. _____
12. ☐ tuvo sarampión de niño(a). _____

👥 En estas situaciones

With a partner, act out the following situations in Spanish.

1. You go to the doctor's office after suffering a number of symptoms for three days. Describe them to the doctor in as much detail as possible so that he/she can diagnose your condition and tell you how to treat it.

2. You are a nurse assigned to take the medical history of a new patient. Find out as much as you can about his/her childhood illnesses, any operations, and whether any members of his/her family have suffered from serious illnesses.

3. You are at your doctor's office for a physical. Before the doctor sees you, a nurse comes into the examining room to weigh you, take your blood pressure and temperature, listen to your breathing, and look at your throat.

BASIC SPANISH FOR GETTING ALONG

Nombre _____ Sección _____ Fecha _____

¿Qué dice aquí? With a partner, answer the following questions using information from the medical record below.

1. ¿Cómo se llama el paciente?
2. ¿Cuál es la fecha de nacimiento del paciente?
3. ¿Qué vacunas le pusieron de niño?
4. ¿Qué tipo de vacuna contra (*against*) la polio le dieron?
5. ¿Cuándo lo inmunizaron contra la gripe?
6. ¿Qué enfermedades tuvo José de niño?
7. ¿Qué accidentes ha tenido José?
8. ¿Qué otras enfermedades tiene José?
9. ¿Han operado a José alguna vez? ¿De qué?
10. ¿Tiene José algún defecto de los sentidos (*senses*)?

RÉCORD DE INMUNIZACIONES (Vacunas)

Paciente: José Hernández **Fecha de nacimiento:** 5 de enero de 1979

Inmunizaciones			
Vacuna contra la viruela _____ Fecha			
Resultados ❑ Prendió ❑ No prendió ❑ Contraindicado			
Firma del doctor			
Revacunación contra la viruela _____ Fecha			
Resultados ❑ Prendió ❑ No prendió ❑ Contraindicado			
Firma del doctor			

Difteria, tos ferina, tétano			
Tratamiento	Fecha	Dosis	Firma del doctor
1a Dosis	4/3/79		Dr. Vega
2a Dosis	5/5/79		Dr. Vega
3a Dosis	6/7/79		Dr. Vega
1a Reacción			
2a Reacción			
3a Reacción			

Poliomielitis				
Tratamiento	Tipo usado	Dosis	Fecha	Firma del doctor
1a Dosis	oral		8/3/79	
2a Dosis	"		7/5/79	
3a Dosis	"		8/7/79	
1a Reacción				
2a Reacción				
3a Reacción				

Otras inmunizaciones o pruebas			
Nombre	Fecha	Resultado	Firma del doctor
Gripe	7/9/90		Dra. Paz

Enfermedades y fechas

Tos ferina _____ Paperas 13/3/84
Rubéola 8/10/79 Sarampión 20/8/87
Varicela _____ Difteria _____
Escarlatina _____ Poliomielitis _____

Accidentes (dar fechas y especificar) 24/5/89
Fractura del brazo izquierdo

Impedimentos y anomalías (especificar) _____
Ninguno

Otras enfermedades (especificar) _____
Diabetes, asma

Operaciones (especificar) 15/9/92
Apendicitis

Defectos de los sentidos (especificar) _____
Ninguno

LECCIÓN 19: LA SEÑORA DUARTE ESTÁ ENFERMA

Nombre _____ Sección _____ Fecha _____

Una actividad especial There is a flu epidemic. You and your classmates turn the classroom into a clinic, staffed with four or five nurses and four or five doctors. The rest of the students will play the roles of patients. Some will be parents bringing in a sick child. You and your classmates bring as many props to class as possible: tongue depressors, which could also serve as thermometers; belts or pieces of rope, which could serve as equipment to take blood pressure or as stethoscopes, etc. The nurses should write down pertinent information about each patient, and hand each patient's medical history to the doctors, who will add to it. Use the following medical history form. (All this information should be turned in to your instructor.)

HISTORIA CLÍNICA

Paciente _____   Fecha de nacimiento _____

Enfermedades y fechas

Tos ferina _____	Paperas _____	Diabetes _____
Rubéola _____	Sarampión _____	Asma _____
Varicela _____	Difteria _____	Ataque al corazón _____
Escarlatina _____	Poliomielitis _____	Pulmonía _____

Acccidentes (dar fechas y especificar) _____
_____

Impedimentos y anomalías (especificar) _____
_____

Otras enfermedades (especificar) _____
_____

Operaciones (especificar) _____
_____

Defectos de los sentidos (especificar) _____
_____

Alergias (especificar) _____
_____

Inmunizaciones

Vacuna contra la viruela _____
                                                                      fecha

Vacuna contra la difteria, la tos ferina y el tétano _____
                                                                      fecha

Vacuna contra la poliomielitis _____
                                                                      fecha

Comentarios: _____
_____
_____

Nombre _____ Sección _____ Fecha _____

Un paso más Review the **Vocabulario adicional** in this **lección,** and complete the following sentences with the appropriate word or phrase.

1. Tengo _____. Voy a tomar dos aspirinas.

2. Mi abuelo sufre del _____ y mi abuela tiene la _____ baja.

3. Tiene apendicitis. Necesita una _____.

4. Ella no se siente débil; se siente muy _____.

5. Roberto es _____ a la penicilina.

6. Lo van a llevar al hospital porque la herida le _____ mucho.

7. Tiene mucha _____; tose todo el día.

8. Está muy enfermo; la doctora dice que tiene que _____.

9. Le di la medicina, pero en vez de (*instead of*) mejorar, ¡_____!

10. Toma la medicina y acuéstate. Bueno ¡_____!

Un proverbio

Es mejor prevenir que curar.   *An ounce of prevention is worth a pound of cure.*

Respira hondo...

Lección 19: La señora Duarte está enferma

LECCIÓN 20

HACIENDO DILIGENCIAS

OBJECTIVES

Structures
- The imperfect subjunctive
- Uses of the imperfect subjunctive
- *If* clauses

Communication
- At the post office and at the bank

Culture: Los cubanoamericanos
- National currencies of different Spanish-speaking countries

Nombre _____ **Sección** _____ **Fecha** _____

Aprenda estas palabras

1. la oficina de correos, el correo
2. la ventanilla
3. la carta
4. la tarjeta postal
5. la estampilla (el sello)
6. el sobre
7. el buzón
8. el paquete de regalo
9. la fotocopiadora
10. la fotocopia
11. fotocopiar, hacer fotocopias
12. regalar
13. la felicitación

¡Feliz cumpleaños!
¡Gracias!

Haciendo diligencias

La familia Torres es cubana, pero ahora todos viven en Miami. Ayer, la Sra. Torres le pidió a su hijo Luis que hiciera varias diligencias, de modo que él salió hoy muy temprano. Primero fue a la oficina de correos que queda muy cerca de su casa.

En el correo.

Luis	—Quiero enviar este paquete a Los Ángeles, por vía aérea y certificado.
Empleado	—Muy bien. (*Lo pesa.*) Son diez dólares. ¿Algo más?
Luis	—Sí, necesito estampillas para tres tarjetas postales.
Empleado	—El total es de once dólares.
Luis	—Ah, ¿adónde debo ir para enviar un giro postal?
Empleado	—Vaya a la ventanilla número dos.

Como su mamá le había dado un cheque para que lo depositara en el banco, Luis tomó el autobús y fue al Banco Central.

En el banco.

Luis	—Quiero depositar este cheque en la cuenta corriente de Beatriz Torres.
Cajero	—¿Tiene Ud. el número de la cuenta?
Luis	—Sí, ¿Podría decirme cuál es el saldo de la cuenta?
Cajero	—No puedo darle esa información; la cuenta no está a su nombre.
Luis	—Mi madre también quiere alquilar una caja de seguridad. ¿Puede darme los papeles necesarias para que se los lleve a ella?
Cajero	—Si Ud. puede esperar unos minutos, la Srta. Paz atenderá en seguida.

Cuando Luis salió del banco fue primero a la biblioteca para devolver un libro y hacer unas fotocopias. Después fue a varias tiendas para comprarle un regalo de cumpleaños a su novia, pero no encontró nada que le gustara. Luis pensó que, si no tuviera que trabajar, podría ir a otras tiendas.

Nombre _____ Sección _____ Fecha _____

🔊 **¡Escuchemos!** While listening to the dialogue, circle **V (verdadero)** if the statement is true and **F (falso)** if it is false.

1. La mamá de Luis es mexicana.	V F
2. Hoy Luis tiene que hacer varias diligencias.	V F
3. Luis fue primero a la oficina de correos.	V F
4. Luis va a mandar varias cartas por vía aérea y certificadas.	V F
5. Luis sacó dinero de su cuenta corriente.	V F
6. La cuenta está a nombre de la mamá de Luis.	V F
7. Luis quiere alquilar una caja de seguridad.	V F
8. Luis llevó un libro a la biblioteca.	V F
9. Luis estuvo en varias tiendas buscando un regalo.	V F
10. Luis compró un regalo muy bonito para su novia.	V F

🌐 VOCABULARIO

Cognado
la oficina

Nombres
la caja de seguridad *safe deposit box*
el (la) cajero(a) *cashier, teller*
la cuenta *account*
    la cuenta corriente *checking account*
el día feriado *holiday*
la gente *people*
el giro postal *money order*
la letra de molde *print*
la planilla, el formulario *form*
el saldo *balance*

Verbos
devolver (o:ue) *to return (something)*
enviar *to send*
fechar *to date*

Adjetivos
brillante *brilliant*
certificado(a) *registered*

Otras palabras y expresiones
¿Algo más? *Anything else?*
estar apurado(a) *to be in a hurry*
por vía aérea *by air mail*

BASIC SPANISH FOR GETTING ALONG

VOCABULARIO ADICIONAL

Para hablar de diligencias (*To talk about errands*)

el apartado postal, la casilla de correos *post office box*
el cajero automático *automatic teller machine*
el casillero *mailbox (i.e., in an office)*
el correo *mail*
echar al correo *to mail*
navegar la red *to navigate the Web*
pagar cuentas *to pay bills*
recoger *to pick up*
solicitar un préstamo *to apply for a loan*
el talonario de cheques *checkbook*
el teléfono celular *cellular phone*

Notas Culturales

- Abrir cuentas en los bancos de Hispanoamérica no es tan fácil como en los Estados Unidos. Los bancos comerciales por lo general, sólo les abren cuentas a los hombres y mujeres de negocios (*business*) y no aceptan pequeñas cuentas de ahorros.

- En casi toda Hispanoamérica, en las oficinas de correos, hay Cajas Postales de Ahorros que operan como (*act as*) bancos para las personas pobres. En algunos países estas Cajas trabajan en relación con las escuelas, y los niños pueden ahorrar haciendo depósitos o comprando estampillas de ahorro.

- MONEDAS NACIONALES DE LOS PAÍSES DE HABLA HISPANA

País	Moneda	País	Moneda
Argentina	el peso	Honduras	el lempira
Bolivia	el boliviano	México	el peso
Chile	el peso	Nicaragua	el córdoba
Colombia	el peso	Panamá	el balboa
Costa Rica	el colón	Paraguay	el guaraní
Cuba	el peso	Perú	el nuevo sol
Ecuador	el sucre	Puerto Rico	el dólar
El Salvador	el colón	Rep. Dominicana	el peso
España	el euro	Uruguay	el peso
Guatemala	el quetzal	Venezuela	el bolívar

- El cambio de moneda (*rate of exchange*) entre el dólar y las monedas extranjeras varía mucho. Por ejemplo, un dólar equivale a (*is equal to*) unos trece pesos mexicanos y a unos 2,015 pesos colombianos.

Nombre _____ Sección _____ Fecha _____

EN TU MUNDO...

1. ¿Es difícil abrir una cuenta de ahorros en los Estados Unidos?
2. En este país, ¿qué pueden hacer los niños que desean ahorrar?
3. Si una persona viene a los Estados Unidos con 9,000 pesos mexicanos y los cambia por dólares, ¿cuánto dinero va a recibir?

ACTIVIDADES

Dígame... Answer the following questions, basing your answers on the dialogue.

1. ¿Qué le pidió la señora Torres a su hijo ayer? ¿Adónde fue él primero?

2. ¿Qué diligencias hizo Luis en el correo?

3. ¿Qué quería la mamá que Luis depositara en el banco?

4. ¿Le dice el cajero a Luis el saldo de la cuenta? ¿Por qué o por qué no?

5. ¿Qué quiere alquilar Beatriz en el banco?

6. ¿Para qué fue Luis a la biblioteca?

7. ¿Para quién quiere él comprar un regalo?

8. ¿Qué haría Luis si no tuviera que trabajar?

Nombre _____ Sección _____ Fecha _____

Hablemos
Interview a classmate, using the following questions. When you have finished, switch roles.

1. ¿En qué calle queda la oficina de correos que está más cerca de tu casa?
2. Cuando tú viajas, ¿les mandas cartas o tarjetas postales a tus amigos? ¿Por qué o por qué no?
3. ¿Qué tipos de cuentas tienes? ¿En qué banco?
4. ¿Recuerdas el número de tu cuenta corriente?
5. ¿Sabes cuál es el saldo de tu cuenta de ahorros?
6. ¿Tienes una caja de seguridad en el banco? (¿En qué banco?)
7. Cuando tienes que ir al banco, ¿tomas el ómnibus o vas en coche?
8. ¿Tienes algún libro de la biblioteca que tengas que devolver? (¿Cuándo tienes que devolverlo?)
9. ¿Adónde vas a hacer fotocopias?
10. ¿Cuándo es tu cumpleaños?
11. ¿Qué quieres que te regalen?
12. ¿Qué harías tú si no tuvieras que trabajar el próximo viernes?

¿Cómo lo decimos?
Complete the following sentences, using the Spanish equivalent of the words in parentheses.

1. Le pedí _____ las tarjetas postales y las estampillas. (*to bring me*)
2. Yo esperaba que ellos _____ una fotocopiadora para mi cumpleaños. (*give me*)
3. Si _____ mi novia, yo te regalaría un teléfono celular. (*you were*)
4. Si Uds. _____, podrían comprar un coche. (*were to apply for a loan*)
5. Te dije que _____. (*pay the bills*)
6. Yo le aconsejé que _____ un giro postal a su hermano. (*she send*)
7. Ella nos sugirió que _____ una cuenta corriente. (*we open*)
8. Yo no creí que ella _____ navegar la red. (*knew*)
9. Yo compraría el regalo _____ mi talonario de cheques. (*if I had*)
10. Yo les recomendé que _____ los documentos en la caja de seguridad. (*they put*)

¿Qué pasa aquí? With a partner, answer the following questions according to what you see in the pictures.

A.

1. ¿A quién le envía Pilar las cartas?
2. ¿Cree Ud. que las cartas son importantes? ¿Por qué o por qué no?
3. ¿A qué país (*country*) van las cartas?

B.

1. ¿Dónde está Carlos?
2. ¿Con quién está hablando?
3. ¿Qué quiere hacer Carlos?

C.

1. ¿Dónde están Teresa y Luisa?
2. ¿Qué está haciendo Teresa?
3. ¿Cree Ud. que Teresa tendrá que pagar una multa? ¿Por qué o por qué no?
4. ¿Para qué fue Luisa a la biblioteca?
5. ¿Cuánto va a tener que pagar Luisa?

Nombre _____ Sección _____ Fecha _____

D.

1. ¿A qué tienda fue Daniel?
2. ¿Cree Ud. que Daniel va a comprar un regalo para su mamá o para su papá? ¿Por qué?
3. ¿Qué tiene que decidir Daniel?
4. ¿Qué le sugirió el empleado?
5. Si Daniel comprara las dos cosas, ¿cuánto tendría que pagar?
6. ¿Cree Ud. que Daniel va a comprar un regalo de cumpleaños o un regalo de Navidad? ¿Cómo lo sabe?

Una encuesta Survey your classmates and your instructor to find someone who fits each of the following descriptions and write the person's name in the space provided. Remember to use the **tú** form when speaking to your classmates and the **Ud.** form when speaking to your instructor. Then, in groups of three, discuss the results of the survey.

Esta persona...

1. ☐ les manda tarjetas postales a sus amigos cuando viaja. _____
2. ☐ vive cerca de una oficina de correos. _____
3. ☐ tiene un casillero en el lugar donde trabaja. _____
4. ☐ le regaló algo a un amigo (a una amiga) el mes pasado. _____
5. ☐ hace muchas fotocopias. _____
6. ☐ fue a la biblioteca para devolver un libro el mes pasado. _____

Nombre _____ **Sección** _____ **Fecha** _____

7. ☐ usa mucho su teléfono celular. _____
8. ☐ tiene una cuenta corriente en el banco. _____
9. ☐ sabe cuál es el saldo de su cuenta. _____
10. ☐ tiene una caja de seguridad en el banco. _____
11. ☐ usa mucho el cajero automático. _____
12. ☐ usa su talonario de cheques todos los días. _____

En estas situaciones With a partner, act out the following situations in Spanish.

1. You are at the post office. You want to send three letters by registered air mail, and you want to know where to go to send a money order.
2. You and a friend are discussing the errands that each of you has run this week.
3. You are a bank teller. A customer at your window is asking the balance of his/her savings and checking accounts, and also wants to know how to obtain a safe deposit box.
4. You tell a friend that you are at the bank. Add that there are many people in line, but you have to wait because tomorrow is a holiday, so you can´t return.

¿Qué dice aquí? With a partner, use the ad on the following page to answer these questions to evaluate the benefit of opening a checking account.

1. ¿Hay que pagar algo por las cuentas en el Banco Continental?
2. Tengo un depósito de $400 en el banco. ¿Tengo que pagar por los cheques? ¿Por qué?
3. Cuando uso el cajero automático, ¿cuánto debo pagar?
4. ¿Puedo tener una caja de seguridad en el banco? ¿Cuesta mucho alquilar una?
5. ¿Se encarga (*takes charge*) el banco de hacer el pago de mis cuentas? ¿Es gratuito ese servicio?
6. Si quiero ahorrar, ¿en qué tipo (*type*) de cuenta puedo poner el dinero?
7. ¿Puedo ir al banco el sábado a las dos de la tarde para depositar un cheque? ¿Por qué o por qué no?
8. Si quiero saber el saldo de mi cuenta un domingo por la noche, ¿qué puedo hacer?
9. ¿Tiene sucursales el Banco Continental?

Nombre _____ Sección _____ Fecha _____

> ### El Banco Continental ofrece ahora:
>
> Cuenta corriente gratis
>
> Cheques gratis con un depósito mínimo de 500 dólares
>
> Uso del cajero automático gratis
>
> Depósito directo de sus cheques en su cuenta corriente o de ahorros
>
> Caja de seguridad gratis
>
> Pago de sus cuentas sin cargos adicionales
>
> Certificados de depósito a plazo fijo
>
> Abierto de lunes a viernes de 9 a 3, sábados de 9 a 12
>
> **Línea de información las 24 horas del día, 7 días a la semana**
> (Ud. puede saber su saldo en cualquier momento, por teléfono o por Internet.)
>
> **Para más información visite una de nuestras sucursales.**
>
> *¡Lo esperamos!*

Una actividad especial You and your classmates turn the classroom into a mini-downtown with a bank and a post office. Each establishment should have three or four service windows, with students playing the roles of tellers and clerks. The rest of the students should do a variety of errands, such as purchasing stamps to send different types of mail to various countries, purchasing money orders, opening bank accounts and obtaining balances, and inquiring about safe deposit boxes. Students should also ask directions to the library and other downtown locations.

Un paso más Review the **Vocabulario adicional** in this **lección,** and complete the following sentences with the appropriate word or phrase.

1. El número de mi _____ es 342.

2. Voy a _____ para comprar un coche.

LECCIÓN 20: HACIENDO DILIGENCIAS

3. Tengo varias cartas que quiero _____.

4. Teresa va a ir a la tintorería para _____ mis pantalones.

5. No puedo pagarte con un cheque porque no tengo mi _____ aquí.

6. Voy a ver si las cartas están en mi _____.

7. Ana tiene que pagar _____ y no tiene dinero.

8. ¿Ya vino el _____? Espero una carta de Miguel.

9. El banco está cerrado, pero puedo sacar dinero del _____.

10. Necesito hablar con mi hermano. Lo voy a llamar por mi _____.

Un proverbio

El tiempo es oro. *Time is money (gold).*

Nombre _____ Sección _____ Fecha _____

LECCIONES 16-20 REPASO

Práctica de vocabulario

A Match the questions in column **A** with the corresponding answers in column **B**.

A

1. ¿Te dieron un descuento?
2. ¿Qué me aconsejas que haga?
3. ¿Qué clase vas a tomar?
4. ¿Vas a tomar esa asignatura?
5. ¿Cuándo tengo que hacerlo?
6. ¿Qué nota sacaste en la clase?
7. ¿No vas a bailar?
8. ¿Qué me pongo?
9. ¿Cómo te lastimaste?
10. ¿Dónde está el doctor?
11. ¿Perdió el conocimiento?
12. ¿Está embarazada?
13. ¿Qué medicina te recetó el médico?
14. ¿Cuánto pesas?
15. ¿Cuándo llegaste?
16. ¿Qué te dijo el médico?
17. ¿Cómo te sientes?
18. ¿Tienes fiebre?

B

a. No, porque no es un requisito.
b. Me caí.
c. Sí, va a tener un hijo en mayo.
d. No, me duelen los pies.
e. Ciento veinte libras.
f. En su consultorio.
g. Que tomes una pastilla.
h. Que tenía pulmonía.
i. Una B.
j. No sé. No tengo termómetro.
k. Mejor.
l. Anteayer.
m. Sí, del veinte por ciento.
n. Lo más pronto posible.
o. Este jarabe.
p. Esta bata.
q. Sí, se desmayó.
r. Química.

B Circle the word or phrase that does not belong in each group.

1. paperas, sarampión, cartera
2. gripe, anillo, pulmonía
3. tan pronto como, en cuanto, hasta que
4. romperse, respirar, fracturarse
5. radiografía, hora, sala de rayos X
6. cortarse, curita, corazón
7. pierna, lengua, brazo
8. dedos, mano, nariz
9. informática, educación física, contabilidad
10. graduarse, título, fechar
11. lentes de contacto, compañero de estudios, anteojos

297

Nombre _____ Sección _____ Fecha _____

12. materia, asignatura, informe
13. buenas notas, desgraciadamente, es una lástima
14. litera, horario, itinerario
15. sur, este, fácil
16. sugerir, despegar, aterrizar
17. coche-cama, expreso, rápido

C Circle the word or phrase that best completes each sentence.

1. Hay mucha gente. Tienen que (hacer cola, volar, sugerir).
2. El tren sale (de la litera, del andén, del despacho) número cuatro.
3. Vamos de Los Ángeles a Buenos Aires. Tenemos que (transbordar, aconsejar, caernos) en Panamá.
4. No voy en avión porque no me gusta (sacar, volar, volver).
5. ¿Tengo que doblar o (graduarme, seguir derecho, matricularme)?
6. No tengo dinero para pagar la matrícula. Espero que me den una (suerte, materia, beca).
7. Quiero tomar administración de (literatura, empresas, arte).
8. Tiene (ojos, inviernos, tobillos) azules.
9. Me duele mucho (la bata, el pecho, el celular).
10. Me van a hacer una radiografía de la (curita, asignatura, espalda).
11. La enfermera le va a (dar, poner, golpear) una inyección antitetánica.
12. Me fracturé la picrna y ahora necesito (muletas, saldos, giros postales).
13. Tengo que desinfectarle (las paperas, la matrícula, la herida).
14. No me enyesaron el brazo porque no me lo (rompí, quité, lastimé).
15. ¿Qué te (pasó, dolió, sugirió)? ¿Te caíste?
16. Camine por el pasillo hasta (temer, llegar, recetar) a la parada de ómnibus.
17. No vas a sacar una buena nota porque has (faltado, avisado, enviado) mucho a clase.
18. Mañana almorzamos (fáciles, difíciles, juntos). ¡Nos vemos!
19. No me van a dar la beca porque mi (carrera, salida, promedio) no es muy bueno.
20. Tiene que llenar (la planilla, las gafas, la silla de ruedas) con letra de molde.
21. Hoy no trabajo porque es día (brillante, apurado, feriado).
22. Voy a (esperar, facturar, aprobar) el equipaje inmediatamente.
23. Tiene una enfermedad (difícil, contagiosa, fácil).
24. Vamos a hacerle un análisis de sangre porque tiene el (consejero, colesterol, requisito) muy alto.

Nombre _____ Sección _____ Fecha _____

D Crucigrama. Use the cues provided below to complete the crossword puzzle on page 301.

Horizontal

1.
4.
6.
9.
12.
14.
15.
16.
18.
20.
24.
25.
26.
27.
28.

LECCIONES 16-20: REPASO

Nombre _____ Sección _____ Fecha _____

Vertical

2.
3.
5.
7.
8.
10.
11.
13.
14.
17.
19.
21.
22.
23.
25.

300 Basic Spanish for Getting Along

Nombre _____ Sección _____ Fecha _____

LECCIONES 16-20: REPASO

Nombre _____ Sección _____ Fecha _____

🔊 Práctica oral

Listen to the following exercise in the review section of the audio program. The speaker will ask you some questions. Answer each question, using the cue provided. The speaker will verify your response. Repeat the correct answer.

1. ¿Le gusta a Ud. viajar? (sí, mucho)
2. ¿Le dan a Ud. algún descuento cuando viaja? (no)
3. ¿Prefiere Ud. viajar en tren, en ómnibus o en avión? (en avión)
4. ¿Se marea Ud. cuando el avión despega o aterriza? (no)
5. ¿Ha visitado Ud. México? (sí)
6. ¿Le gusta a Ud. que sus amigos conozcan a su familia? (sí)
7. ¿Ya pagó Ud. la matrícula en la universidad? (sí)
8. ¿Piensa Ud. solicitar una beca el próximo semestre? (no)
9. ¿Espera Ud. que su profesor le dé una buena nota o una mala nota este semestre? (buena)
10. ¿Qué asignatura le gusta más? (el español)
11. En su opinión, ¿el español es fácil o difícil? (difícil)
12. ¿Cuál es su especialización? (administración de empresas)
13. ¿Ya tomó Ud. todos los requisitos? (no, todavía)
14. ¿Estudia Ud. en su casa o en la biblioteca? (en mi casa)
15. ¿Cuándo va a graduarse Ud.? (el año próximo)
16. ¿Qué enfermedades tuvo Ud. de niño? (paperas y sarampión)
17. ¿Hay alguien en su familia que sufra del corazón? (no)
18. ¿Tiene Ud. la presión alta o normal? (normal)
19. Cuando Ud. fue al médico, ¿le recetó pastillas o cápsulas? (cápsulas)
20. Cuando Ud. toma jarabe, ¿toma una cucharada o una cucharadita? (una cucharada)
21. ¿Cuándo debe Ud. volver al consultorio del médico? (la semana próxima)
22. ¿Qué usa Ud. para saber si tiene fiebre? (un termómetro)
23. ¿Cuánto pesa Ud.? (ciento cincuenta libras)
24. ¿Se ha roto Ud. una pierna alguna vez? (no)
25. ¿Qué toma Ud. cuando le duele la cabeza? (dos aspirinas)
26. ¿Qué quería su amiga que Ud. hiciera? (unas diligencias)
27. ¿Adónde quería que Ud. fuera con ella? (al banco y a la tienda)
28. ¿Qué querían sus padres que Ud. hiciera? (devolver los libros a la biblioteca)
29. Cuando Ud. envía cartas, ¿cómo las envía? (por vía aérea)
30. ¿Qué haría Ud. si no tuviera que estudiar? (salir con mis amigos)

Nombre _____ Sección _____ Fecha _____

Para leer y entender

Listen to the following reading in the review section of the audio program, paying special attention to intonation and pronunciation. Make sure you understand and remember as much as you can.

El viaje de José Luis y Teresa

José Luis y su esposa Teresa visitaron el sur de España el verano pasado. Fueron en tren porque a ella no le gusta viajar en avión. Los padres de Teresa les aconsejaron que viajaran en el tren de la noche, que es el expreso.

En Granada, fueron a visitar a Ana María, la sobrina de José Luis, que asiste a la universidad. Por desgracia, la muchacha no pudo pasar mucho tiempo con ellos porque tuvo que estudiar para un examen parcial en su clase de administración de empresas. Ana María espera que le den una beca para el año próximo.

Estuvieron en Granada por cuatro días y después fueron a Sevilla. Allí, José Luis se cayó en la escalera del hotel y se fracturó un brazo. Tuvieron que enyesárselo. El médico le recetó unas cápsulas para el dolor. Al día siguiente fueron a visitar a Carmen, una amiga de Teresa, pero la muchacha no estaba en su casa; estaba en el hospital porque la habían operado de apendicitis. Carmen no se sentía muy bien y tenía un poco de fiebre, pero se alegró mucho de ver a Teresa.

Por la tarde fueron a la oficina de correos para mandarle un paquete a la mamá de José Luis. Era un regalo de cumpleaños.

Now answer the following questions.

1. ¿Qué parte de España visitaron José Luis y Teresa?
   _____

2. ¿Por qué no fueron en avión?
   _____

3. ¿Qué les dijeron los padres de Teresa que hicieran?
   _____

4. ¿Por qué cree Ud. que la sobrina de José Luis quiere sacar muy buenas notas?
   _____

5. ¿Estuvieron en Granada por más o por menos de una semana?
   _____

6. ¿Cómo se fracturó un brazo José Luis?
   _____

7. ¿Cree Ud. que el brazo le dolía mucho? ¿Cómo lo sabe?
   _____

Nombre _____ **Sección** _____ **Fecha** _____

8. ¿Por qué tuvieron que ir al hospital para ver a Carmen?
_____

9. ¿Cómo estaba Carmen?
_____

10. ¿Cuál fue la reacción de Carmen al ver a Teresa?
_____

11. ¿Adónde tuvieron que ir ese mismo día? ¿Para qué?
_____

12. ¿Por qué le mandó José Luis un regalo a su mamá?
_____

Appendix A

Introduction to Spanish Sounds and the Alphabet

Sections marked with a Web-audio icon are recorded on the website that supplements this text. Repeat each Spanish word after the speaker, imitating as closely as possible the correct pronunciation.

The Alphabet

Letter	Name	Letter	Name	Letter	Name	Letter	Name
a	a	h	hache	ñ	eñe	t	te
b	be	i	i	o	o	u	u
c	ce	j	jota	p	pe	v	ve
d	de	k	ka	q	cu	w	doble ve
e	e	l	ele	r	ere	x	equis
f	efe	m	eme	rr	erre	y	i griega
g	ge	n	ene	s	ese	z	zeta

The Vowels

1. The Spanish **a** has a sound similar to the English *a* in the word *father.* Repeat:

    Ana   casa   banana   mala   dama   mata

2. The Spanish **e** is pronounced like the English *e* in the word *eight.* Repeat:

    este   René   teme   deme   entre   bebe

3. The Spanish **i** is pronounced like the English *ee* in the word *see.* Repeat:

    sí   difícil   Mimí   ir   dividir   Fifí

4. The Spanish **o** is similar to the English *o* in the word *no,* but without the glide. Repeat:

    solo   poco   como   toco   con   monólogo

5. The Spanish **u** is similar to the English *ue* sound in the word *Sue.* Repeat:

    Lulú   un   su   universo   murciélago

THE CONSONANTS

1. The Spanish **p** is pronounced like the English *p* in the word *spot*. Repeat:

    pan   papá   Pepe   pila   poco   pude

2. The Spanish **c** in front of **a, o, u, l**, or **r** sounds similar to the English *k*. Repeat:

    casa   como   cuna   clima   crimen   cromo

3. The Spanish **q** is only used in the combinations **que** and **qui,** in which the **u** is silent, and also has a sound similar to the English *k*. Repeat:

    que   queso   Quique   quinto   quema   quiso

4. The Spanish **t** is pronounced like the English *t* in the word *stop*. Repeat:

    toma   mata   tela   tipo   atún   Tito

5. The Spanish **d** at the beginning of an utterance or after **n** or **l** sounds somewhat similar to the English *d* in the word *David*. Repeat:

    día   dedo   duelo   anda   Aldo

    In all other positions, the **d** has a sound similar to the English *th* in the word *they*. Repeat:

    medida   todo   nada   Ana dice   Eva duda

6. The Spanish **g** also has two sounds. At the beginning of an utterance and in all other positions, except before **e** or **i**, the Spanish **g** sounds similar to the English *g* in the word *sugar*. Repeat:

    goma   gato   tengo   lago   algo   aguja

    In the combinations **gue** and **gui,** the **u** is silent. Repeat:

    Águeda   guineo   guiso   ligue   la guía

7. The Spanish **j**, and **g** before **e** or **i,** sounds similar to the English *h* in the word *home*. Repeat:

    jamás   juego   jota   Julio   gente   Genaro   gime

8. The Spanish **b** and the **v** have no difference in sound. Both are pronounced alike. At the beginning of the utterance or after **m** or **n**, they sound similar to the English *b* in the word *obey*. Repeat:

    Beto   vaga   bote   vela   también   un vaso

    Between vowels, they are pronounced with the lips barely closed. Repeat:

    sábado   yo voy   sabe   Ávalos   Eso vale

9. In most Spanish-speaking countries, the **y** and the **ll** are similar to the English *y* in the word *yet*. Repeat:

    yo   llama   yema   lleno   ya   lluvia   llega

10. The Spanish **r (ere)** is pronounced like the English *tt* in the word *gutter*. Repeat:

    cara   pero   arena   carie   Laredo   Aruba

    The Spanish **r** in an initial position and after **l, n,** or **s,** and **rr (erre)** in the middle of a word are pronounced with a strong trill. Repeat:

    Rita   Rosa   torre   ruina   Enrique   Israel
    perro   parra   rubio   alrededor   derrama

11. The Spanish **s** sound is represented in most of the Spanish-speaking world by the letters **s, z,** and **c** before **e** or **i**. The sound is very similar to the English sibilant *s* in the word *sink*. Repeat:

    sale   sitio   solo   seda   suelo
    zapato cerveza ciudad cena

    In most of Spain, the **z,** and **c** before **e** or **i,** is pronounced like the English *th* in the word *think*. Repeat:

    zarzuela   cielo   docena

12. The letter **h** is silent in Spanish. Repeat:

    hilo   Hugo   ahora   Hilda   almohada   hermano

13. The Spanish **ch** is pronounced like the English *ch* in the word *chief*. Repeat:

    muchacho   chico   coche   chueco   chaparro

14. The Spanish **f** is identical in sound to the English *f*. Repeat:

    famoso   feo   difícil   fuego   foto

15. The Spanish **l** is pronounced like the English *l* in the word *lean*. Repeat:

    dolor   ángel   fácil   sueldo   salgo   chaval

16. The Spanish **m** is pronounced like the English *m* in the word *mother*. Repeat:

    mamá   moda   multa   médico   mima

17. In most cases, the Spanish **n** has a sound similar to the English *n*. Repeat:

    nada   norte   nunca   entra   nene

    The sound of the Spanish **n** is often affected by the sounds that occur around it. When it appears before **b, v,** or **p,** it is pronounced like the English *m*. Repeat:

    invierno   tan bueno   un vaso   un bebé   un perro

18. The Spanish **ñ (eñe)** has a sound similar to the English *ny* in the word *canyon*. Repeat:

    muñeca   leña   año   señorita   piña   señor

APPENDIX A: INTRODUCTION TO SPANISH SOUNDS AND THE ALPHABET

19. The Spanish **x** has two pronunciations, depending on its position. Between vowels, the sound is similar to the English *ks*. Repeat:

examen   boxeo   exigente   éxito

Before a consonant, the Spanish **x** sounds like the English *s*. Repeat:

expreso   excusa   exquisito   extraño

Linking

In spoken Spanish, the various words in a phrase or sentence are not pronounced as isolated elements, but they are combined. This is called *linking*.

1. The final consonant of a word is pronounced together with the initial vowel of the following word. Repeat:

    Carlos‿anda   un‿ángel   el‿otoño   unos‿estudiantes

2. The final vowel of a word is pronounced together with the initial vowel of the following word. Repeat:

    su‿esposo   la‿hermana   ardua‿empresa   la‿invita

3. When the final vowel of a word and the initial vowel of the following word are identical, they are pronounced slightly longer than one vowel. Repeat:

    Ana‿alcanza   me‿espera   mi‿hijo   lo‿olvida

    The same rule applies when two identical vowels appear within a word. Repeat:

    cooperación   crees   leemos   coordinación

4. When the final consonant of a word and the initial consonant of the following word are the same, they are pronounced as one consonant with slightly longer-than-normal duration. Repeat:

    el‿lado   un‿novio   Carlos‿salta   tienes‿sed   al‿leer

Rhythm

Rhythm is the variation of sound intensity that we usually associate with music. Spanish and English each regulate these variations in speech differently, because they have different patterns of syllable length. In Spanish the length of the stressed and unstressed syllables remains almost the same, while in English stressed syllables are considerably longer than unstressed ones. Pronounce the following Spanish words, enunciating each syllable clearly.

es-tu-dian-te   bue-no   Úr-su-la
com-po-si-ción   di-fí-cil   ki-ló-me-tro
po-li-cí-a   Pa-ra-guay

Because the length of the Spanish syllables remains constant, the greater the number of syllables in a given word or phrase, the longer the phrase will be.

INTONATION

Intonation is the rise and fall of pitch in the delivery of a phrase or a sentence. In general, Spanish pitch tends to change less than English, giving the impression that the language is less emphatic.

As a rule, the intonation for normal statements in Spanish starts in a low tone, raises to a higher one on the first stressed syllable, maintains that tone until the last stressed syllable, and then goes back to the initial low tone, with still another drop at the very end.

    Tu amigo viene mañana.   José come pan.
    Ada está en casa.   Carlos toma café.

SYLLABLE FORMATION IN SPANISH

General rules for dividing words into syllables are as follows.

Vowels

1. A vowel or a vowel combination can constitute a syllable.

    a-lum-no   a-bue-la   Eu-ro-pa

2. Diphthongs and triphthongs are considered single vowels and cannot be divided.

    bai-le   puen-te   Dia-na   es-tu-diáis   an-ti-guo

3. Two strong vowels (**a, e, o**) do not form a diphthong and are separated into two syllables.

    em-ple-ar   vol-te-ar   lo-a

4. A written accent on a weak vowel (**i** or **u**) breaks the diphthong, thus the vowels are separated into two syllables.

    trí-o   dú-o   Ma-rí-a

Consonants

1. A single consonant forms a syllable with the vowel that follows it.

    po-der   ma-no   mi-nu-to

    NOTE: **rr** is considered a single consonant: **pe-rro.**

2. When two consonants appear between two vowels, they are separated into two syllables.

    al-fa-be-to   cam-pe-ón   me-ter-se   mo-les-tia

    EXCEPTION: When a consonant cluster composed of **b, c, d, f, g, p,** or **t** with **l** or **r** appears between two vowels, the cluster joins the following vowel: **so-bre, o-tros, ca-ble, te-lé-gra-fo.**

APPENDIX A: INTRODUCTION TO SPANISH SOUNDS AND THE ALPHABET

3. When three consonants appear between two vowels, only the last one goes with the following vowel.

   ins-pec-tor trans-por-te trans-for-mar

   EXCEPTION: When there is a cluster of three consonants in the combinations described in rule 2, the first consonant joins the preceding vowel, and the cluster joins the following vowel: **es-cri-bir, ex-tran-je-ro, im-plo-rar, es-tre-cho.**

ACCENTUATION

In Spanish, all words are stressed according to specific rules. Words that do not follow the rules must have a written accent to indicate the change of stress. The basic rules for accentuation are as follows.

1. Words ending in a vowel, **n,** or **s** are stressed on the next-to-the-last syllable.

hi-jo	**ca**-lle	**me**-sa	fa-**mo**-sos
flo-**re**-cen	**pla**-ya	**ve**-ces	

2. Words ending in a consonant, except **n** or **s,** are stressed on the last syllable.

   ma-**yor** a-**mor** tro-pi-**cal** na-**riz** re-**loj** co-rre-**dor**

3. All words that do not follow these rules must have the written accent.

ca-**fé**	**lá**-piz	**mú**-si-ca	sa-**lón**
án-gel	**lí**-qui-do	fran-**cés**	**Víc**-tor
sim-**pá**-ti-co	rin-**cón**	a-**zú**-car	**dár**-se-lo
sa-**lió**	**dé**-bil	e-**xá**-me-nes	**dí**-me-lo

4. Pronouns and adverbs of interrogation and exclamation have a written accent to distinguish them from relative pronouns.

—¿**Qué** comes?	"What are you eating?"
—La pera que él no comió.	"The pear that he did not eat."
—¿**Quién** está ahí?	"Who is there?"
—El hombre a quien tú llamaste.	"The man whom you called."
—¿**Dónde** está?	"Where is he?"
—En el lugar donde trabaja.	"At the place where he works."

5. Words that have the same spelling but different meanings take a written accent to differentiate one from the other.

el	*the*	**él**	*he, him*	**te**	*you*	**té**	*tea*
mi	*my*	**mí**	*me*	**si**	*if*	**sí**	*yes*
tu	*your*	**tú**	*you*	**mas**	*but*	**más**	*more*

APPENDIX B

VERBS

REGULAR VERBS

Model -ar, -er, -ir *verbs*

INFINITIVE		
amar (*to love*)	**comer** (*to eat*)	**vivir** (*to live*)

GERUND		
amando (*loving*)	**comiendo** (*eating*)	**viviendo** (*living*)

PAST PARTICIPLE		
amado (*loved*)	**comido** (*eaten*)	**vivido** (*lived*)

SIMPLE TENSES

Indicative Mood

PRESENT		
(*I love*)	(*I eat*)	(*I live*)
amo	como	vivo
amas	comes	vives
ama	come	vive
amamos	comemos	vivimos
amáis[1]	coméis	vivís
aman	comen	viven

IMPERFECT		
(*I used to love*)	(*I used to eat*)	(*I used to live*)
amaba	comía	vivía
amabas	comías	vivías
amaba	comía	vivía
amábamos	comíamos	vivíamos
amabais	comíais	vivíais
amaban	comían	vivían

---

[1] **Vosotros amáis:** The **vosotros** form of the verb is used primarily in Spain. This form has not been used in this text.

PRETERIT

(*I love*)	(*I ate*)	(*I lived*)
am**é**	com**í**	viv**í**
am**aste**	com**iste**	viv**iste**
am**ó**	com**ió**	viv**ió**
am**amos**	com**imos**	viv**imos**
am**asteis**	com**isteis**	viv**isteis**
am**aron**	com**ieron**	viv**ieron**

FUTURE

(*I will love*)	(*I will eat*)	(*I will live*)
amar**é**	comer**é**	vivir**é**
amar**ás**	comer**ás**	vivir**ás**
amar**á**	comer**á**	vivir**á**
amar**emos**	comer**emos**	vivir**emos**
amar**éis**	comcr**éis**	vivir**éis**
amar**án**	comer**án**	vivir**án**

CONDITIONAL

(*I would love*)	(*I would eat*)	(*I would live*)
amar**ía**	comer**ía**	vivir**ía**
amar**ías**	comer**ías**	vivir**ías**
amar**ía**	comer**ía**	vivir**ía**
amar**íamos**	comer**íamos**	vivir**íamos**
amar**íais**	comer**íais**	vivir**íais**
amar**ían**	comer**ían**	vivir**ían**

Subjunctive Mood

PRESENT

([*that*] *I* [*may*] *love*)	([*that*] *I* [*may*] *eat*)	([*that*] *I* [*may*] *live*)
am**e**	com**a**	viv**a**
am**es**	com**as**	viv**as**
am**e**	com**a**	viv**a**
am**emos**	com**amos**	viv**amos**
am**éis**	com**áis**	viv**áis**
am**en**	com**an**	viv**an**

IMPERFECT (two forms: **-ra**, **-se**)

([that] I [might] love)	([that] I [might] eat)	([that] I [might] live)
am**ara**(-**ase**)	com**iera**(-**iese**)	viv**iera**(-**iese**)
am**aras**(-**ases**)	com**ieras**(-**ieses**)	viv**ieras**(-**ieses**)
am**ara**(-**ase**)	com**iera**(-**iese**)	viv**iera**(-**iese**)
am**áramos** (-**ásemos**)	com**iéramos** (-**iésemos**)	viv**iéramos** (-**iésemos**)
am**arais**(-**aseis**)	com**ierais**(-**ieseis**)	viv**ierais**(-**ieseis**)
am**aran**(-**asen**)	com**ieran**(-**iesen**)	viv**ieran**(-**iesen**)

Imperative Mood (*Command Forms*)

(love)	(eat)	(live)
am**a** (tú)	com**e** (tú)	viv**e** (tú)
am**e** (Ud.)	com**a** (Ud.)	viv**a** (Ud.)
am**emos** (nosotros)	com**amos** (nosotros)	viv**amos** (nosotros)
am**ad** (vosotros)	com**ed** (vosotros)	viv**id** (vosotros)
am**en** (Uds.)	com**an** (Uds.)	viv**an** (Uds.)

COMPOUND TENSES

PERFECT INFINITIVE

haber amado	**haber comido**	**haber vivido**

PERFECT PARTICIPLE

habiendo amado	**habiendo comido**	**habiendo vivido**

Indicative Mood

PRESENT PERFECT

(I have loved)	(I have eaten)	(I have lived)
he amado	he comido	he vivido
has amado	has comido	has vivido
ha amado	ha comido	ha vivido
hemos amado	hemos comido	hemos vivido
habéis amado	habéis comido	habéis vivido
han amado	han comido	han vivido

APPENDIX B: VERBS

PLUPERFECT

(*I had loved*)	(*I had eaten*)	(*I had lived*)
había amado	había comido	había vivido
habías amado	habías comido	habías vivido
había amado	había comido	había vivido
habíamos amado	habíamos comido	habíamos vivido
habíais amado	habíais comido	habíais vivido
habían amado	habían comido	habían vivido

FUTURE PERFECT

(*I will have loved*)	(*I will have eaten*)	(*I will have lived*)
habré amado	habré comido	habré vivido
habrás amado	habrás comido	habrás vivido
habrá amado	habrá comido	habrá vivido
habremos amado	habremos comido	habremos vivido
habréis amado	habréis comido	habréis vivido
habrán amado	habrán comido	habrán vivido

CONDITIONAL PERFECT

(*I would have loved*)	(*I would have eaten*)	(*I would have lived*)
habría amado	habría comido	habría vivido
habrías amado	habrías comido	habrías vivido
habría amado	habría comido	habría vivido
habríamos amado	habríamos comido	habríamos vivido
habríais amado	habríais comido	habríais vivido
habrían amado	habrían comido	habrían vivido

Subjunctive Mood

PRESENT PERFECT

([*that*] *I* [*may*] have loved)	([*that*] *I* [*may*] have eaten)	([*that*] *I* [*may*] have lived)
haya amado	haya comido	haya vivido
hayas amado	hayas comido	hayas vivido
haya amado	haya comido	haya vivido
hayamos amado	hayamos comido	hayamos vivido
hayáis amado	hayáis comido	hayáis vivido
hayan amado	hayan comido	hayan vivido

	PLUPERFECT (two forms: **-ra, -se**)	
([*that*] *I* [*might*] *have loved*)	([*that*] *I* [*might*] *have eaten*)	([*that*] *I* [*might*] *have lived*)
hubiera(-iese) amado	hubiera(-iese) comido	hubiera(-iese) vivido
hubieras(-ieses) amado	hubieras(-ieses) comido	hubieras(-ieses) vivido
hubiera(-iese) amado	hubiera(-iese) comido	hubiera(-iese) vivido
hubiéramos(-iésemos) amado	hubiéramos(-iésemos) comido	hubiéramos(-iésemos) vivido
hubierais(-ieseis) amado	hubierais(-ieseis) comido	hubierais(-ieseis) vivido
hubieran(-iesen) amado	hubieran(-iesen) comido	hubieran(-iesen) vivido

Stem-Changing Verbs

The **-ar** *and* **-er** *stem-changing verbs*

Stem-changing verbs are those that have a change in the root of the verb. Verbs that end in **-ar** and **-er** change the stressed vowel **e** to **ie** and the stressed **o** to **ue.** These changes occur in all persons, except the first and second persons plural of the present indicative, present subjunctive, and command.

INFINITIVE	PRESENT INDICATIVE	IMPERATIVE		PRESENT SUBJUNCTIVE
cerrar (*to close*)	c**ie**rro	—		c**ie**rre
	c**ie**rras	c**ie**rra		c**ie**rres
	c**ie**rra	(Ud.) c**ie**rre		c**ie**rre
	cerramos	cerremos		cerremos
	cerráis	cerrad		cerréis
	c**ie**rran	(Uds.) c**ie**rren		c**ie**rren

APPENDIX B: VERBS

INFINITIVE	PRESENT INDICATIVE	IMPERATIVE	PRESENT SUBJUNCTIVE
pe**rder** (*to lose*)	p**ie**rdo p**ie**rdes p**ie**rde perdemos perdéis p**ie**rden	— p**ie**rde (Ud.) p**ie**rda perdamos perded (Uds.) p**ie**rdan	p**ie**rda p**ie**rdas p**ie**rda perdamos perdáis p**ie**rdan
co**ntar** (*to count, to tell*)	c**ue**nto c**ue**ntas c**ue**nta contamos contáis c**ue**ntan	— c**ue**nta (Ud.) c**ue**nte contemos contad (Uds.) c**ue**nten	c**ue**nte c**ue**ntes c**ue**nte contemos contéis c**ue**nten
vo**lver** (*to return*)	v**ue**lvo v**ue**lves v**ue**lve volvemos volvéis v**ue**lven	— v**ue**lve (Ud.) v**ue**lva volvamos volved (Uds.) v**ue**lvan	v**ue**lva v**ue**lvas v**ue**lva volvamos volváis v**ue**lvan

Verbs that follow the same pattern include the following.

acertar   *to guess right*
acordarse   *to remember*
acostar(se)   *to go to bed*
almorzar   *to have lunch*
atravesar   *to go through*
cegar   *to blind*
cocer   *to cook*
colgar   *to hang*
comenzar   *to begin*
confesar   *to confess*
costar   *to cost*
demostrar   *to demonstrate, to show*
despertar(se)   *to wake up*
empezar   *to begin*
encender   *to light, to turn on*
encontrar   *to find*

entender   *to understand*
llover   *to rain*
mostrar   *to show*
mover   *to move*
negar   *to deny*
nevar   *to snow*
pensar   *to think, to plan*
probar   *to prove, to taste*
recordar   *to remember*
resolver   *to decide on*
rogar   *to beg*
sentar(se)   *to sit down*
soler   *to be in the habit of*
soñar   *to dream*
tender   *to stretch, to unfold*
torcer   *to twist*

The -ir *stem-changing verbs*

There are two types of stem-changing verbs that end in **-ir:** one type changes stressed **e** to **ie** in some tenses and to **i** in others and stressed **o** to **ue** or **u;** the second type always changes stressed **e** to **i** in the irregular forms of the verb.

Type I		**e:ie**	or	**i**
	-ir:			
		o:ue	or	**u**

These changes occur as follows.

Present Indicative: all persons except the first and second plural change **e** to **ie** and **o** to **ue.** *Preterit:* third person, singular and plural, changes **e** to **i** and **o** to **u.** *Present Subjunctive:* all persons change **e** to **ie** and **o** to **ue,** except the first and second persons plural, which change **e** to **i** and **o** to **u.** *Imperfect Subjunctive:* all persons change **e** to **i** and **o** to **u.** *Imperative:* all persons except the second person plural change **e** to **ie** and **o** to **ue;** first person plural changes **e** to **i** and **o** to **u.** *Present Participle:* changes **e** to **i** and **o** to **u.**

	Indicative		*Imperative*	*Subjunctive*	
INFINITIVE	PRESENT	PRETERIT		PRESENT	IMPERFECT
sentir	siento	sentí	—	sienta	sintiera(-iese)
(*to feel*)	sientes	sentiste	siente	sientas	sintieras
	siente	sintió	(Ud.) sienta	sienta	sintiera
PRESENT	sentimos	sentimos	sintamos	sintamos	sintiéramos
PARTICIPLE	sentís	sentisteis	sentid	sintáis	sintierais
sintiendo	sienten	sintieron	(Uds.) sientan	sientan	sintieran
dormir	duermo	dormí	—	duerma	durmiera(-iese)
(*to sleep*)	duermes	dormiste	duerme	duermas	durmieras
	duerme	durmió	(Ud.) duerma	duerma	durmiera
PRESENT	dormimos	dormimos	durmamos	durmamos	durmiéramos
PARTICIPLE	dormís	dormisteis	dormid	durmáis	durmierais
durmiendo	duermen	durmieron	(Uds.) duerman	duerman	durmieran

Other verbs that follow the same pattern include the following.

advertir	*to warn*	**herir**	*to wound, to hurt*
arrepentir(se)	*to repent*	**mentir**	*to lie*
consentir	*to consent, to pamper*	**morir**	*to die*
convertir(se)	*to turn into*	**preferir**	*to prefer*
discernir	*to discern*	**referir**	*to refer*
divertir(se)	*to amuse oneself*	**sugerir**	*to suggest*

Type II   -ir: e:i

The verbs in this second category are irregular in the same tenses as those of the first type. The only difference is that they only have one change: **e:i** in all irregular persons.

	Indicative		*Imperative*	*Subjunctive*	
INFINITIVE	PRESENT	PRETERIT		PRESENT	IMPERFECT
pedir	pido	pedí	—	pida	pidiera(-iese)
(*to ask for,*	pides	pediste	pide	pidas	pidieras
to request)	pide	pidió	(Ud.) pida	pida	pidiera
PRESENT	pedimos	pedimos	pidamos	pidamos	pidiéramos
PARTICIPLE	pedís	pedisteis	pedid	pidáis	pidierais
pidiendo	piden	pidieron	(Uds.) pidan	pidan	pidieran

Verbs that follow this pattern include the following.

competir	*to compete*	**reír(se)**	*to laugh*
concebir	*to conceive*	**reñir**	*to fight*
despedir(se)	*to say good-bye*	**repetir**	*to repeat*
elegir	*to choose*	**seguir**	*to follow*
impedir	*to prevent*	**servir**	*to serve*
perseguir	*to pursue*	**vestir(se)**	*to dress*

Orthographic-Changing Verbs

Some verbs undergo a change in the spelling of the stem in certain tenses in order to maintain the original sound of the final consonant. The most common verbs of this type are those with the consonants **g** and **c**. Remember that **g** and **c** have a soft sound in front of **e** or **i** and a hard sound in front of **a, o,** or **u**. In order to maintain the soft sound in front of **a, o,** and **u, g** and **c** change to **j** and **z**, respectively. And in order to maintain the hard sound of **g** and **c** in front of **e** and **i, u** is added to the **g** (**gu**) and **c** changes to **qu.**

The following important verbs undergo spelling changes in the tenses listed below.

1. Verbs ending in **-gar** change **g** to **gu** before **e** in the first person of the preterit and in all persons of the present subjunctive.

    pagar (*to pay*)
    Preterit: pagué, pagaste, pagó, etc.
    Pres. Subj.: pague, pagues, pague, paguemos, paguéis, paguen

    Verbs that follow the same pattern: **colgar, jugar, llegar, navegar, negar, regar, rogar.**

2. Verbs ending in **-ger** and **-gir** change **g** to **j** before **o** and **a** in the first person of the present indicative and in all persons of the present subjunctive.

    proteger (*to protect*)
    Pres. Ind.:   protejo, proteges, protege, etc.
    Pres. Subj.: proteja, protejas, proteja, protejamos, protejáis, protejan

    Verbs that follow the same pattern: **coger, corregir, dirigir, elegir, escoger, exigir, recoger.**

3. Verbs ending in **-guar** change **gu** to **gü** before **e** in the first person of the preterit and in all persons of the present subjunctive.

    averiguar (*to find out*)
    Preterit: averigüé, averiguaste, averiguó, etc.
    Pres. Subj.: averigüe, averigües, averigüe, averigüemos, averigüéis, averigüen

    The verb **apaciguar** follows the same pattern.

4. Verbs ending in **-guir** change **gu** to **g** before **o** and **a** in the first person of the present indicative and in all persons of the present subjunctive.

    conseguir (*to get*)
    Pres. Ind.:   consigo, consigues, consigue, etc.
    Pres. Subj.: consiga, consigas, consiga, consigamos, consigáis, consigan

    Verbs that follow the same pattern: **distinguir, perseguir, proseguir, seguir.**

5. Verbs ending in -car change **c** to **qu** before **e** in the first person of the preterit and in all persons of the present subjunctive.

   tocar (*to touch, to play* [*a musical instrument*])
   Preterit: to**qu**é, tocaste, tocó, etc.
   Pres. Subj.: to**qu**e, to**qu**es, to**qu**e, to**qu**emos, to**qu**éis, to**qu**en

   Verbs that follow the same pattern: **atacar, buscar, comunicar, explicar, indicar, pescar, sacar.**

6. Verbs ending in -cer and -cir preceded by a consonant change **c** to **z** before **o** and **a** in the first person of the present indicative and in all persons of the present subjunctive.

   torcer (*to twist*)
   Pres. Ind.: tuer**z**o, tuerces, tuerce, etc.
   Pres. Subj.: tuer**z**a, tuer**z**as, tuer**z**a, tor**z**amos, tor**z**áis, tuer**z**an

   Verbs that follow the same pattern: **convencer, esparcir, vencer.**

7. Verbs ending in -cer and -cir preceded by a vowel change **c** to **zc** before **o** and **a** in the first person of the present indicative and in all persons of the present subjunctive.

   conocer (*to know, to be acquainted with*)
   Pres. Ind.: cono**zc**o, conoces, conoce, etc.
   Pres. Subj.: cono**zc**a, cono**zc**as, cono**zc**a, cono**zc**amos, cono**zc**áis, cono**zc**an

   Verbs that follow the same pattern: **agradecer, aparecer, carecer, entristecer, establecer, lucir, nacer, obedecer, ofrecer, padecer, parecer, pertenecer, reconocer, relucir.**

8. Verbs ending in -zar change **z** to **c** before **e** in the first person of the preterit and in all persons of the present subjunctive.

   rezar (*to pray*)
   Preterit: re**c**é, rezaste, rezó, etc.
   Pres. Subj.: re**c**e, re**c**es, re**c**e, re**c**emos, re**c**éis, re**c**en

   Verbs that follow the same pattern: **abrazar, alcanzar, almorzar, comenzar, cruzar, empezar, forzar, gozar.**

9. Verbs ending in -eer change the unstressed **i** to **y** between vowels in the third person singular and plural of the preterit, in all persons of the imperfect subjunctive, and in the present participle.

   creer (*to believe*)
   Preterit: creí, creíste, cre**y**ó, creímos, creísteis, cre**y**eron
   Imp. Subj.: cre**y**era(ese), cre**y**eras, cre**y**era, cre**y**éramos, cre**y**erais, cre**y**eran
   Pres. Part.: cre**y**endo

   Leer and **poseer** follow the same pattern.

10. Verbs ending in **-uir** change the unstressed **i** to **y** between vowels (except **-quir,** which has the silent **u**) in the following tenses and persons.

huir (*to escape, to flee*)
Pres. Part.: huyendo
Past Part.: huido
Pres. Ind.: huyo, huyes, huye, huimos, huís, huyen
Preterit: huí, huiste, huyó, huimos, huisteis, huyeron
Imperative: huye, huya, huyamos, huid, huyan
Pres. Subj.: huya, huyas, huya, huyamos, huyáis, huyan
Imp. Subj.: huyera(ese), huyeras, huyera, huyéramos, huyerais, huyeran

Verbs that follow the same pattern: **atribuir, concluir, constituir, construir, contribuir, destituir, destruir, disminuir, distribuir, excluir, incluir, influir, instruir, restituir, sustituir.**

11. Verbs ending in **-eír** lose one **e** in the third person singular and plural of the preterit, in all persons of the imperfect subjunctive, and in the present participle.

reír(**se**) (*to laugh*)
Preterit: reí, reíste, rió, reímos, reísteis, rieron
Imp. Subj.: riera(ese), rieras, riera, riéramos, rierais, rieran
Pres. Part.: riendo

Freír and **sonreír** follow the same pattern.

12. Verbs ending in **-iar** add a written accent to the **i,** except in the first and second persons plural of the present indicative and subjunctive.

fiar(**se**) (*to trust*)
Pres. Ind.: fío, fías, fía, fiamos, fiáis, fían
Pres. Subj.: fíe, fíes, fíe, fiemos, fiéis, fíen

Verbs that follow the same pattern: **ampliar, criar, desviar, enfriar, enviar, esquiar, guiar, telegrafiar, vaciar, variar.**

13. Verbs ending in **-uar** (except **-guar**) add a written accent to the **u,** except in the first and second persons plural of the present indicative and subjunctive.

actuar (*to act*)
Pres. Ind.: actúo, actúas, actúa, actuamos, actuáis, actúan
Pres. Subj.: actúe, actúes, actúe, actuemos, actuéis, actúen

Verbs that follow the same pattern: **acentuar, continuar, efectuar, exceptuar, graduar, habituar, insinuar, situar.**

14. Verbs ending in **-ñir** remove the **i** of the diphthongs **ie** and **ió** in the third person singular and plural of the preterit and in all persons of the imperfect subjunctive. They also change the **e** of the stem to **i** in the same persons.

teñir (*to dye*)
Preterit: teñí, teñiste, **tiñó**, teñimos, teñisteis, **tiñeron**
Imp. Subj.: tiñera(ese), tiñeras, tiñera, tiñéramos, tiñerais, tiñeran

Verbs that follow the same pattern: **ceñir, constreñir, desteñir, estreñir, reñir.**

Some Common Irregular Verbs

Only those tenses with irregular forms are given below.

adquirir (*to acquire*)
    Pres. Ind.: adquiero, adquieres, adquiere, adquirimos, adquirís, adquieren
    Pres. Subj.: adquiera, adquieras, adquiera, adquiramos, adquiráis, adquieran
    Imperative: adquiere, adquiera, adquiramos, adquirid, adquieran

andar (*to walk*)
    Preterit: anduve, anduviste, anduvo, anduvimos, anduvisteis, anduvieron
    Imp. Subj.: anduviera (anduviese), anduvieras, anduviera, anduviéramos, anduvierais, anduvieran

avergonzarse (*to be ashamed, to be embarrassed*)
    Pres. Ind.: me avergüenzo, te avergüenzas, se avergüenza, nos avergonzamos, os avergonzáis, se avergüenzan
    Pres. Subj.: me avergüence, te avergüences, se avergüence, nos avergoncemos, os avergoncéis, se avergüencen
    Imperative: avergüénzate, avergüéncese, avergoncémonos, avergonzaos, avergüéncense

caber (*to fit, to have enough room*)
    Pres. Ind.: quepo, cabes, cabe, cabemos, cabéis, caben
    Preterit: cupe, cupiste, cupo, cupimos, cupisteis, cupieron
    Future: cabré, cabrás, cabrá, cabremos, cabréis, cabrán
    Conditional: cabría, cabrías, cabría, cabríamos, cabríais, cabrían
    Imperative: cabe, quepa, quepamos, cabed, quepan
    Pres. Subj.: quepa, quepas, quepa, quepamos, quepáis, quepan
    Imp. Subj.: cupiera (cupiese), cupieras, cupiera, cupiéramos, cupierais, cupieran

caer (*to fall*)
    Pres. Ind.: caigo, caes, cae, caemos, caéis, caen
    Preterit: caí, caíste, cayó, caímos, caísteis, cayeron
    Imperative: cae, caiga, caigamos, caed, caigan
    Pres. Subj.: caiga, caigas, caiga, caigamos, caigáis, caigan
    Imp. Subj.: cayera (cayese), cayeras, cayera, cayéramos, cayerais, cayeran
    Past Part.: caído

conducir (*to guide, to drive*)
- *Pres. Ind.:* conduzco, conduces, conduce, conducimos, conducís, conducen
- *Preterit:* conduje, condujiste, condujo, condujimos, condujisteis, condujeron
- *Imperative:* conduce, conduzca, conduzcamos, conducid, conduzcan
- *Pres. Subj.:* conduzca, conduzcas, conduzca, conduzcamos, conduzcáis, conduzcan
- *Imp. Subj.:* condujera (condujese), condujeras, condujera, condujéramos, condujerais, condujeran

(All verbs ending in **-ducir** follow this pattern.)

convenir (*to agree*) See **venir.**

dar (*to give*)
- *Pres. Ind.:* doy, das, da, damos, dais, dan
- *Preterit:* di, diste, dio, dimos, disteis, dieron
- *Imperative:* da, dé, demos, dad, den
- *Pres. Subj.:* dé, des, dé, demos, deis, den
- *Imp. Subj.:* diera (diese), dieras, diera, diéramos, dierais, dieran

decir (*to say, to tell*)
- *Pres. Ind.:* digo, dices, dice, decimos, decís, dicen
- *Preterit:* dije, dijiste, dijo, dijimos, dijisteis, dijeron
- *Future:* diré, dirás, dirá, diremos, diréis, dirán
- *Conditional:* diría, dirías, diría, diríamos, diríais, dirían
- *Imperative:* di, diga, digamos, decid, digan
- *Pres. Subj.:* diga, digas, diga, digamos, digáis, digan
- *Imp. Subj.:* dijera (dijese), dijeras, dijera, dijéramos, dijerais, dijeran
- *Pres. Part.:* diciendo
- *Past Part.:* dicho

detener (*to stop, to hold, to arrest*) See **tener.**

entretener (*to entertain, to amuse*) See **tener.**

errar (*to err, to miss*)
- *Pres. Ind.:* yerro, yerras, yerra, erramos, erráis, yerran
- *Imperative:* yerra, yerre, erremos, errad, yerren
- *Pres. Subj.:* yerre, yerres, yerre, erremos, erréis, yerren

estar (*to be*)
- *Pres. Ind.:* estoy, estás, está, estamos, estáis, están
- *Preterit:* estuve, estuviste, estuvo, estuvimos, estuvisteis, estuvieron
- *Imperative:* está, esté, estemos, estad, estén
- *Pres. Subj.:* esté, estés, esté, estemos, estéis, estén
- *Imp. Subj.:* estuviera (estuviese), estuvieras, estuviera, estuviéramos, estuvierais, estuvieran

haber (*to have*)
- *Pres. Ind.:* he, has, ha, hemos, habéis, han
- *Preterit:* hube, hubiste, hubo, hubimos, hubisteis, hubieron
- *Future:* habré, habrás, habrá, habremos, habréis, habrán
- *Conditional:* habría, habrías, habría, habríamos, habríais, habrían

APPENDIX B: VERBS

Imperative: he, haya, hayamos, habed, hayan
Pres. Subj.: haya, hayas, haya, hayamos, hayáis, hayan
Imp. Subj.: hubiera (hubiese), hubieras, hubiera, hubiéramos, hubierais, hubieran

hacer (*to do, to make*)
Pres. Ind.: hago, haces, hace, hacemos, hacéis, hacen
Preterit: hice, hiciste, hizo, hicimos, hicisteis, hicieron
Future: haré, harás, hará, haremos, haréis, harán
Conditional: haría, harías, haría, haríamos, haríais, harían
Imperative: haz, haga, hagamos, haced, hagan
Pres. Subj.: haga, hagas, haga, hagamos, hagáis, hagan
Imp. Subj.: hiciera (hiciese), hicieras, hiciera, hiciéramos, hicierais, hicieran
Past Part.: hecho

imponer (*to impose, to deposit*) See **poner.**

introducir (*to introduce, to insert, to gain access*) See **conducir.**

ir (*to go*)
Pres. Ind.: voy, vas, va, vamos, vais, van
Imp. Ind.: iba, ibas, iba, íbamos, ibais, iban
Preterit: fui, fuiste, fue, fuimos, fuisteis, fueron
Imperative: ve, vaya, vayamos, id, vayan
Pres. Subj.: vaya, vayas, vaya, vayamos, vayáis, vayan
Imp. Subj.: fuera (fuese), fueras, fuera, fuéramos, fuerais, fueran

jugar (*to play*)
Pres. Ind.: juego, juegas, juega, jugamos, jugáis, juegan
Imperative: juega, juegue, juguemos, jugad, jueguen
Pres. Subj.: juegue, juegues, juegue, juguemos, juguéis, jueguen

obtener (*to obtain*) See **tener.**

oír (*to hear*)
Pres. Ind.: oigo, oyes, oye, oímos, oís, oyen
Preterit: oí, oíste, oyó, oímos, oísteis, oyeron
Imperative: oye, oiga, oigamos, oíd, oigan
Pres. Subj.: oiga, oigas, oiga, oigamos, oigáis, oigan
Imp. Subj.: oyera (oyese), oyeras, oyera, oyéramos, oyerais, oyeran
Pres. Part.: oyendo
Past Part.: oído

oler (*to smell*)
Pres. Ind.: huelo, hueles, huele, olemos, oléis, huelen
Imperative: huele, huela, olamos, oled, huelan
Pres. Subj.: huela, huelas, huela, olamos, oláis, huelan

poder (*to be able*)
Pres. Ind.: puedo, puedes, puede, podemos, podéis, pueden

Preterit:	pude, pudiste, pudo, pudimos, pudisteis, pudieron
Future:	podré, podrás, podrá, podremos, podréis, podrán
Conditional:	podría, podrías, podría, podríamos, podríais, podrían
Imperative:	puede, pueda, podamos, poded, puedan
Pres. Subj.:	pueda, puedas, pueda, podamos, podáis, puedan
Imp. Subj.:	pudiera (pudiese), pudieras, pudiera, pudiéramos, pudierais, pudieran
Pres. Part.:	pudiendo

poner (*to place, to put*)
Pres. Ind.:	pongo, pones, pone, ponemos, ponéis, ponen
Preterit:	puse, pusiste, puso, pusimos, pusisteis, pusieron
Future:	pondré, pondrás, pondrá, pondremos, pondréis, pondrán
Conditional:	pondría, pondrías, pondría, pondríamos, pondríais, pondrían
Imperative:	pon, ponga, pongamos, poned, pongan
Pres. Subj.:	ponga, pongas, ponga, pongamos, pongáis, pongan
Imp. Subj.:	pusiera (pusiese), pusieras, pusiera, pusiéramos, pusierais, pusieran
Past Part.:	puesto

querer (*to want, to wish, to like*)
Pres. Ind.:	quiero, quieres, quiere, queremos, queréis, quieren
Preterit:	quise, quisiste, quiso, quisimos, quisisteis, quisieron
Future:	querré, querrás, querrá, querremos, querréis, querrán
Conditional:	querría, querrías, querría, querríamos, querríais, querrían
Imperative:	quiere, quiera, queramos, quered, quieran
Pres. Subj.:	quiera, quieras, quiera, queramos, queráis, quieran
Imp. Subj.:	quisiera (quisiese), quisieras, quisiera, quisiéramos, quisierais, quisieran

resolver (*to decide on*)
Past Part.:	resuelto

saber (*to know*)
Pres. Ind.:	sé, sabes, sabe, sabemos, sabéis, saben
Preterit:	supe, supiste, supo, supimos, supisteis, supieron
Future:	sabré, sabrás, sabrá, sabremos, sabréis, sabrán
Conditional:	sabría, sabrías, sabría, sabríamos, sabríais, sabrían
Imperative:	sabe, sepa, sepamos, sabed, sepan
Pres. Subj.:	sepa, sepas, sepa, sepamos, sepáis, sepan
Imp. Subj.:	supiera (supiese), supieras, supiera, supiéramos, supierais, supieran

salir (*to leave, to go out*)
Pres. Ind.:	salgo, sales, sale, salimos, salís, salen
Future:	saldré, saldrás, saldrá, saldremos, saldréis, saldrán
Conditional:	saldría, saldrías, saldría, saldríamos, saldríais, saldrían
Imperative:	sal, salga, salgamos, salid, salgan
Pres. Subj.:	salga, salgas, salga, salgamos, salgáis, salgan

ser (*to be*)
- *Pres. Ind.:* soy, eres, es, somos, sois, son
- *Imp. Ind.:* era, eras, era, éramos, erais, eran
- *Preterit:* fui, fuiste, fue, fuimos, fuisteis, fueron
- *Imperative:* sé, sea, seamos, sed, sean
- *Pres. Subj.:* sea, seas, sea, seamos, seáis, sean
- *Imp. Subj.:* fuera (fuese), fueras, fuera, fuéramos, fuerais, fueran

suponer (*to assume*) See **poner.**

tener (*to have*)
- *Pres. Ind.:* tengo, tienes, tiene, tenemos, tenéis, tienen
- *Preterit:* tuve, tuviste, tuvo, tuvimos, tuvisteis, tuvieron
- *Future:* tendré, tendrás, tendrá, tendremos, tendréis, tendrán
- *Conditional:* tendría, tendrías, tendría, tendríamos, tendríais, tendrían
- *Imperative:* ten, tenga, tengamos, tened, tengan
- *Pres. Subj.:* tenga, tengas, tenga, tengamos, tengáis, tengan
- *Imp. Subj.:* tuviera (tuviese), tuvieras, tuviera, tuviéramos, tuvierais, tuvieran

traducir (*to translate*) See **conducir.**

traer (*to bring*)
- *Pres. Ind.:* traigo, traes, trae, traemos, traéis, traen
- *Preterit:* traje, trajiste, trajo, trajimos, trajisteis, trajeron
- *Imperative:* trae, traiga, traigamos, traed, traigan
- *Pres. Subj.:* traiga, traigas, traiga, traigamos, traigáis, traigan
- *Imp. Subj.:* trajera (trajese), trajeras, trajera, trajéramos, trajerais, trajeran
- *Pres. Part.:* trayendo
- *Past Part.:* traído

valer (*to be worth*)
- *Pres. Ind.:* valgo, vales, vale, valemos, valéis, valen
- *Future:* valdré, valdrás, valdrá, valdremos, valdréis, valdrán
- *Conditional:* valdría, valdrías, valdría, valdríamos, valdríais, valdrían
- *Imperative:* vale, valga, valgamos, valed, valgan
- *Pres. Subj.:* valga, valgas, valga, valgamos, valgáis, valgan

venir (*to come*)
- *Pres. Ind.:* vengo, vienes, viene, venimos, venís, vienen
- *Preterit:* vine, viniste, vino, vinimos, vinisteis, vinieron
- *Future:* vendré, vendrás, vendrá, vendremos, vendréis, vendrán
- *Conditional:* vendría, vendrías, vendría, vendríamos, vendríais, vendrían
- *Imperative:* ven, venga, vengamos, venid, vengan
- *Pres. Subj.:* venga, vengas, venga, vengamos, vengáis, vengan
- *Imp. Subj.:* viniera (viniese), vinieras, viniera, viniéramos, vinierais, vinieran
- *Pres. Part.:* viniendo

ver (*to see*)
- *Pres. Ind.:* veo, ves, ve, vemos, veis, ven
- *Imp. Ind.:* veía, veías, veía, veíamos, veíais, veían
- *Preterit:* vi, viste, vio, vimos, visteis, vieron
- *Imperative:* ve, vea, veamos, ved, vean
- *Pres. Subj.:* vea, veas, vea, veamos, veáis, vean
- *Imp. Subj.:* viera (viese), vieras, viera, viéramos, vierais, vieran
- *Past. Part.:* visto

volver (*to return*)
- *Past Part.:* vuelto

Appendix C

Useful Classroom Expressions

You will hear your teacher use the following directions and general terms in class. Take time to familiarize yourself with them.

- When the teacher is speaking to the whole class:

Abran sus libros, por favor.	*Open your books, please.*
Cierren sus libros, por favor.	*Close your books, please.*
Escriban, por favor.	*Write, please.*
Escuchen, por favor.	*Listen, please.*
Estudien la lección...	*Study lesson . . .*
Hagan el ejercicio número...	*Do exercise number . . .*
Levanten la mano.	*Raise your hands.*
Repasen el vocabulario.	*Review the vocabulary.*
Repitan, por favor.	*Repeat, please.*
Siéntense, por favor.	*Sit down, please.*
Vayan a la página...	*Go to page . . .*

- When the teacher is speaking to one student:

Continúe, por favor.	*Go on, please.*
Lea, por favor.	*Read, please.*
Vaya a la pizarra, por favor.	*Go to the chalkboard, please.*

- Some other words used in the classroom.

diccionario	*dictionary*	**palabra**	*word*
dictado	*dictation*	**presente**	*present, here*
examen	*exam*	**prueba**	*quiz*
horario de clases	*class schedule*	**tarea**	*homework*

Appendix D

Weights and Measures

Length

la pulgada = *inch*
el pie = *foot*
la yarda = *yard*
la milla = *mile*

1 centímetro (cm) = .3937 pulgadas
 (*less than 1/2 inch*)
1 metro (m) = 39.37 pulgadas
 (*1 yard, 3 inches*)
1 kilómetro (km) (1,000 metros) = .6214 millas
 (*5/8 mile*)

Weight

la onza = *ounce*
la libra = *pound*
la tonelada = *ton*

1 gramo (g) = .03527 onzas
100 gramos = 3.527 onzas
 (*less than 1/4 pound*)
1 kilogramo (kg) (1,000 gramos) = 2.2 libras

Liquid Measure

la pinta = *pint*
el cuarto (de galón) = *quart*
el galón = *gallon*

1 litro (l) = 1.0567 cuartos (de galón)
 (*slightly more than a quart*)

Surface

el acre = *acre*
1 hectárea = 2.471 acres

Temperature

°C = Celsius (*Celsius*) or centigrade
 (*centígrado*); °F = Fahrenheit (*Fahrenheit*)
0° C = 32° F (*freezing point of water*)
37° C = 98.6° F (*normal body temperature*)
100° C = 212° F (*boiling point of water*)

Conversión de grados Fahrenheit a grados
 centígrados °C = 5/9 (°F −32)
Conversión de grados centígrados a grados
 Fahrenheit °F = 9/5 (°C) + 32

Spanish-English Vocabulary

The end vocabularies contain all vocabulary items introduced in the *Vocabulario* and *Vocabulario adicional* lists, identified by the lesson in which they first appear. Words and expressions that are given an English gloss or a footnote in the text and certain non-cognate expressions that appear in authentic documents are also included.

The following abbreviations are used:

adj.	adjective	*Méx.*	Mexico
f.	feminine noun	*pl.*	plural
fam.	familiar	*pron.*	pronoun
form.	formal	*sing.*	singular
m.	masculine noun		

A

a at, to, on
  ¿— **cómo está el cambio de moneda?** What's the exchange rate?, 7
  — **... cuadras de ...** blocks from, 6
  — **eso de** at about, 6
  — **la derecha** to the right, 12
  — **la izquierda** to the left, 12
  — **las** (+ *time*) at (+ time), 5
  — **menudo** often
  — **mitad de precio** at half price, 13
  — **plazos** on installments, 15
  ¿— **qué hora?** At what time?, 4
  — **tiempo** on time, 16
  — **veces** sometimes, 1
  — **ver** let's see, 11
abierto(a) open
abordar el avión to board the plane, 7
abrelatas (*m. sing.*) can opener, 10
abrigo (*m.*) overcoat, 12
abrir to open, 2
abrocharse el cinturón de seguridad to fasten one's seat belt, 16
abuela (*f.*) grandmother, 3
abuelo (*m.*) grandfather, 3
aburrido(a) boring, 3
acabar de (+ *inf.*) to have just (done something), 4
acampar to camp, 8
accidente (*m.*) accident, 17
aceite (*m.*) oil, 10
aceptar to accept, 1
acero (*m.*) steel
acetona (*f.*) nail polish remover, 9
acondicionador (*m.*) conditioner, 9
aconsejar to advise, 16
acostarse (o:ue) to go to bed, 9
actividad al aire libre outdoor activity, 8
acumulador (*m.*) battery, 14
además (de) besides, 5
adiós good-bye, PI
adivinanza (*f.*) riddle
administración de empresas (*f.*) business administration, 18
adónde where (to), 5

aduana (*f.*) customs, 7
aerolínea (*f.*) airline, 7
aeropuerto (*m.*) airport, 7
afeitar(se) to shave (oneself), 9
afinamiento (*m.*) tuning
agencia (*f.*) agency
  — **de alquiler de automóviles** (*f.*) car rental agency, 15
  — **de viajes** (*f.*) travel agency, 7
agente (*m., f.*) agent, 7
agua (*f.*) water, 1
  — **mineral** (*f.*) mineral water, 1
ahora now, 3
  — **mismo** right now
ahorrar to save, 15
aire acondicionado (*m.*) air conditioning, 4
al (*contraction*) to the
  — **contado** in full (not on installments), cash, 15
  — **fin** at last, finally, 12
  — **final** in the end
alberca (*f.*) swimming pool (*Méx.*), 4
albóndiga (*f.*) meatball
alemán(-ana) German
alérgico(a) allergic, 19
alfombra (*f.*) carpet, rug, 10
algo anything, something, 10
  ¿— **más?** anything else?, 20
alguien someone, somebody, 18
alguna vez ever, 17
algún, alguno(a) any, some, 6
algún mensaje any message, PII
algunos(as) some, 11
allí there, 3
almohada (*f.*) pillow, 5
almorzar (o:ue) to have lunch, 6
almuerzo (*m.*) lunch, 5
alpinismo (*m.*) mountain climbing, 8
alquilar to rent, 8
alto stop, 15
alto(a) tall, 3; high, 19
amable nice, kind, courteous, 12
amar to love
ambulancia (*f.*) ambulance, 17
americano(a) American, 3

amigo(a) (*m., f.*) friend, 3
amor (*m.*) love, 2
análisis (*m.*) analysis, medical test, 17
  — **de sangre** (*m.*) blood test, 17
ancho(a) wide, 12
andar a caballo to ride horseback, 8
andén (*m.*) platform (railway), 16
anillo (*m.*) ring, 13
aniversario de bodas (*m.*) wedding anniversary, 2
anoche last night, 11
anotar to write something down, 2
anteayer the day before yesterday, 19
anteojos (*m. pl.*) eyeglasses, 17
  — **de sol** (*m. pl.*) sunglasses, 13
antes sooner, before, 12
  — **de que** before, 19
antibiótico (*m.*) antibiotic, 19
anual yearly, 15
año (*m.*) year, 4
aparcar to park
apartado postal (*m.*) post office box, 20
apendicitis (*m.*) appendicitis, 19
aprender to learn, 11
aprobar (o:ue) to pass an exam, 18
apurado(a) to be in a hurry, 20
aquí here, PII
  — **mismo** right here, 18
  — **tiene...** here's ..., 4
aretes (*m. pl.*) earrings, 13
argentino(a) Argentinian, 18
armario (*m.*) cupboard, 11
aros (*m. pl.*) earrings, 13
arrancar to start (a motor), 14
arreglar to fix, 11; to arrange, 13
arroz (*m.*) rice
  — **con leche** (*m.*) rice pudding
  — **con pollo** (*m.*) chicken and rice
arte (*m.*) art, 18
artesanía (*f.*) arts and crafts, 12
artículo (*m.*) article, item, 12
  — **de tocador** toiletries
  — **s para caballeros** men's clothing, 12
  — **s para señoras** women's clothing, 12

arvejas (*f. pl.*)   peas, 5
asado(a)   roasted, 2
asar   to roast, 11
ascensor (*m.*)   elevator, 13
asegurado(a)   insured, 15
aseguranza (*f.*)   insurance (*Méx.*), 15
así que   so
asiento (*m.*)   seat, 7
   — de pasillo (*m.*)   aisle seat, 7
   — de ventanilla (*f.*)   window seat, 7
   — para niños (*m.*)   child seat, 15
asignatura (*f.*)   (academic) subject, 18
asistir   to attend, 3
asma (*f.*)   asthma, 19
aspiradora (*f.*)   vacuum cleaner, 10
aspirina (*f.*)   aspirin, 6
ataque al corazón (*m.*)   heart attack, 19
atender (e:ie)   to wait on, 9
aterrizar   to land (plane), 16
atún (*m.*)   tuna, 5
autobús (*m.*)   bus, 6
automático(a)   automatic, 15
automóvil (*m.*)   car, automobile, 14
autopista (*f.*)   freeway, 14
auxiliar de vuelo (*m., f.*)   flight attendant, 7
avenida (*f.*)   avenue, 9
averiguar   to find out, 7
avión (*m.*)   plane, 7
ayer   yesterday, 19
ayudar   to help, 10
azúcar (*m.*)   sugar, 1
azul   blue, 12
azulejo (*m.*)   tile

B

bacalao (*m.*)   cod
¿Bailamos?   Shall we dance?, 3
bailar   to dance, 3
baile (*m.*)   dance, 11
bajarse   to get off, to disembark, 16
bajo(a)   short (height), 3
balanza (*f.*)   scale, 19
baloncesto (*m.*)   basketball, 8
banana (*f.*)   banana, plantain, 1
bañadera (*f.*)   bathtub, 4
bañador (*m.*)   bathing suit (*Spain*), 12
bañar(se)   to bathe (oneself), 9
bañera (*f.*)   bathtub, 4
baño (*m.*)   bathroom, 4
barato(a)   inexpensive, 4
barba (*f.*)   beard, 9
barbería (*f.*)   barbershop, 9
barbero (*m.*)   barber, 9
barquito de vela (*m.*)   little sailboat
barrer   to sweep, 11
basquetbol (*m.*)   basketball, 8
basura (*f.*)   garbage, 11
bata (*f.*)   bathrobe, 13; hospital gown, 17
   — de dormir (*f.*)   nightgown, 13
batería (*f.*)   battery, 14
baúl (*m.*)   trunk (of a car) (*Puerto Rico*), 14
beber   to drink, 2
bebida (*f.*)   drink
beca (*f.*)   scholarship, 18

béisbol (*m.*)   baseball
bello(a)   beautiful
bendito(a)   blessed, darn, 5
biblioteca (*f.*)   library, 18
bien   well, fine, PI
   — cocido   well done
bigote (*m.*)   mustache, 9
billete (*m.*)   ticket, 7; bill (currency), 15
billetera (*f.*)   wallet, 9
biología (*f.*)   biology, 18
bistec (*m.*)   steak, 1
blanco(a)   white, 1
blusa (*f.*)   blouse, 12
boca (*f.*)   mouth, 17
bocadillo (*m.*)   sandwich, 5 (*Spain*)
boleto (*m.*)   ticket, 16
bolsa (*f.*)   purse, 12
   — de aire (*f.*)   air bag, 14
   — de dormir (*f.*)   sleeping bag, 8
bolso (*m.*)   handbag, 6
   — de mano (*m.*)   carry-on bag, 7
bomba de agua (*f.*)   water pump, 14
bonete (*m.*)   hood (of a car) (*Puerto Rico*), 14
bonito(a)   pretty, 3
bordado(a)   embroidered
botas (*f. pl.*)   boots, 13
botella (*f.*)   bottle, 1
botiquín (*m.*)   medicine cabinet, 9
botones (*m.*)   bellhop, 4
boxeo (*m.*)   boxing, 8
brasileño(a)   Brazilian, 8
brazo (*m.*)   arm, 17
brillante   brilliant, 20
brindar   to toast, 2
brindis (*m.*)   toast, 2
bronceador (*m.*)   suntan lotion, 9
bucear   to dive, 8
budín (*m.*)   pudding, 2
¡Buen viaje!   Have a nice trip!, Bon voyage!, 7
buenas noches   good evening, PI
buenas tardes   good afternoon, PI
¿bueno?,   hello?, PII; well, 5; okay
bueno(a)   good, 4
buenos días   good morning, PI
bufanda (*f.*)   scarf, 12
buscar   to pick up, to look for, 6; to get, 6
butaca (*f.*)   armchair, 4
buzón (*m.*)   mailbox, 20

C

caballo (*m.*)   horse, 8
cabaña (*f.*)   cabin, 8
cabeza (*f.*)   head, 8
cacerola (*f.*)   saucepan, 11
cada   every, 19
cadena (*f.*)   chain, 13
caerse   to fall down, 17
café (*m.*)   coffee, 1
   — al aire libre (*m.*)   outdoor cafe, 9
   — con leche (*m.*)   coffee with milk
cafetera (*f.*)   coffee maker, 11
cafetería (*f.*)   cafeteria, PII
caja de seguridad (*f.*)   safe deposit box, 20

cajero(a) (*m., f.*)   cashier, teller, 20
   — automático (*m.*)   automatic teller machine
cajita (*f.*)   little box
cajuela (*f.*)   trunk (of a car) (*Méx.*), 14
calcetines (*m. pl.*)   socks, 13
calculadora (*f.*)   calculator, 18
calefacción (*f.*)   heating, 5
calidad (*f.*)   quality, 13
caliente   hot, 1
calor (*m.*)   heat
calzar   to wear a certain size of shoe, 13
calzoncillo (*m.*)   undershorts (men's), 13
cama (*f.*)   bed, 4
   — chica (*f.*)   single bed, 4
   — doble (*f.*)   double bed, 4
camarera (*f.*)   waitress, 1
camarero (*m.*)   waiter, 1
camarón (*m.*)   shrimp, 2
cambiar   to change, 6
   — un cheque   to cash a check, 15
cambio de moneda (*m.*)   rate of exchange, 7
caminar   to walk, 16
caminata (*f.*)   hike, 8
camino (*m.*)   road
camión (*m.*)   truck, 15
camioneta (*f.*)   pickup truck, van, 15
camisa (*f.*)   shirt, 12
camiseta (*f.*)   T-shirt, undershirt, 13
camisón (*m.*)   nightgown, 13
campana (*f.*)   bell
campeón (*m.*)   champion, 8
campeona (*f.*)   champion, 8
campo (*m.*)   country
cancelar una reservación   to cancel a reservation, 4
canción (*f.*)   song, 3
cangrejo (*m.*)   crab, 2
canoa (*f.*)   canoe, 8
cansado(a)   tired, 3
cantar   to sing, 3
caña de pescar (*f.*)   fishing pole
capital (*f.*)   capital, 5
capó (*m.*)   hood (of a car), 14
cápsula (*f.*)   capsule, 19
cara (*f.*)   face, 17
¡caramba!   gee!, 6
cargado(a) (de)   loaded (with), 13
carne (*f.*)   meat
carnicería (*f.*)   meat market, butcher's shop, 13
caro(a)   expensive, 4
carrera (*f.*)   career, 18
carrera de caballos (*f.*)   horse race
carretera (*f.*)   highway, 14
carro (*m.*)   car, automobile, 14
carta (*f.*)   letter, 20
cartera (*f.*)   purse, 12
cartón (*m.*)   cardboard, 11
casa (*f.*)   house, 2
casi   almost, 13
casilla de correos (*f.*)   post office box, 20
casillero (*m.*)   mailbox (i.e., in an office), 20
castillo (*m.*)   castle, 6
catedral (*f.*)   cathedral, 6
cazar   to hunt, 8

SPANISH-ENGLISH VOCABULARY

"c-e" (*m.*) e-mail, 15
cebolla (*f.*) onion, 10
ceda el paso yield, 15
celebrar to celebrate, 2
cena (*f.*) dinner, supper, 5
cenar to have dinner (supper), 2
centro (*m.*) downtown, 5
cepillar(se) to brush, 9
— **el pelo** to brush one's hair, 9
cepillo (*m.*) hairbrush, 9
— **de dientes** (*m.*) toothbrush, 9
cerca (de) near, close, 6
cereal (*m.*) cereal, 5
cerrado(a) closed, 14
cerrar (e:ie) to close, 5
certificado(a) registered, 20
cerveza (*f.*) beer, 3
chaleco (*m.*) vest, 12
champán (*m.*) champagne, 3
champaña (*f.*) champagne
champiñones (*m. pl.*) mushrooms, 10
champú (*m.*) shampoo, 9
chapa (*f.*) license plate, 14
chaqueta (*f.*) jacket, sports jacket, 12
chau bye, PI; good-bye, 18
cheque (*m.*) check, 1
— **de viajero** (*m.*) traveler's check, 1
— **personal** (*m.*) personal check, 5
chequear to check, 14
chica (*f.*) girl, young woman, 3
chico (*m.*) boy, young man, 3
chico(a) small, 4
china (*f.*) orange (*Puerto Rico*), 1
chino(a) Chinese
chocar to collide, 15
chocolate (*m.*) chocolate, 1
chorizo (*m.*) sausage, 5
chuleta de cerdo (*f.*) pork chop, 2
cielo (*m.*) sky, 10
cigarrillo (*m.*) cigarette, 7
cine (*m.*) movie theater, 3
cinto (*m.*) belt, 12
cinturón (*m.*) belt, 12
cirugía (*f.*) surgery, 19
cirujano(a) (*m., f.*) surgeon, 17
cita (*f.*) appointment, 9
ciudad (*f.*) city, 2
claro of course, 8
clase (*f.*) class, 18; kind
— **turista** tourist class, 7
cloro (*m.*) bleach, 10
club (*m.*) club, PII
— **automovilístico** (*m.*) automobile club, 14
— **náutico** (*m.*) marina club, yacht club, PII
— **nocturno** (*m.*) nightclub, 6
cobija (*f.*) blanket, 5
cobrar to charge, 4
— **por kilómetros** to charge mileage, 15
cocina (*f.*) stove, 10; kitchen, 4
cocinar to cook, 11
— **al horno** to bake, 10
— **al vapor** to steam (food), 11
coco (*m.*) coconut, 2

coche (*m.*) car, automobile, 14
— **cama** (*m.*) sleeping car, 16
— **comedor** (*m.*) dining car, 16
— **convertible** (*m.*) convertible (car), 15
— **de dos puertas** two-door car, 15
cola (*f.*) line, 16
colchón (*m.*) mattress, 6
colesterol (*m.*) cholesterol, 19
colgar (o:ue) to hang up, 10
collar (*m.*) necklace, 13
colonia (*f.*) cologne
combinar con to match, 13
comedia (*f.*) comedy, 9
comedor (*m.*) dining room, 4
comenzar (e:ie) to start, to begin, 5
comer to eat, 2
— **algo** to have something to eat
comida (*f.*) food, 2; meal, 5
como since, being that, 10
¿cómo? how?, 11
¿— **está Ud.?** How are you?, PI
¿— **estás?** How are you?, PI
¿— **se llega a...?** How do you get to...?, 16
cómoda (*f.*) chest of drawers
cómodo(a) comfortable, 6
compañero(a) de estudios (*m., f.*) study partner, 18
comprar to buy, 5
comprobante (*m.*) claim check, claim ticket, 7
computadora (*f.*) computer, 18
comunicarse to communicate, 15
con with, 7
— **permiso** Excuse me, PI
conducir to drive, 15
conferencia (*f.*) lecture, 3
confirmar una reservación to confirm a reservation, 4
conmigo with me, 7
conocer to meet, 13
conseguir (e:i) to get
consejero(a) (*m., f.*) counselor, adviser, 18
consejo (*m.*) (piece of) advice
consultorio (*m.*) doctor's office, 17
contabilidad (*f.*) accounting, 18
contagioso(a) contagious, 19
contaminación del aire (*f.*) smog
contento(a) happy
contigo with you (*fam.*), 6
contra against
conversaciones breves (*f. pl.*) brief conversations, PI
conversar to talk, to chat, 2
copa (*f.*) wine glass, 1
corazón (*m.*) heart, 17
corbata (*f.*) tie, 12
cordero (*m.*) lamb, 2
correa (*f.*) belt (*Puerto Rico*), 12
correo (*m.*) mail, 20; post office, 20
— **"e"** e-mail, 15
— **electrónico** e-mail; 15
correr to run, 4
cortar to cut, 9
— **el césped** to mow the lawn, 10
corte de pelo (*m.*) haircut, 9

cortesía (*f.*) politeness
cortina (*f.*) curtain, 10
corto(a) short, 9
cosa (*f.*) thing, 9
costar (o:ue) to cost, 7
creer to think, to believe, 12
crema (*f.*) cream, 1
— **para las manos** (*f.*) hand lotion, 9
cuadra (*f.*) city block, 6
¿cuál? which?, what?, 13
cuando when, 2
¿cuándo? when?, 7
cualquier(a) any
¿cuánto(a)? how much?, 4
¿cuánto tiempo? how long?, 5
¿cuántos(as)? how many, PII
cuarto (*m.*) room, 4
— **con vista a la calle** (*m.*) exterior room, 6
— **exterior** (*m.*) exterior room, 6
cubiertos (*m. pl.*) silverware, 11
cuchara (*f.*) spoon, 1
cucharada (*f.*) tablespoonful, 19
cucharadita (*f.*) teaspoonful, 19
cuchillo (*m.*) knife, 1
cuello (*m.*) neck, 17
cuenta (*f.*) check, bill, 1; account, 20
— **corriente** (*f.*) checking account, 20
— **de ahorros** (*f.*) savings account, 15
cuero (*m.*) leather, 13
cuerpo (*m.*) body
cuidado (*m.*) care
cultural cultural
cumpleaños (*m.*) birthday, 11
cumplir (años) to turn (years old), 11
cuñada (*f.*) sister-in-law, 3
cuñado (*m.*) brother-in-law, 3
curandero(a) (*m., f.*) healer
curar to cure
curita (*f.*) adhesive bandage, 17
curva peligrosa (*f.*) dangerous curve, 15

D

dar to give, 3
— **marcha atrás** to back up (a car), 15
— **puntos** to put in stitches, 17
de from, PII; of, 1
— **cambios mecánicos** standard shift, 15
¿— dónde? where from?, PII
— **estatura mediana** of medium height, 3
— **ida** one-way, 7
— **ida y vuelta** round-trip, 7
— **modo que** so, 20
— **nada** you're welcome, PI
— **niño(a)** as a child, 19
— **postre** for dessert, 1
— **vacaciones** on vacation, 5
— **veras** really, 11
¿De parte de quién? Who's speaking (calling)?, PII
debajo de under, 11
deber must, should, 4
débil weak, 19

decidir   to decide, 2
decir (e:i)   to say, to tell, 7
dedo (*m.*)   finger, 17
   — **del pie** (*m.*)   toe, 17
dejar   to leave (behind), 1
delgado(a)   thin, 3
dentista (*m., f.*)   dentist, 17
departamento (*m.*)   department, 12
   — **de artículos para caballeros**   men's department, 13
   — **de artículos para señoras**   women's department, 12
depender   to depend, 15
deporte (*m.*)   sport, 8
depositar   to deposit, 15
desayunar   to have breakfast, 11
desayuno (*m.*)   breakfast, 5
descapotable (*m.*)   convertible, 15
descuento (*m.*)   discount, 16
desde   since, 19
desear   to wish, to want, 1
desgraciadamente   unfortunately, 18
desinfectar   to disinfect, 17
desmayarse   to lose consciousness, to faint, 17
desocupar   to vacate, 4
desodorante (*m.*)   deodorant, 9
despacho de boletos (*m.*)   ticket window, 16
despedida (*f.*)   farewell
despegar   to take off (plane), 16
después (de)   later, afterwards, 2
desvío (*m.*)   detour, 15
detergente (*m.*)   detergent, 10
devolver (o:ue)   to return (something), 20
día (*m.*)   day, 2
   — **feriado** (*m.*)   holiday, 20
diabetes (*f.*)   diabetes, 19
diabético(a)   diabetic, 19
diariamente   daily, 6
diario (*m.*)   newspaper, 5
diario(a)   daily, 16
diarrea (*f.*)   diarrhea, 19
diccionario (*m.*)   dictionary, 18
dicho (*m.*)   saying
dientes (*m. pl.*)   teeth, 9
diferente   different
difícil   difficult, 18
difteria (*f.*)   diphtheria
diligencias (*f. pl.*)   errands
dinero (*m.*)   money, 2
dirección (*f.*)   address
discoteca (*f.*)   discotheque, 6
distinto(a)   different
diversión (*f.*)   entertainment
divertirse (e:ie)   to have fun, 11
doblar   to turn, 16
   — **la ropa**   to fold clothing (laundry), 10
docena (*f.*)   dozen, 10
doctor(a) (*m., f.*)   doctor, PI
documento (*m.*)   document, 7
dólar (*m.*)   dollar, 4
doler (o:ue)   to hurt, to ache, 8
dolor (*m.*)   pain, 17
   — **de cabeza** (*m.*)   headache, 19
domicilio (*m.*)   home

¿dónde?   where?, 4
dormir (o:ue)   to sleep, 8
dormitorio (*m.*)   bedroom, 4
ducha (*f.*)   shower, 4
dudar   to doubt, 17
dueño(a) (*m., f.*)   owner, proprietor, 5
dulcería (*f.*)   candy store, 13
durar   to last
durazno (*m.*)   peach, 1

E

echar al correo   to mail, 20
edificio (*m.*)   building, 17
educación física (*f.*)   physical education, 18
efectivo (*m.*)   cash, 5
ejecutivo(a) (*m., f.*)   executive, 15
el gusto es mío   the pleasure is mine, PI
elegante   elegant, 2
electrónico(a)   electronic, 6
elevador (*m.*)   elevator, 13
embarazada   pregnant, 19
empacar   to pack, 16
empeorar   to get worse, 19
empezar (e:ie)   to start, to begin, 5
empleado(a) (*m., f.*)   employee, PII; clerk, 12
en   at, in
   — **cuanto**   as soon as, 19
   — **efectivo**   (in) cash, 5
   ¿— **qué puedo servirle?**   May I help you?, How can I serve you?, 4
   — **seguida**   right away, 2
   — **seguida regreso.**   I'll be right back., 2
   — **vez de**   instead of
encargarse   to take charge
encontrar (o:ue)   to find, 9
encontrar(se) (o:ue) con   to meet, to encounter, 9
enfermedad (*f.*)   disease, sickness, 19
enfermero(a) (*m., f.*)   nurse, 18
enjuague bucal (*m.*)   mouthwash, 9
ensalada (*f.*)   salad, 1
enseñar   to show, 8; to teach, 11
ensuciar   to get (something) dirty
entender (e:ie)   to understand, 15
entonces   then, in that case, 3
entrada (*f.*)   ticket (for an event), 9
entrar   to go in, to enter, 9
entre   among, 18
   — **semana**   during the week, 7
entregar   to return
enviar   to send, 20
enyesar   to put in a cast, 17
equipaje (*m.*)   luggage, 5
equipo (*m.*)   team, 8
es difícil   it's unlikely, 18
es (una) lástima   it's a pity, 18
es verdad   it's true, 6
escalar   to climb, 8
escalera (*f.*)   stairs, 13
   — **mecánica** (*f.*)   escalator, 13
escarlatina (*f.*)   scarlet fever
escoba (*f.*)   broom, 11
escondido(a)   hidden

escritorio (*m.*)   desk
escuchar   to listen, 18
escuela (*f.*)   school
   — **elemental (primaria)** (*f.*)   grade school, 18
   — **secundaria** (*f.*)   high school, 18
esmalte para las uñas (*m.*)   nail polish, 9
esmoquin (*m.*)   tuxedo, 13
eso   that, 8
   ¿— **incluye...?**   Does that include . . . ?, 5
espaguetis (*m. pl.*)   spaghetti, 5
espalda (*f.*)   back, 17
especialidad (*f.*)   specialty, 2
especialización (*f.*)   major, 18
espejo (*m.*)   mirror, 9
esperar   to wait for, 4; to hope, 17
esposa (*f.*)   wife, 2
esposo (*m.*)   husband, 2
esquí acuático (*m.*)   water skiing, 8
esquiar   to ski, 8
esquina (*f.*)   corner, 4
esta noche   tonight, 6
esta tarde   this afternoon, 10
está bien   fine, okay, 10
¿Está ... + *name***?**   Is . . . (name) there?, PII
estación (*f.*)   station, season
   — **de servicio** (*f.*)   service station, gas station, 14
   — **de trenes** (*f.*)   train station, 16
estacionamiento (*m.*)   parking
estacionar   to park, 15
estadio (*m.*)   stadium, 6
Estados Unidos (*m., pl.*)   United States, 3
estampilla (*f.*)   postage stamp, 20
estar   to be, 3
   — **apurado(a)**   to be in a hurry, 20
   — **de acuerdo**   to agree, to be in agreement, 8
   — **de visita**   to be visiting, 8
este (*m.*)   east, 16
este(a)   this, 8
estómago (*m.*)   stomach, 17
estrecho(a)   narrow, tight
estrella (*f.*)   star, 8
estudiante (*m., f.*)   student, 3
estudiar   to study, 6
estufa (*f.*)   stove, 10
exagerar   to exaggerate, 5
examen (*m.*)   exam, 18
   — **de mitad de curso**   midterm exam, 18
   — **parcial** (*m.*)   midterm exam, 18
excelente   excellent, 6
exceso de equipaje (*m.*)   excess baggage, 7
expresión (*f.*)   expression
expreso (*m.*)   express train, 16
exterior   exterior, 6
extranjero(a)   foreign
extrañar   to miss, 15

F

fabuloso(a)   fabulous, 16
fácil   easy, 18
facsímil (*m.*)   fax, 15

SPANISH-ENGLISH VOCABULARY   **333**

facturar el equipaje to check the luggage, 16
falda (*f.*) skirt, 12
familia (*f.*) family, 3
farmacia (*f.*) pharmacy, 6
favor de (+ *inf.*) please (do something), 7
fax (*m.*) fax, 15
fecha (*f.*) date, P
— **de nacimiento** (*f.*) date of birth
fechar to date, 20
felicitación (*f.*) congratulations, 20
feliz happy, 2
— **cumpleaños** happy birthday, 20
ferrocarril (*m.*) railroad, 15
ferroviario(a) railway
fideos (*m. pl.*) noodles, 2
fiebre (*f.*) fever, 19
fiesta (*f.*) party, 3
fila (*f.*) line, 16
finca (*f.*) farm, ranch, farmhouse, 8
firmar to sign, 5
física (*f.*) physics, 18
físico(a) physical
flan (*m.*) caramel custard
folleto (*m.*) brochure, 7
forma (*f.*) form, 5
formulario (*m.*) form (*Spain*), 20
fotocopia (*f.*) photocopy, 20
fotocopiadora (*f.*) photocopier, 20
fotocopiar to make copies, to photocopy, 20
fractura (*f.*) fracture, 17
fracturarse to fracture, to break, 17
francés(esa) French
frase célebre (*f.*) famous phrase
frazada (*f.*) blanket, 5
fregadero (*m.*) sink, 11
fregar (e:ie) to wash, to scrub, 10
— **los platos** to wash dishes, 10
freír to fry, 11
frenos (*m. pl.*) brakes, 14
frente (*f.*) forehead, 17
fresas (*f. pl.*) strawberries, 1
frío(a) cold, 1
frito(a) fried, 1
frontera (*f.*) border, 16
fruta (*f.*) fruit, 1
frutería (*f.*) fruit store (market), 13
fuerte strong, 19
fumar to smoke, 7
función (*f.*) show, 9
funcionar to work, to function, 6
funda (*f.*) pillowcase, 6
fútbol (*m.*) soccer, 8
— **americano** (*m.*) football, 8

G

gafas (*f.*) eyeglasses (*Spain*), 17
gafas de sol (*f. pl.*) sunglasses (*Spain*), 13
gamba (*f.*) shrimp (*Spain*), 2
ganga (*f.*) bargain, 12
garaje (*m.*) garage, 11
garganta (*f.*) throat, 17
gasolina (*f.*) gasoline, 14

gasolinera (*f.*) service station, gas station, 14
gastar to consume, to spend, to use, 15
gastroenteritis (*f.*) gastroenteritis, 19
gato (*m.*) jack, 14
generalmente generally, 7
gente (*f.*) people, 20
geografía (*f.*) geography, 18
gerente (*m., f.*) manager, 4
girar to turn, 16
giro postal (*m.*) money order, 20
golpear(se) to hit (oneself), 17
goma (*f.*) tire, 14
— **pinchada (ponchada)** (*f.*) flat tire, 14
gordo(a) fat, 3
gorra (*f.*) cap, 12
grabar to tape, to record, 11
gracias thank you, PI
graduarse graduate, 18
grande big, large, 11
gratuito free
grave serious
gripe (*f.*) influenza, flu, 19
gris gray, 13
grúa (*f.*) tow truck, 14
grupo (*m.*) group, 12
guante (*m.*) glove, 12
guantera (*f.*) glove compartment, 14
guantero (*m.*) glove compartment, 14
guapo(a) handsome, 3
guardar cama to stay in bed (when one is sick), 19
guía (*m.*) steering wheel (*Puerto Rico*), 14; (*m., f.*) guide, 6
guiar to drive (*Puerto Rico*), 15
guisado (*m.*) stew
guisantes (*m. pl.*) peas, 5
guiso (*m.*) stew
gustar to like, to be pleasing to, 8
gustarle más a uno to like better, 8

H

habitación (*f.*) room, 4
hablar to talk, to speak, 4
hacer to do, to make, 8
— **calor** to be hot, 10
— **cola** to wait in line, 16
— **diligencias** to run errands, 9
— **escala** to make a stopover, 7
— **falta** to need, to lack, 8
— **fila** to wait in line, 16
— **fotocopias** to make copies, to photocopy, 20
— **juego (con)** to match, 12
— **la cama** to make the bed, 10
— **preguntas** to ask questions, 19
— **sol** to be sunny, 10
— **un crucero** to take a cruise, 10
— **una caminata** to take a hike, 8
— **una reservación** to make a reservation, 4
— **viento** to be windy, 10
haciendo doing
hamburguesa (*f.*) hamburger, 5

hasta until, 8
— **la vista.** I'll see you around. (until we meet again), PI
— **llegar a** until you get to, 16
— **luego.** I'll see you later., PI
— **mañana.** I'll see you tomorrow., PI
— **que** until, 19
hay there is, there are, PII
hecho(a) ready-made
heladera (*f.*) refrigerator, 10
helado (*m.*) ice cream, 1
— **de vainilla** (*m.*) vanilla ice cream, 1
herida (*f.*) wound, 17
hermana (*f.*) sister, 3
hermanastra (*f.*) stepsister, 3
hermanastro (*m.*) stepbrother, 3
hermano (*m.*) brother, 3
hermoso(a) beautiful, 15
hervir (e:ie) to boil, 11
híbrido(a) hybrid, 14
hielo (*m.*) ice, 1
hija (*f.*) daughter, 3
hijastra (*f.*) stepdaughter, 3
hijastro (*m.*) stepson, 3
hijo (*m.*) son, 3
hijos (*m. pl.*) children (sons and daughters), 3
hipódromo (*m.*) racetrack, 6
historia (*f.*) history, 18
hogar (*m.*) home
hoja de afeitar (*f.*) razor blade, 9
hola hello, hi, PI
hongos (*m. pl.*) mushrooms, 10
horario de clases (*m.*) class schedule, 18
horario de trenes (*m.*) train schedule, 16
hornear to bake, 10
horno (*m.*) oven, 10
hospital (*m.*) hospital, 18
hotel (*m.*) hotel, 4
hoy today, PI
— **mismo** today, this very day, 7
huevo (*m.*) egg, 5
— **frito** (*m.*) fried egg, 11
— **pasado por agua** (*m.*) soft-boiled egg, 11
— **revuelto** (*m.*) scrambled egg, 11

I

idea (*f.*) idea, 8
impedimento (*m.*) disability
impermeable (*m.*) raincoat, 12
incluir to include, 5
incómodo(a) uncomfortable, 6
infarto (*m.*) heart attack, 19
infección (*f.*) infection, 19
información (*f.*) information, 7
informática (*f.*) computer science, 18
informe (*m.*) report, 18
ingresar to enter
inmediatamente immediately, 17
instalar to install, 14
inteligente intelligent, 3
interesante interesting, 8
interior interior, 6

internacional international, 18
Internet (*f.*) Internet, 4
invierno (*m.*) winter, 16
invitado(a) (*m., f.*) guest, 11
inyección injection, shot, 17
 — **antitetánica** tetanus shot, 17
ir to go, 2
 — **de caza** to go hunting, 8
 — **de compras** to go shopping, 12
 — **de excursión** to go on a tour, excursion, 5
 — **de pesca** to go fishing, 8
irse to leave, 9
italiano(a) Italian

J

jabón (*m.*) soap, 5
jamón (*m.*) ham, 5
japonés (*m.*) Japanese
japonesa (*f.*) Japanese
jarabe (*m.*) syrup, 19
jardín (*m.*) garden
jardinero (*m.*) gardener, 10
jarra (*f.*) pitcher, 11
jefe(a) (*m., f.*) boss, 10
jeringuilla (*f.*) syringe
joven young, 9
joyas (*f., pl.*) jewelry
joyería (*f.*) jewelry store, 13
jueves Thursday
jugador(a) (*m., f.*) player, 8
jugar (u:ue) to play (i.e., a game), 8
jugo (*m.*) juice, 1
junto a near, next to, 8
juntos(as) together, 18

K

kilómetro (*m.*) kilometer, 15

L

lacio straight (hair), 9
lago (*m.*) lake, 5
lana (*f.*) wool, 13
langosta (*f.*) lobster, 2
lápiz de labios (*m.*) lipstick, 9
largo(a) long, 9
lastimarse to get hurt, 17
lata de la basura (*f.*) garbage can, 11
lavado (*m.*) shampoo, 9
lavadora (*f.*) washing machine, 10
lavaplatos (*m. sing.*) dishwasher, 10
lavar(se) to wash (oneself), 9
leche (*f.*) milk, 5
lechería (*f.*) dairy
lechuga (*f.*) lettuce
leer to read, 2
lejía (*f.*) bleach, 10
lema (*m.*) slogan
lengua (*f.*) tongue, 17
lentejas (*f. pl.*) lentils, 5

lentes de contacto (*m., pl.*) contact lenses, 17
letra (*f.*) lyric, 4
letra de molde (*f.*) print, 20
letrero (*m.*) sign
levantar to raise, to lift, 14
levantarse to get up, 9
libra (*f.*) pound, 19
librería (*f.*) bookstore, 18
licencia para conducir (manejar), guiar (*Puerto Rico*) (*f.*) driver's license, 15
limpiaparabrisas (*m. sing.*) windshield wiper, 14
limpiar to clean, 10
 — **en seco** to dry clean, 10
liquidación (*f.*) sale, 12
líquido (*m.*) liquid, 19
lista (*f.*) list, 2
listo(a) ready, 13
litera alta (*f.*) upper berth, 16
litera baja (*f.*) lower berth, 16
literatura (*f.*) literature, 18
llamada (*f.*) call, 7
llamar to call, 4
 — **por teléfono** to phone, 15
Llamo más tarde. I'll call later. PII
llano (*m.*) plain
llanta (*f.*) tire, 14
 — **de repuesto** (*f.*) spare tire, 14
llave (*f.*) key, 4
llegadas y salidas (*f. pl.*) arrivals and departures, 7
llegar to arrive, 6
 — **a casa** to arrive home, 13
llenar to fill out, 5
lleno(a) full, 14
llevar to take (something or someone someplace), 2; to carry, 4; to wear, 12
llover (o:ue) to rain, 10
lloviznar to drizzle
lluvia (*f.*) rain
lo más pronto posible as soon as possible, 18
Lo siento. I'm sorry., PII
los (las) dos both, 3
lugar (*m.*) place, 6
 — **de interés** (*m.*) place of interest, 6
luna (*f.*) moon, 8
lunes Monday, PI
luz (*f.*) light, 14

M

madrastra (*f.*) stepmother, 3
madre (*f.*) mother, 3
madrina (*f.*) godmother, 2
madrugada (*f.*) dawn, 11
magnífico(a) magnificent, 8
maleta (*f.*) suitcase, 4
maletero (*m.*) trunk (of a car), 14
maletín (*m.*) handbag, carry-on bag, 7
malo(a) bad, 6
mamá (*f.*) mother, 3
mandar to send, 6
manejar to drive, 15

manicura (*f.*) manicure, 9
mano (*f.*) hand, 17
manta (*f.*) blanket, 5
mantecado (*m.*) ice cream (*Puerto Rico*), 1
mantel (*m.*) tablecloth, 11
mantelerías (*f., pl.*) table linens
mantequilla (*f.*) butter, 5
manzana (*f.*) apple, 1
mañana tomorrow, 3; (*f.*) morning, 10
maquillaje (*m.*) makeup, 9
máquina de afeitar (*f.*) razor, 9
 — **eléctrica** (*f.*) electric razor, 9
marca (*f.*) brand, 14
marearse to become dizzy, 16
mareo (*m.*) dizziness, dizzy spell, 16
margarina (*f.*) margarine, 5
marido (*m.*) husband, 2
mariposa (*f.*) butterfly, 6
mariscos (*m. pl.*) shellfish, 2
martes Tuesday, PI
más more, most, 8
 — **sano(a)** healthiest
 — **tarde** later, 1
matemáticas (*f. pl.*) mathematics, 18
materia (*f.*) (academic) subject, 18
matrícula (*f.*) license plate, 14; tuition, 18
matricularse to register, 18
me gusta I like, 2
me llamo my name is, PI
mecánico(a) (*m., f.*) mechanic, 14
media botella half a bottle, 2
media hora half an hour, 12
mediano(a) medium, 12
medias (*f. pl.*) socks, 13
medicina (*f.*) medicine, 19
médico(a) (*m., f.*) medical doctor, M.D., 17
medida (*f.*) size, 12
medio(a) half, 2
medio crudo rare
medios (*m. pl.*) means
mediodía (*m.*) noon, 4
medir (e:i) to measure
mejor better, best, 4
mejorar(se) to improve, to get better, 19
melocotón (*m.*) peach, 1
melón (*m.*) melon, 1
 — **de agua** (*m.*) watermelon (*Cuba*), 1
memorizar to memorize, 2
mencionar to mention
menos less, 7
 — **sano(a)** least healthy
mensaje (*m.*) message, PII
 — **electrónico** (*m.*) email, 6
mensual monthly, 15
mente (*f.*) mind
menú (*m.*) menu, 1
merienda (*f.*) afternoon snack
mermelada (*f.*) marmalade, jam, 5
mes (*m.*) month, 7
mesa (*f.*) table, PII
 — **de centro** (*m.*) coffee table, 4
mesera (*f.*) waitress, 1
mesero (*m.*) waiter, 1
mesita de noche (*f.*) nightstand, 4
metro (*m.*) subway, 18

mexicano(a) Mexican
mezquita (*f.*) mosque
mi amor darling, my love, 2
miembros (*m., pl.*) members
mientras while, 4
— **tanto** meanwhile
milla (*f.*) mile, 14
minuto (*m.*) minute, 1
mío(a) mine, 9
mirar to look, 8
mirarse en el espejo to look at oneself in the mirror, 9
misa del gallo (*f.*) midnight Mass
mismo(a) same
mitad (*f.*) half, 13
mixto(a) mixed, tossed, 1
mochila (*f.*) backpack, 8
moda (*f.*) fashion
modelo compacto (*m.*) compact car, 15
modista (*f.*) dressmaker, 13
momento (*m.*) moment, 8
monasterio (*m.*) monastery, 6
mono(a) (*m., f.*) monkey
montaña (*f.*) mountain, 8
montar a caballo to ride a horse, 8
montar en bicicleta to ride a bicycle, 8
monumento (*m.*) monument, 6
moreno(a) dark, brunette, 3
morir (o:ue) to die, 19
mostrar (o:ue) to show, 8
motoneta (*f.*) motor scooter
motor (*m.*) motor, 14
mozo (*m.*) waiter, 1
muchacha (*f.*) girl, young woman, 3
muchacho (*m.*) boy, young man, 3
mucho much, a lot, PI
— **gusto** It's a pleasure to meet you., PI
muchos(as) many, 3
mudarse to move, 14
mueblería (*f.*) furniture store, 13
muebles (*m. pl.*) furniture, 10
mujer (*f.*) wife, 2; woman, 5
muletas (*f. pl.*) crutches, 17
multa (*f.*) fine, ticket, 15
muñeca (*f.*) wrist, 17
museo (*m.*) museum, 6
musical musical, 9
muy very, PI
— **bien** very well, fine, PI

N

nada nothing, 10
nadar to swim, 8
nadie nobody, 19
naranja (*f.*) orange, 1
nariz (*f.*) nose, 17
natación (*f.*) swimming, 8
náusea (*f.*) nausea, 19
navajita (*f.*) razor blade, 13
navegar la red to navigate the Web
Navidad (*f.*) Christmas, 3
necesario(a) necessary, 18
necesitar to need, 4
negro(a) black, 9

neumático (*m.*) tire, 14
nevar (e:ie) to snow, 10
nevera (*f.*) refrigerator, 10
nieta (*f.*) granddaughter, 3
nieto (*m.*) grandson, 3
nieve (*f.*) ice cream (*Méx.*), 1; snow
ninguno(a) none, not any, 6
niña (*f.*) girl, child, 4
niño (*m.*) boy, child, 4
niños (*m. pl.*) children
no no, not, PI
— **está** he (she) is not here, PII
— **fumar** no smoking, 7
— **tire basura** don't litter, 15
noche (*f.*) night, 4
Nochebuena (*f.*) Christmas Eve
nombre (*m.*) name, noun
norte (*m.*) north, 10
norteamericano(a) North American (from the U.S.), 3
nos vemos we'll see you, PI
nota (*f.*) grade, 18; note
novia (*f.*) girlfriend, 3
novio (*m.*) boyfriend, 3
nublado(a) cloudy, 10
nuera (*f.*) daughter-in-law, 3
nuevo(a) new, 8
número (*m.*) number, 16
nunca never, 6

O

o or, 1
objeto (*m.*) object, 12
obra (*f.*) play
oculista (*m., f.*) oculist, eye specialist, 17
ocupado(a) busy, 9
odiar to hate, 18
oeste (*m.*) west, 16
oficina (*f.*) office, 20
— **de correos** (*f.*) post office, 20
oído (*m.*) inner ear, 17
ojalá... I hope . . . , 17
ojo (*m.*) eye, 17
olla (*f.*) pot, 11
olvidarse (de) to forget, 13
ómnibus (*m.*) bus, 6
operación (*f.*) operation, 19
operar to operate, 19
ordenador (*m.*) computer (*Spain*), 18
oreja (*f.*) ear, 17
oro (*m.*) gold, 6
ortopédico(a) (*m., f.*) orthopedist
otra vez again, 13
otro(a) other, another, 4
¡oye! listen!, 3

P

padrastro (*m.*) stepfather, 3
padre (*m.*) father, 3
padres (*m. pl.*) parents, 3
padrino (*m.*) godfather, 2
pagar to pay, 1
— **cuentas** to pay bills, 20

pago (*m.*) payment, 15
país (*m.*) country
palabra (*f.*) word
palacio (*m.*) palace, 6
palita (*f.*) dustpan, 11
pan (*m.*) bread, 5
— **tostado** (*m.*) toast, 5
panadería (*f.*) bakery, 13
panqueque (*m.*) pancake, 5
pantalón (*m.*) pants, trousers, 12
pantalones (*m. pl.*) pants, trousers, 12
pantimedias (*f. pl.*) pantyhose, 13
pantuflas (*f. pl.*) slippers, 12
pañuelo (*m.*) handkerchief, 12
papa (*f.*) potato, 1
— **al horno** (*f.*) baked potato, 2
— **s fritas** (*f. pl.*) French fries, 1
papá (*m.*) father, 3
papel (*m.*) paper, 11
paperas (*f. pl.*) mumps, 19
papitas (*f. pl.*) potato chips, 5
paquete (*m.*) package, 20
par (*m.*) pair, 13
para for, 4; in order to, 2; for, to, 16
¿— qué? What for?
parabrisas (*m. sing.*) windshield, 14
parada de autobuses (*f.*) bus stop, 16
parada de taxis (*f.*) taxi stand, 16
paraguas (*m.*) umbrella, 12
parar to stop
pariente (*m.*) relative
— **político** (*m.*) in-law
parque (*m.*) park, 6
— **de diversiones** (*m.*) amusement park, 6
parquear to park, 15
partera (*f.*) midwife
partido (*m.*) game, 8
pasado(a) last, 14
— **por agua** soft-boiled, 11
pasado mañana the day after tomorrow, 7
pasaje (*m.*) ticket, 7
pasajero(a) (*m., f.*) passenger, 7
pasaporte (*m.*) passport, 7
pasar to happen, 17; to spend time, 2
— **la aspiradora** to vacuum, 10
— **por** to go through
pasarlo bien to have a good time, 8
Pase. Come in., PI
pasillo (*m.*) hallway, corridor, 16
paso de peatones (*m.*) pedestrian crossing, 15
pasta de dientes (dentífrica) (*f.*) toothpaste, 9
pastel (*m.*) pie, 2
pastilla (*f.*) pill, 16
patata (*f.*) potato (*Spain*), 1
patinar to skate, 8
patines (*m. pl.*) skates, 8
pato (*m.*) duck, 2
pavo (relleno) (*m.*) (stuffed) turkey, 5
peatón(-ona) (*m., f.*) pedestrian, 15
pecho (*m.*) chest, 17
pedido (*m.*) order, 2
pedir (e:i) to order, to ask for, 2
— **prestado(a)** to borrow, 14

peinado (*m.*) hairstyle, 9
peinarse to comb one's hair, 9
peine (*m.*) comb, 9
pelar to peel, 11
pelea (*f.*) fight, 8
película (*f.*) film, 3
peligro (*m.*) danger, 15
peligroso(a) dangerous, 15
pelo (*m.*) hair, 9
— **corto** (*m.*) short hair, 9
— **lacio** (*m.*) straight hair, 9
— **largo** (*m.*) long hair, 9
— **rizado** (*m.*) curly hair, 9
pelota (*f.*) ball, 8; baseball (*Cuba, Puerto Rico*)
peluquería (*f.*) beauty salon, hair salon, 9
peluquero(a) (*m., f.*) beautician, hair stylist, 9
pensar (e:ie) to think, to intend, to plan, 5
pensión (*f.*) boarding house, 1
pera (*f.*) pear, 1
perder (e:ie) to lose, 5; to miss
— **el conocimiento** to lose consciousness, to faint, 17
— **el tren (avión, autobús)** to miss the train (plane, bus), 16
Perdón. Excuse me., 13
perdonar to forgive, 12
perfecto(a) perfect, 8
perfume (*m.*) perfume, 9
periódico (*m.*) newspaper, 5
permanente (*f.*) permanent wave, 9
pero but, 1
perro caliente (*m.*) hot dog, 5
persona (*f.*) person, 4
pesar to weigh, 19
pescadería (*f.*) fish market, 13
pescado (*m.*) fish, 2
pescar to fish, 8
— **una pulmonía** to catch pneumonia, 19
peso (*m.*) weight, 19
pie (*m.*) foot, 17
pierna (*f.*) leg, 17
pieza de repuesto (*f.*) spare part, 14
pijama (*m.*) pajamas, 13
píldora (*f.*) pill, 19
pileta (*f.*) sink, 11
— **de natación** (*f.*) swimming pool (*South America*), 4
pimienta (*f.*) pepper, 10
pintalabios (*m.*) lipstick (*Spain*), 9
pintura de uñas (*f.*) nail polish (*Puerto Rico*), 9
piña (*f.*) pineapple, 1
piscina (*f.*) swimming pool, 4
piso (*m.*) floor, 5
placa (*f.*) license plate, 14
planchar to iron, 10
planear to plan, 8
planilla (*f.*) form, 20
planta baja (*f.*) ground (first) floor, 13
plata (*f.*) silver
plátano (*m.*) banana, 1
plato (*m.*) plate, dish, 1
— **de cartón** (*m.*) paper plate, 11

playa (*f.*) beach, 7
poder (o:ue) to be able, 6
poema (*m.*) poem
poliomielitis (*f.*) polio
pollitos chicks
pollo (*m.*) chicken, 1
— **frito** (*m.*) fried chicken
pomelo (*m.*) grapefruit (*Spain*), 1
ponche (*m.*) punch, 3
poner to put, 10
— **la mesa** to set the table, 11
— **puntos** to put in stitches, 17
— **una inyección** to give an injection, 17
ponerse to put on, 9
por for, 4; through, 10
— **adelantado** in advance, 5
— **aquí** this way, 2
— **ciento** (*m.*) percent, 16
— **¿cuánto tiempo es válido el pasaje?** How long is the ticket valid for?, 16
— **desgracia** unfortunately, 18
— **día** by the day, per day, 15
— **eso** that's why, 12
— **favor** please, PI
— **fin** at last, 13
— **lo menos** at least
— **mes** monthly, 15
— **noche** per night, 4
— **¿qué?** why?, 4
— **semana** by the week, per week, 15
— **supuesto** of course, 8
— **teléfono** on the phone, PII
— **vía aérea** by air mail, 20
porque because, 2
portaguantes (*m.*) glove compartment, 14
postre (*m.*) dessert
practicar to play, to practice (a sport), 8
precio (*m.*) price, 5
precioso(a) beautiful, 8
preferir (e:ie) to prefer, 6
preguntar to ask (a question), 8
preocupado(a) worried, 12
preocuparse to worry, 10
preparar to prepare, 10
prepararse to get ready, 9
presión (*f.*) blood pressure, 19
— **de aire** (*f.*) air pressure, 14
prestar to lend, 8
prevenir to prevent
primera clase (*f.*) first class, 7
primo(a) (*m., f.*) cousin, 3
privado(a) private, 4
probablemente probably, 6
probador (*m.*) fitting room, 12
probarse (o:ue) to try on, 12
problema (*m.*) problem, 6
profesor(a), (*m., f.*) professor, teacher, PI
prohibido estacionar no parking, 15
promedio (*m.*) grade point average, 18
propina (*f.*) tip, 1
próximo(a) next, 5
psicología (*f.*) psychology, 18
pudín (*m.*) pudding, 2
pueblo (*m.*) town
puente angosto (*m.*) narrow bridge, 15

puerta de salida (*f.*) departure gate, 7
puertorriqueño(a) Puerto Rican, 18
pues therefore
pulmonía (*f.*) pneumonia, 19
pulsera (*f.*) bracelet, 13
puré de papas (*m.*) mashed potatoes, 2
puro(a) pure, 13

Q

que who, that, 10
¡— **se (te) mejore(s)!** Get well soon!, 19
— **viene** next, coming, 18
— **yo sepa, no.** Not that I know of., 19
qué what, 1; how, 10
¡— **amable!** How nice!, 12
¡— **bien!** That's great!, 13
¿— **fecha es hoy?** What's the date today?, PI
¿— **hay de nuevo?** What's new?, PI
¿— **más?** What else?
¿— **número calza?** What size shoe do you wear?, 13
¿— **tal?** How's it going? (*informal*), PI
¿— **tal es...?** What is . . . like?, 6
¿— **te parece...?** What do you think of . . . ?, 8
quedar to be located, 4
quedarle ancho(a), [estrecho(a)] a uno to be (too) wide, loose (narrow, tight) on one, 12
quedarle bien to fit
quedarle chico (grande) a uno to be too small (big) on one, 12
quedarse to stay, 9
quehaceres de la casa (*m. pl.*) household chores, 10
querer (e:ie) to want, to wish, 5
querido(a) dear, darling, 9
queso (*m.*) cheese, 1
¿quién? who?, whom?, 3
química (*f.*) chemistry, 18
quitaesmalte (*m.*) nail polish remover, 9
quitarse to take off, 17
quizá(s) perhaps, 3

R

rabanitos (*m. pl.*) radishes, 10
radiografía (*f.*) X-ray, 17
rápido (*m.*) express train, 16
raqueta (*f.*) racquet, 8
rebaja (*f.*) sale
rebajado(a) marked down
recado (*m.*) message, 15
recámara (*f.*) bedroom (*Mex.*)
recepcionista (*m., f.*) receptionist, PII
receta (*f.*) recipe, 11
recetar to prescribe, 17
recibo (*m.*) receipt, 15
recientemente recently
reclinadora (*f.*) recliner, 4
recogedor (*m.*) dustpan, 11
recoger to pick up, 20

recordar (o:ue) to remember, 6
refresco (*m.*) soda
refrigerador (*m.*) refrigerator, 10
regalar to give (as a gift), 20
regalo (*m.*) gift, present, 12
registro (*m.*) register, 4
regresar to return, 1
reír(se) (e:i) to laugh, 12
reloj de pulsera (*m.*) wristwatch, 13
remar to row, to paddle, 8
remolacha (*f.*) beet, 10
remolcador (*m.*) tow truck, 14
remolcar to tow, 14
repollo (*m.*) cabbage, 10
requisito (*m.*) requirement, 18
reservación (*f.*) reservation, 4
reservar to reserve, 7
respirar to breathe, 19
   — **hondo** to take a deep breath, 19
restaurante (*m.*) restaurant, 1
reunión (*f.*) meeting, 9
revisar to check, 14
revista (*f.*) magazine, 5
revuelto(a) scrambled (i.e., egg), 11
Reyes Magos (*m. pl.*) Wise Men
rico(a) tasty, 2
río abajo down the river
rizado(a) curly, 9
rizador (*m.*) curling iron, 9
rodilla (*f.*) knee, 17
rojo(a) red, 10
romperse to fracture, to break, 17
ron (*m.*) rum, 2
ropa (*f.*) clothes, 10
   — **interior** (*f.*) underwear, 13
ropero (*m.*) closet, 10
rosado(a) pink, 12
rubéola (*f.*) German measles (rubella), 19
rubio(a) blond, 3
ruido (*m.*) noise, 14

S

sábado Saturday
sábana (*f.*) sheet, 6
saber to know (a fact), 7
sabroso(a) tasty, 2
sacar to get (a grade), 18
   — **buenas (malas) notas** to get good (bad) grades, 18
   — **la basura** to take out the garbage, 11
   — **la lengua** to stick out one's tongue, 19
sacudir to dust, 10
sal (*f.*) salt, 10
sala (*f.*) living room, 3
   — **de emergencia** (*f.*) emergency room, 17
   — **de equipaje** (*f.*) baggage area, 7
   — **de espera** (*f.*) waiting room, 17
   — **de estar** (*f.*) den, family room, 4
   — **de rayos X** (*f.*) X-ray room, 17
salchicha (*f.*) sausage, 5
saldo (*m.*) balance, 20

salida (*f.*) exit, 7; departure, 16
salir to go out, to leave, 9
salón de belleza (*m.*) beauty salon, 9
salón de estar (*m.*) den, family room, 4
salsa (*f.*) sauce, 2
salud (*f.*) health, 2
¡salud! cheers!, 2
saludos (*m. pl.*) greetings
   — **a...** say hello to . . . , PI
sandalias (*f. pl.*) sandals, 13
sandía (*f.*) watermelon, 1
sangrar to bleed, 19
sano(a) healthy
santa (*f.*) saint, 2
santo (*m.*) saint, 2
sarampión (*m.*) measles, 19
sartén (*f.*) frying pan, 11
sastre (*m.*) tailor
saya (*f.*) skirt (*Cuba*), 12
secador (*m.*) hair dryer, 9
secadora (*f.*) dryer, 10
sección de (no) fumar (*f.*) (non-) smoking section
seco(a) dry, 9
seda (*f.*) silk
seguir derecho to go straight ahead, 16
según according to, 16
segundo(a) second, 5
seguro (*m.*) insurance, 15
seguro(a) sure, 6
sello (*m.*) stamp, 20
semana (*f.*) week, 5
semestre (*m.*) semester, 18
sentar(se) (e:ie) to sit down, 9
sentido (*m.*) sense
sentirse (e:ie) to feel, 17
señal de tráfico (*f.*) traffic sign, 15
señor Mr., sir, gentleman, PI
señora Mrs., madam, lady, PI
señorita Miss, young lady, PI
ser to be, PII
   — **necesario** to be necessary, 17
   — **operado(a)** to be operated on, 19
servicio (*m.*) service
   — **de cuarto** (*m.*) room service, 4
   — **de habitación** (*f.*) room service, 4
servilleta (*f.*) napkin, 11
servir (e:i) to serve, 5
si if, whether, 5
sí yes, 1
siempre always, 3
silla (*f.*) chair, PII
   — **de ruedas** (*f.*) wheelchair, 17
simpático(a) nice, charming, 2
sin without, 15
   — **embargo** however
   — **plomo** unleaded, 14
síntoma (*m.*) symptom, 19
situación (*f.*) situation
sobre (*m.*) about, 7; envelope, 20
sobrenombre (*m.*) nickname
sobrina (*f.*) niece, 3
sobrino (*m.*) nephew, 3
socio(a) (*m., f.*) member, 14
sociología (*f.*) sociology, 18
sofá (*m.*) sofa, couch, 4

solamente only, 5
solicitar to apply, 18
   — **un préstamo** to apply for a loan, 20
solo(a) by oneself, alone, 3
sólo only, 5
sombrero (*m.*) hat, 12
sonar (o:ue) to ring
sopa (*f.*) soup, 1
   — **de arroz** rice soup
   — **de cebollas** onion soup
   — **de fideos** noodle soup
   — **de verduras** (*f.*) vegetable soup, 1
Sorpresa (*f.*) surprise, 16
sortija (*f.*) ring, 13
subir al avión to board a plane, 7
subterráneo (*m.*) subway, 18
subvencionado(a) subsidized
sucio(a) dirty, 11
sucursal (*f.*) branch, 15
suegra (*f.*) mother-in-law, 3
suegro (*m.*) father-in-law, 3
suerte (*f.*) luck, 18
suéter (*m.*) sweater, 10
sufrir to suffer
   — **del corazón** to have heart trouble, 19
sugerir (e:ie) to suggest, 16
supermercado (*m.*) supermarket, 10
sur (*m.*) south, 16

T

talla (*f.*) size, 12
tallarines (*m. pl.*) noodles, spaghetti, 5
taller de mecánica (*m.*) repair shop, 14
talonario de cheques (*m.*) checkbook, 20
tamaño (*m.*) size
también too, also, 2
tan ... como as . . . as, 4
tan pronto como as soon as, 19
tanque (*m.*) tank, 14
tantos(as) so many, 6
tarde (*f.*) afternoon, 13, late, 6
tarea (*f.*) homework, 18
tarifa (*f.*) rate, 16
tarjeta (*f.*) card
   — **de crédito** (*f.*) credit card, 1
   — **de embarque (embarco)** (*f.*) boarding pass, 7
   — **postal** (*f.*) postcard, 20
taza (*f.*) cup, 1
tazón (*m.*) bowl, 11
te gusta you like, 2
té (*m.*) tea, 1
   — **frío (helado)** iced tea, 1
teatro (*m.*) theater, 5
tele (*f.*) television, 8
teléfono (*m.*) phone, PII
   — **celular** cellular phone, 20
telenovela (*f.*) soap opera, 11
televisión (*f.*) television, 8
televisor (*m.*) TV set, 4
temer to fear, to be afraid, 17
temperatura (*f.*) temperature, 19

temprano early, 9
tenedor (*m.*) fork, 1
tener to have, 4
— **calor** to be hot, 4
— **el colesterol alto** to have high cholesterol, 19
— **éxito** to be a success, to be successful, 11
— **(mucha) hambre** to be (very) hungry, 4
— **... horas de retraso (atraso)** to be ... hours behind schedule, 16
— **la presión alta** to have high blood pressure, 19
— **la presión baja** to have low blood presure, 19
— **mucho que hacer** to have a lot to do, 11
— **que** (+ *inf.*) to have to (do something), 4
— **sed** to be thirsty, 4
— **tos** to have a cough, 19
teñirse (e:i) to dye, to color, 9
tenis (*m.*) tennis, 8
terminar to finish, 2
término medio medium rare
termómetro (*m.*) thermometer, 19
terraza (*f.*) terrace, 10
tía (*f.*) aunt, 3
tiempo (*m.*) time, 5; weather
tienda (*f.*) store, 5
— **de campaña** tent, 8
tijera (*f.*) scissors, 9
tinte (*m.*) dye
tinto(a) red (i.e., wine), 1
tintorería (*f.*) dry cleaners, 10
tío (*m.*) uncle, 3
tipo (*m.*) type
título (*m.*) degree, 17
toalla (*f.*) towel, 5
tobillo (*m.*) ankle, 17
tocar to play, 3
tocador (*m.*) dresser, 4
tocino (*m.*) bacon, 3
todo el mundo (*m.*) everybody, 11
todo lo necesario everything necessary, 10
todos(as) all, 3; every, 5
— **los días** every day, 6
todos (*m. pl.*) everybody, 11
tomar to drink, 1; to take, 14
— **algo** to have something to drink, 2
tomate (*m.*) tomato, 1
Tome asiento. Have a seat., PI
toronja (*f.*) grapefruit, 1
torre (*f.*) tower
torta (*f.*) cake, 2
— **al ron** (*f.*) rum cake, 2
tos (*f.*) cough
— **ferina** (*f.*) whooping cough
toser to cough, 19
tostada (*f.*) toast, 11
tostadora (*f.*) toaster, 11

trabajar to work, 10
trabajos de la casa (*m. pl.*) household chores, 10
trabalenguas (*m.*) tongue-twister
traer to bring, 2
traje (*m.*) suit, 12
— **de baño** (*m.*) bathing suit, 8
transacción financiera (*f.*) financial transaction
transbordar to change (trains, buses, etc.), to transfer, 16
tranvía (*m.*) streetcar, local train, 16
trapear to mop, 70
tratar (de) to try (to), 8
tren (*m.*) train, 16
trimestre (*m.*) quarter, 18
triste sad
trucha (*f.*) trout
trusa (*f.*) bathing suit (*Cuba*), 12
turista (*m., f.*) tourist, 1
turnarse to take turns
turno (*m.*) appointment, 9
tuyo(a) yours, 9

U

último(a) last, 7
un momento one moment, PII
un poco a little, 3
un rato a while, 2
una vía one way, 15
universidad (*f.*) university, 3
unos(as) some, 7
usar to use, 6; to wear, 12
uvas (*f. pl.*) grapes, 1

V

va a haber there's going to be, 11
vacaciones (*f. pl.*) vacation, 5
vacío(a) empty, 14
vacuna (*f.*) vaccination
vajilla (*f.*) china, 11
válido(a) valid
vamos let's go, 5
varicela (*f.*) chicken pox
varios(as) several, 9
vaso (*m.*) glass, 1
vegetales (*m. pl.*) vegetables, 1
velocidad máxima (*f.*) speed limit, 14
vendar to bandage, 17
vendedor(a) ambulante (*m., f.*) street vendor, 12
vender to sell, 13
venir to come, 4
venta (*f.*) sale, 13
ventaja (*f.*) advantage
ventana (*f.*) window, 10
ventanilla (*f.*) window (of a car or plane), 7; ticket window, 16; post office window, 20

ver to see, 3
verano (*m.*) summer, 10
verbo (*m.*) verb
verdad (*f.*) right, 5; true, truth, 6
verde green, 12
verdulería (*f.*) vegetable market
verduras (*f.*) vegetables, 1
vermut (*m.*) vermouth, 2
verse to look, to appear, 9
vestíbulo (*m.*) lobby, 6
vestido (*m.*) dress, 9
— **de noche** (*m.*) evening gown, 13
vestir(se) (e:i) to get dressed, 9
vez time (in a series; as equivalent of *occasion*), 10
viajar to travel, 7
viaje (*m.*) trip, 4
— **de negocios** (*m.*) business trip, 4
viajero(a) (*m., f.*) traveler, 7
vida (*f.*) life
vidriera (*f.*) shop window, 12
viernes Friday
vinagre (*m.*) vinegar, 10
vino (*m.*) wine, 1
viruela (*f.*) smallpox
visa (*f.*) visa, 7
visado (*m.*) visa (*Spain*), 7
visitar to visit, 6
vitrina (*f.*) shop window, 12
vivir to live, 3
vocabulario (*m.*) vocabulary
volante (*m.*) steering wheel, 14
volar (o:ue) to fly, 16
volcán (*m.*) volcano, 6
volver (o:ue) to return, to come (go) back, 6
vomitar to vomit, to throw up, 19
vuelo (*m.*) flight, 7
— **directo** direct flight, 7

Y

y and, PI
ya already, now, 6
¡— **lo creo!** I'll say!, 6
— **que** since, 17
yerno (*m.*) son-in-law, 3

Z

zanahoria (*f.*) carrot, 10
zapatería (*f.*) shoe store, 13
zapatillas (*f. pl.*) slippers, 12
zapatos (*m. pl.*) shoes, 13
— **de tenis** (*m. pl.*) sneakers, tennis shoes, 13
zona de estacionamiento (*f.*) parking lot, 15
zoológico (*m.*) zoo, 6
zumo (*m.*) juice (*Spain*), 1

English-Spanish Vocabulary

A

a little un poco, 3
a lot mucho, PI
a while un rato, 2
accept aceptar, 1
accident accidente (*m.*), 17
account cuenta (*f.*), 20
accounting contabilidad (*f.*), 18
ache doler (o:ue), 8
address dirección (*f.*)
advantage ventaja (*f.*)
advice consejo (*m.*)
advise aconsejar, 16
adviser consejero(a) (*m., f.*), 18
afternoon snack merienda (*f.*)
afterwards después (de), 2
again otra vez, 13
against contra
agency agencia (*f.*)
agent agente (*m., f.*), 7
agree estar de acuerdo, 8
air conditioning aire acondicionado (*m.*), 4
air pressure presión de aire (*f.*), 14
airbag bolsa de aire (*f.*), 14
airline aerolínea (*f.*), 7
airport aeropuerto (*m.*), 7
aisle seat asiento de pasillo (*m.*), 7
all todos(as), 3
allergic alérgico(a), 19
almost casi, 13
alone solo(a), 3
already ya, 6
also también, 2
always siempre, 8
ambulance ambulancia (*f.*), 17
among entre
amusement park parque de diversiones (*m.*)
analysis análisis (*m.*)
and y, PI
ankle tobillo (*m.*), 18
another otro(a), 4
antibiotic antibiótico (*m.*), 19
any algún, alguno(a), 6; cualquier(a)
— **message?** ¿algún mensaje?, PII
anything algo, 10
— **else?** ¿algo más?, 20
appear verse, 9
appendicitis apendicitis (*m.*), 19
apple manzana (*f.*), 1
apply solicitar, 17
— **for a loan** solicitar un préstamo, 20
appointment cita (*f.*), 9; turno (*m.*), 9
Argentinian argentino(a), 18
arm brazo (*m.*), 17
armchair butaca (*f.*), sillón (*m.*), 4
arrange arreglar, 13
arrivals and departures llegadas y salidas (*f. pl.*)

arrive llegar, 9
— **home** llegar a casa, 13
art arte (*m.*), 18
article artículo (*m.*), 12
as . . . as tan... como, 4
as a child de niño(a), 19
as long as ya que, 12
as soon as en cuanto, tan pronto como, 19
— **possible** lo más pronto posible, 17
ask (questions) preguntar, 8; hacer preguntas, 19; (for) pedir (e:i), 2
aspirin aspirina (*f.*), 6
asthma asma (*f.*), 19
at en, a
— **about** a eso de, 6
— **half price** a mitad de precio, 13
— **last** por fin, 13
— **least** por lo menos
— **what time?** ¿a qué hora?, 4
attend asistir, 3
aunt tía (*f.*)
automatic automático(a), 15
— **teller machine** cajero automático (*m.*)
automobile automóvil (*m.*), carro (*m.*), coche (*m.*), 14
— **club** club automovilístico (*m.*), 14
avenue avenida (*f.*), 9
average promedio (*m.*), 18

B

back espalda (*f.*), 18
— **up (a car)** dar marcha atrás, 15
backpack mochila (*f.*), 8
bacon tocino (*m.*)
bad malo(a), 6
baggage claim area sala de equipaje (*f.*)
bake cocinar al horno, hornear, 10
baked potato papa al horno (*f.*), 2
bakery panadería (*f.*)
balance saldo (*m.*), 20
ball pelota (*f.*), 8
banana banana (*f.*), plátano (*m.*), 1
bandage curita (*f.*), 18; vendar
barber barbero (*m.*), 9
barbershop barbería (*f.*), 9
bargain ganga (*f.*), 12
baseball béisbol (*m.*), pelota (*f.*) (*Cuba, Puerto Rico*)
basketball baloncesto (*m.*), 8; basquetbol (*m.*), 8
bathe (oneself) bañar(se), 9
bathing suit traje de baño (*m.*), bañador (*m.*) (*Spain*), trusa (*f.*) (*Cuba*), 12
bathrobe bata (*f.*), 13
bathroom baño (*m.*), 4
bathtub bañera (*f.*), bañadera (*f.*), 4

battery acumulador (*m.*), batería (*f.*), 14
be ser, PII; estar, 3
— **a success** tener éxito, 11
— **able** poder (o:ue), 6
— **afraid** temer, 17
— **(too) big on one** quedarle grande a uno, 12
— **hot** hacer calor, 4; tener calor, 8
— **. . . hours behind schedule** tener ... horas de retraso (atraso), 16
— **(very) hungry** tener (mucha) hambre, 4
— **in a hurry** apurado(a), 20
— **located** quedar, 4
— **(too) loose on one** quedarle ancho(a) a uno
— **(too) narrow on one** quedarle estrecho(a) a uno
— **necessary** ser necesario, 18
— **operated on** ser operado(a), 19
— **pleasing to** gustar, 8
— **(too) small on one** quedarle chico(a) a uno, 12
— **successful** tener éxito, 11
— **sunny** hacer sol, 10
— **thirsty** tener sed, 4
— **(too) tight on one** quedarle estrecho(a) a uno
— **(too) wide on one** quedarle ancho(a), a uno, 12
— **windy** hacer viento, 10
beach playa (*f.*), 7
beard barba (*f.*), 9
beautician peluquero(a) (*m., f.*), 9
beautiful precioso(a), 8; hermoso(a), 15; bello(a)
beauty salon peluquería (*f.*), salón de belleza (*m.*), 9
because porque, 4
become dizzy marearse, 16
bed cama (*f.*), 4
bedroom dormitorio (*m.*), recámara (*f.*) (*Méx.*), 4
beer cerveza (*f.*), 3
beet remolacha (*f.*)
before antes, 12; antes de que, 19
begin empezar (e:ie), 5
believe creer, 5
bell campana (*f.*)
bellhop botones (*m.*), 4
belt cinto (*m.*), cinturón (*m.*), correa (*f.*) (*Puerto Rico*), 12
besides además (de), 5
best mejor, 4
better mejor, 4
big grande, 12
bill (*in a restaurant*) cuenta (*f.*), 1; (*currency*) billete (*m.*)
biology biología (*f.*), 18
birthday cumpleaños (*m.*), 11
black negro(a), 9

340

blanket cobija (*f.*), frazada (*f.*), manta (*f.*), 5
bleach lejía (*f.*)
bleed sangrar
blessed bendito(a), 5
blond rubio(a), 3
blood pressure presión (*f.*), 19
blood test análisis de sangre (*m.*), 17
blouse blusa (*f.*), 12
blue azul, 12
board abordar, 7; subirse, 17
— **the plane** abordar el avión, subir al avión, 7
boarding house pensión (*f.*), 5
boarding pass tarjeta de embarque (embarco) (*f.*)
body cuerpo (*m.*)
boil hervir (e:ie)
bon voyage! ¡buen viaje!, 7
bookstore librería (*f.*)
boots botas (*f. pl.*), 13
border frontera (*f.*), 16
boring aburrido(a), 3
borrow pedir prestado(a), 14
both los dos, 3
bottle botella (*f.*), 1
bowl tazón (*m.*)
box cajita (*f.*)
boxing boxeo (*m.*), 8
boy chico (*m.*), muchacho (*m.*), niño (*m.*), 3
boyfriend novio (*m.*), 3
bracelet pulsera (*f.*)
brakes frenos (*m. pl.*), 14
branch sucursal (*f.*)
brand marca (*f.*), 14
Brazilian brasileño(a), 8
bread pan (*m.*), 10
break fracturarse, romperse, 18
breakfast desayuno (*m.*), 5
breathe respirar, 19
brief conversations conversaciones breves (*f. pl.*), PI
brilliant brillante, 20
bring traer, 2
brochure folleto (*m.*), 7
broom escoba (*f.*), 11
brother hermano (*m.*), 3
brother-in-law cuñado (*m.*), 3
brunette morena(a), 3
brush cepillar(se), 9
— **one's hair** cepillarse el pelo, 9
building edificio (*m.*)
bus autobús (*m.*), ómnibus (*m.*), 6
— **stop** parada de autobuses (*f.*), 16
business administration administración de empresas (*f.*), 18
but pero, 1
butcher's shop carnicería (*f.*)
butter mantequilla (*f.*)
buy comprar, 5
by por
— **air mail** por vía aérea, 20
— **oneself** solo(a), 3
— **the day** por día, 15
— **the week** por semana, 15
bye adiós, chau, PI

C

cabbage repollo (*m.*)
cabin cabaña (*f.*), 8
cafeteria cafetería (*f.*), PII
cake torta (*f.*), 2
calculator calculadora (*f.*), 18
call llamar, 4; llamada (*f.*), 7
camp acampar, 8
can opener abrelatas (*m. sing.*), 10
cancel a reservation cancelar una reservación, 4
candy shop dulcería (*f.*)
canoe canoa (*f.*), 8
cap gorra (*f.*)
capsule cápsula (*f.*), 19
car automóvil (*m.*), carro (*m.*), coche (*m.*), 14
— **rental agency** agencia de alquiler de automóviles (*f.*), 15
caramel custard flan (*m.*)
cardboard cartón (*m.*), 11
care cuidado (*m.*)
career carrera (*f.*), 18
carpet alfombra (*f.*), 10
carrot zanahoria (*f.*), 10
carry llevar, 4
carry-on bag maletín (*m.*), bolso de mano (*m.*), 7
cash en efectivo, 5; al contado
— **a check** cambiar un cheque, 15
cashier cajero(a) (*m., f.*), 20
castle castillo (*m.*), 6
catch pneumonia pescar una pulmonía, 19
cathedral catedral (*f.*), 6
cellular phone teléfono celular (*m.*)
cereal cereal (*m.*), 5
chain cadena (*f.*), 13
chair silla (*f.*), PII
champagne champán (*m.*), 3; champaña (*f.*)
champion campeón (*m.*), campeona (*f.*), 8
change cambiar, 6; (trains, buses, etc.) transbordar, 16
charge cobrar, 4
— **mileage** cobrar por kilómetros, 15
chat conversar, 1
check (*in a restaurant*) cuenta (*f.*), 1; (*personal*) cheque (*m.*), 1; revisar, chequear, 14
— **book** talonario de cheques (*m.*)
— **the luggage** facturar el equipaje, 16
checking account cuenta corriente (*f.*)
cheers! ¡salud!, 2
cheese queso (*m.*), 2
chemistry química (*f.*), 17
chest pecho (*m.*), 18
— **of drawers** cómoda (*f.*)
chicken pollo (*m.*), 1
— **and rice** arroz con pollo (*m.*)
— **pox** varicela (*f.*)
chicks pollitos (*m. pl.*)
child niña (*f.*), niño (*m.*)
child seat asiento para niños (*m.*), 15

children (*sons and daughters*) hijos (*m. pl.*), 3; niños (*m. pl.*)
china vajilla (*f.*)
Chinese chino(a)
chocolate chocolate (*m.*), 1
cholesterol colesterol (*m.*), 19
Christmas Navidad (*f.*), 3
— **Eve** Nochebuena (*f.*)
cigarette cigarrillo (*m.*), 7
city ciudad (*f.*), 2
— **block** cuadra (*f.*), 6
claim check (ticket) comprobante (*m.*), 7
class clase (*f.*), 18
— **schedule** horario de clases (*m.*)
clean limpiar, 10
clerk empleado(a) (*m., f.*), 12
climb escalar, 8
close cerca (de), 6; cerrar (e:ie), 6
closed cerrado(a), 14
closet ropero (*m.*), 10
clothes ropa (*f.*), 10
cloudy nublado(a), 10
club club (*m.*), PII
coconut coco (*m.*), 2
cod bacalao (*m.*)
coffee café (*m.*), 1
— **maker** cafetera (*f.*), 11
— **table** mesa de centro (*f.*)
— **with milk** café con leche (*m.*)
cold frío(a), 1
collide chocar, 15
cologne colonia (*f.*)
comb peine (*m.*), 9
— **one's hair** peinarse, 9
come venir, 4
— **back** volver (o:ue), 6
— **in** Pase, PI
comedy comedia (*f.*), 9
comfortable cómodo(a), 6
coming que viene, 17
communicate comunicarse, 15
compact car modelo compacto (*m.*), 15
computer computadora (*f.*), ordenador (*m.*) (*Spain*), 18
— **science** informática (*f.*), 17
conditioner acondicionador (*m.*), 9
confirm a reservation confirmar una reservación, 4
congratulations felicitaciones (*f.*), 20
consume gastar, 15
contact lenses lentes de contacto, (*m.*), 17
contagious contagioso(a), 19
convertible coche convertible (*m.*), descapotable (*m.*), 15
cook cocinar, 11
corner esquina (*f.*), 4
cost costar (o:ue), 7
couch sofá (*m.*)
cough toser
counselor consejero(a) (*m., f.*), 18
country país (*m.*), campo (*m.*)
courteous amable, 12
cousin primo(a) (*m., f.*), 3
crab cangrejo (*m.*), 2
cream crema (*f.*), 1
credit card tarjeta de crédito (*f.*), 1

ENGLISH-SPANISH VOCABULARY   **341**

crutches muletas (*f. pl.*), 18
cultural cultural
cup taza (*f.*), 1
cupboard armario (*m.*), 11
cure curar
curling iron rizador (*m.*), 9
curly hair pelo rizado (*m.*), 9
curtain cortina (*f.*), 10
customs aduana (*f.*), 7
cut cortar, 9

D

daily por día, 15; diario(a), 16
dairy lechería (*f.*)
dance bailar, 3; baile (*m.*), 11
danger peligro (*m.*), 15
dangerous peligroso(a), 15
 — **curve** curva peligrosa (*f.*), 15
dark moreno(a), 3
darling mi amor (*m., f.*), 2; querido(a) (*m., f.*), 9
darn bendito(a), 5
date fecha (*f.*), P; fechar, 20
 — **of birth** fecha de nacimiento (*f.*)
daughter hija (*f.*), 3
 — **-in-law** nuera (*f.*)
dawn madrugada (*f.*), 11
day after tomorrow pasado mañana, 7
day before yesterday anteayer, 19
dear querido(a), 9
decide decidir, 2
degree título (*m.*), 17
den sala de estar (*f.*), salón de estar (*m.*)
dentist dentista (*m., f.*), 17
deodorant desodorante (*m.*), 9
department departamento (*m.*), 12
departure salida (*f.*), 7
 — **gate** puerta de salida (*f.*), 7
depend depender, 15
deposit depositar, 15
desk escritorio (*m.*)
dessert postre (*m.*)
detergent detergente (*m.*), 10
detour desvío (*m.*), 15
diabetes diabetes (*f.*), 19
diabetic diabético(a), 19
diarrhea diarrea (*f.*), 19
dictionary diccionario (*m.*)
die morir (o:ue), 19
different diferente, distinto(a)
difficult difícil, 18
dining car coche-comedor (*m.*), 16
dining room comedor (*m.*), 4
dinner cena (*f.*), 5
diphtheria difteria (*f.*)
dirty sucio(a), 11
disability impedimento (*m.*)
discotheque discoteca (*f.*), 6
discount descuento (*m.*), 16
disease enfermedad (*f.*), 19
disembark bajarse, 16
dish plato (*m.*), 1
dishwasher lavaplatos (*m. sing.*)
disinfect desinfectar, 17
dizziness mareo (*m.*), 16

dizzy spell mareo (*m.*), 16
do hacer, 8
doctor doctor(a) (*m., f.*), PI; médico(a) (*m., f.*), 18
doctor's office consultorio (*m.*), 17
document documento (*m.*), 7
does that include...? ¿eso incluye . . . ?, 5
doing haciendo
dollar dólar (*m.*), 4
don't litter no tire basura, 15
double bed cama doble (*f.*), 4
doubt dudar, 17
down abajo
downtown centro (*m.*), 5
dozen docena (*f.*), 10
dress vestido (*m.*), 9; vestirse (e:i)
dresser tocador (*m.*)
dressmaker modista (*f.*)
drink tomar, 1; beber, 2; bebida (*f.*), 2
drive conducir, manejar, guiar (*Puerto Rico*), 15
driver's license licencia para conducir (manejar), guiar (*Puerto Rico*) (*f.*), 15
drizzle lloviznar
dry seco(a), 9
 — **clean** limpiar en seco, 10
 — **cleaners** tintorería (*f.*), 10
dryer secadora (*f.*), 10
duck pato (*m.*), 2
dust sacudir, 10
dustpan palita (*f.*), recogedor (*m.*), 11
dye tinte (*m.*), teñir (e:i)

E

early temprano, 9
earrings aretes (*m. pl.*), aros (*m. pl.*), 13
east este (*m.*), 16
easy fácil, 17
eat comer, 2
egg huevo (*m.*)
electric razor máquina de afeitar eléctrica (*f.*), 9
electronic electrónico(a), 6
elegant elegante, 2
elementary school escuela elemental (primaria) (*f.*)
elevator ascensor (*m.*), elevador (*m.*), 13
e-mail correo electrónico (*m.*), correo "e" (*m.*), "c-e" (*m.*), 15; mensaje electrónico (*m.*), 6
emergency room sala de emergencia (*f.*), 18
employee empleado(a) (*m., f.*), PII
empty vacío(a), 14
encounter encontrarse con (o:ue), 9
enter entrar, 9; ingresar
entertainment diversión (*f.*)
envelope sobre (*m.*), 20
errand diligencia (*f.*)
escalator escalera mecánica (*f.*), 13
evening gown vestido de noche (*m.*)
ever alguna vez, 17
every todos(as), 5; cada, 19
 — **day** todos los días, 6

everybody todos (*m. pl.*), 11
everything necessary todo lo necesario, 10
exaggerate exagerar, 5
exam examen (*m.*), 17
excellent excelente, 6
excess baggage exceso de equipaje (*m.*), 7
Excuse me. Perdón., 13
exit salida (*f.*), 7
expensive caro(a), 4
express train expreso (*m.*), rápido (*m.*), 16
exterior exterior, 6
 — **room** cuarto con vista a la calle (*m.*), cuarto exterior (*m.*), 6
eye ojo (*m.*), 18
 — **doctor** oculista (*m., f.*)
eyeglasses anteojos (*m.*), gafas (*f.*) (*Spain*), espejuelos (*m.*) (*Cuba*), 17

F

face cara (*f.*), 17
facsimile fax (*m.*), facsímil (*m.*), 15
faint desmayarse, perder (e:ie) el conocimiento, 17
fall down caerse, 17
family familia (*f.*), 3
 — **room** sala de estar (*f.*), salón de estar (*m.*)
famous phrase frase célebre (*f.*)
farm(house) finca (*f.*), 8
fashion moda (*f.*)
fasten one's seat belt abrocharse el cinturón de seguridad, 16
fat gordo(a), 3
father padre (*m.*), papá (*m.*), 3
 — **-in-law** suegro (*m.*)
fax fax (*m.*), facsímil (*m.*), 15
fear temer, 17
feel sentirse (e:ie), 19
fever fiebre (*f.*), 19
fight pelea (*f.*), 8
fill llenar, 5
fill out llenar, 5
finally al fin, 12
financial transaction transacción financiera (*f.*)
find encontrar (o:ue), 9
 — **out** averiguar, 7
fine bien, PI; está bien, 10; (*penalty*) multa (*f.*), 15
finger dedo (*m.*), 17
finish terminar, 2
first class primera clase (*f.*), 7
fish pescado (*m.*), 2; pescar, 8
 — **market** pescadería (*f.*)
fishing pole caña de pescar (*f.*)
fit quedarle bien
fitting room probador (*m.*), 12
fix arreglar, 11
flat tire goma pinchada (ponchada) (*f.*), 14
flight vuelo (*m.*), 7
 — **attendant** auxiliar de vuelo (*m., f.*), 7
floor piso (*m.*), 5
flu gripe (*f.*)
fly volar (o:ue), 16

fold clothing (laundry) doblar la ropa, 10
food comida (*f.*), 2
foot pie (*m.*), 18
football fútbol americano (*m.*)
for para, por, 4
— **dessert** de postre, 1
forehead frente (*f.*), 18
foreigner extranjero(a)
forget olvidarse (de), 13
forgive perdonar, 12
fork tenedor (*m.*), 1
form forma (*f.*), 5, formulario (*m.*) (*Spain*), 20; planilla (*f.*), 5
fracture fractura (*f.*), 18; fracturarse, romperse, 18
free gratis
freeway autopista (*f.*), 14
French francés(-esa)
— **fries** papas fritas (*f. pl.*), 1
Friday viernes
fried frito(a), 1
— **chicken** pollo frito (*m.*)
— **egg** huevo frito (*m.*), 11
friend amigo(a) (*m., f.*)
from de, PII
fruit fruta (*f.*), 1
— **market (store)** frutería (*f.*)
fry freír (e:i)
frying pan sartén (*f.*), 11
full lleno(a)
function funcionar, 6
furniture muebles (*m. pl.*), 10
— **store** mueblería (*f.*)

G

game partido (*m.*), 8
garage garaje (*f.*), 11
garbage basura (*f.*), 11
— **can** lata de la basura (*f.*), 11
garden jardín (*m.*)
gas station estación de servicio (*f.*), gasolinera (*f.*), 14
gasoline gasolina (*f.*), 14
gastroenteritis gastroenteritis (*f.*), 19
gee! ¡caramba!, 6
generally generalmente, 7
gentleman señor, PI, caballero
geography geografía (*f.*), 17
German alemán(ana)
— **measles** rubéola (*f.*)
get buscar, 6, conseguir (e:i)
— **bad grades** sacar malas notas, 17
— **better** mejorar(se)
— **(something) dirty** ensuciar, 11
— **dressed** vestir(se) (e:i), 9
— **good grades** sacar buenas notas, 17
— **hurt** lastimarse, 18
— **off** bajarse, 16
— **ready** prepararse, 9
— **up** levantarse, 9
— **well soon!** ¡que se (te) mejore(s)!
— **worse** empeorar
gift regalo (*m.*), 12

girl chica (*f.*), muchacha (*f.*), 3, niña (*f.*), 3
girlfriend novia (*f.*), 3
give dar, 3; (*as a gift*) regalar, 20
— **an injection** poner una inyección, 18
— **back** devolver (o:ue), 20
glass vaso (*m.*), 1
glove guante (*m.*), 12
— **compartment** guantera (*f.*), guantero (*m.*), portaguantes (*m.*)
go ir, 2
— **back** volver (o:ue), 6
— **fishing** ir de pesca
— **hunting** ir de caza
— **in** entrar, 9
— **on a tour** ir de excursión, 5
— **out** salir, 9
— **shopping** ir de compras, 12
— **straight ahead** seguir (e:i) derecho, 16
— **through** pasar por
— **to bed** acostarse (o:ue), 9
gold oro (*m.*)
good bueno(a), 4
— **afternoon** buenas tardes, PI
— **evening** buenas noches, PI
— **morning** buenos días, PI
good-bye adiós, PI; chau, 18
grade nota (*f.*), 17
— **point average** promedio (*m.*), 18
— **school** escuela elemental (primaria) (*f.*), 17
graduate graduarse, 17
granddaughter nieta (*f.*)
grandfather abuelo (*m.*), 3
grandmother abuela (*f.*), 3
grandson nieto (*m.*)
grapefruit toronja (*f.*), pomelo (*m.*) (*Spain*), 1
grapes uvas (*f. pl.*), 1
gray gris, 13
green verde, 12
greeting felicitación (*m.*), 20
guest invitado(a) (*m., f.*), 11
guide guía (*m.*)

H

hair pelo (*m.*), 9
— **dryer** secador (*m.*), 9
— **salon** peluquería (*f.*), 9
— **stylist** peluquero(a) (*m., f.*), 9
hairbrush cepillo (*m.*), 9
haircut corte de pelo (*m.*), 9
hairstyle peinado (*f.*), 9
half medio(a), 2; mitad (*f.*), 13
— **a bottle** media botella, 2
— **an hour** media hora, 12
hallway pasillo (*m.*), 16
ham jamón (*m.*)
hamburger hamburguesa (*f.*)
hand mano (*f.*), 18
— **lotion** crema para las manos (*f.*), 9
handbag bolso (*m.*), 5; maletín (*m.*), 7
handkerchief pañuelo (*m.*)

handsome guapo(a), 3
hang colgar (o:ue), 10
happen pasar, 18
happy contento(a), feliz
— **birthday** feliz cumpleaños, 20
hat sombrero (*m.*), 12
hate odiar, 8
have tener, 4
— **a cough** tener tos
— **a good time** pasarlo bien, 8, divertirse (e:ie)
— **a lot to do** tener mucho que hacer, 11
— **a nice trip!** ¡buen viaje!, 7
— **a seat.** Tome asiento., PI
— **breakfast** desayunar, 11
— **dinner (supper)** cenar, 2
— **fun** divertirse (e:ie), 11
— **heart trouble** sufrir del corazón
— **high blood pressure** tener la presión alta, 19
— **high cholesterol** tener el colesterol alto, 19
— **just (done something)** acabar de (+ *inf.*), 4
— **low blood pressure** tener la presión baja
— **lunch** almorzar (o:ue), 6
— **something to drink (eat)** tomar (comer) algo, 2
— **to (do something)** tener que (+ *inf.*), 4
head cabeza (*f.*), 8
headache dolor de cabeza (*m.*), 19
healer curandero(a) (*m., f.*)
health salud (*f.*), 2
healthiest más sano(a)
healthy sano(a)
heart corazón (*m.*), 17
— **attack** ataque al corazón (*m.*), infarto (*m.*), 19
heating calefacción (*f.*), 5
hello hola, PI, Bueno, PII
help ayudar, 10
here aquí, PII
— **is . . .** aquí tiene..., 4
— **is the menu** aquí está el menú, 2
hi hola, PI
hidden escondido(a)
high alto(a), 19
— **school** escuela secundaria (*f.*)
highway carretera (*f.*), 14
hike caminata (*f.*), 8
history historia (*f.*), 17
hit (oneself) golpear(se), 18
holiday día feriado (*m.*), 20
home hogar (*m.*)
homework tarea (*f.*), asignación (*f.*) (*Puerto Rico*), 17
hood (of a car) capó (*m.*), bonete (*m.*) (*Puerto Rico*), 14
hope esperar, 17
horse caballo (*m.*), 8
— **race** carrera de caballos (*f.*)
hospital hospital (*m.*), 18
— **gown** bata (*f.*), 17

ENGLISH-SPANISH VOCABULARY

hot dog perro caliente (*m.*)
hotel hotel (*m.*), 4
house casa (*f.*), 2
household chores quehaceres de la casa (*m. pl.*), trabajos de la casa (*m. pl.*), 10
housework quehaceres de la casa (*m. pl.*), trabajos de la casa (*m. pl.*), 10
how cómo, PI
— **are you?** ¿Cómo está Ud.?, PI
— **can I serve you?** ¿en qué puedo servirle?, 4
— **do you get to...?** ¿cómo se llega a ...?, 16
— **long?** ¿cuánto tiempo?, 5
— **many?** ¿cuántos(as)?, PII
— **much?** ¿cuánto?, 4
— **nice!** ¡qué amable!, 12
how's it going? ¿qué tal?, PI
however sin embargo
hunt cazar, 8
hurt doler (o:ue), 8
husband esposo (*m.*), marido (*m.*), 2
hybrid híbrido(a), 14

I

I like me gusta, 2
I hope... ojalá..., 17
I'll be right back en seguida regreso, 2
I'll call later. Llamo más tarde., PII
I'll say! ¡Ya lo creo!, 6
I'll see you around. Hasta la vista., PI
I'll see you later. Hasta luego., PI
I'm sorry. Lo siento., PII
ice cream helado (*m.*), nieve (*f.*) (*Méx.*), mantecado (*m.*) (*Puerto Rico*), 1
iced tea té frío (helado) (*m.*), 1
idea idea (*f.*), 8
if si, 5
improve mejorar(se)
in en, a
— **a hurry** apurado(a), 20
— **advance** por adelantado, 5
— **full (not on installments)** al contado
— **order to** para, 8
— **that case** entonces, 6
— **the end** al final
in-law pariente político (*m.*)
inexpensive barato(a), 4
infection infección (*f.*), 19
influenza gripe (*f.*), 19
information información (*f.*), 7
injection inyección (*f.*), 18
inner ear oído (*m.*), 18
instead of en vez de
insurance seguro (*m.*), aseguranza (*f.*) (*Méx.*), 15
insured asegurado(a), 15
intelligent inteligente, 3
intend pensar (e:ie), 5
interesting interesante, 8
interior interior, 6
international internacional, 17
Internet Internet (*f.*), 4

iron planchar, 10
Is . . . (name) there? ¿Está... + (*name*)?, PII
It's a pity. Es (una) lástima., 17
It's a pleasure to meet you. Mucho gusto., PI
it's true es verdad, 6
it's unlikely es difícil, 17
Italian italiano(a)
item artículo (*m.*), 12

J

jack gato (*m.*), 14
jacket, sports jacket chaqueta (*f.*), 12
jam mermelada (*f.*)
jewelry joyas (*f. pl.*)
— **store** joyería (*f.*), 13
juice jugo (*m.*), zumo (*m.*) (*Spain*), 1

K

key llave (*f.*), 4
kilometer kilómetro (*m.*), 15
kind amable, 12; clase (*f.*)
kitchen cocina (*f.*), 4
knee rodilla (*f.*), 18
knife cuchillo (*m.*), 1
know (*a fact*) saber, 7

L

lack hacer falta, 8
lady señora, PI
lake lago (*m.*), 8
lamb cordero (*m.*), 2
land (*a plane*) aterrizar, 16
large grande, 12
last último(a), 7; pasado(a), 17; durar
— **night** anoche, 11
late tarde, 6
later más tarde, 1; después, 2
laugh reír(se) (e:i), 12
learn aprender, 11
least healthy menos sano(a)
leather cuero (*m.*), 13
leave ir(se), salir, 9
— **(behind)** dejar, 1
lecture conferencia (*f.*), 3
leg pierna (*f.*), 18
lend prestar, 8
lentils lentejas (*f. pl.*)
less menos, 7
let's go vamos, 5
let's see a ver, 11
letter carta (*f.*), 20
lettuce lechuga (*f.*)
library biblioteca (*f.*), 18
license licencia (*f.*)
— **plate** chapa (*f.*), matrícula (*f.*), placa (*f.*), 14
life vida (*f.*)
lift levantar, 14
light luz (*f.*), 14

like gustar, 8
line cola (*f.*), fila (*f.*), 16
lipstick lápiz de labios (*m.*), pintalabios (*m.*) (*Spain*)
liquid líquido (*m.*), 19
list lista (*f.*), 2
listen! ¡oye!, 3
literature literatura (*f.*), 17
live vivir, 3
living room sala (*f.*), 3
loaded (with) cargado(a) (de), 13
lobby vestíbulo (*m.*), 6
lobster langosta (*f.*), 2
long hair pelo largo (*m.*), 9
look mirar, 8; verse, 9
— **at oneself in the mirror** mirarse en el espejo, 9
— **for** buscar, 12
lose perder (e:ie), 5
— **consciousness** desmayarse, perder el conocimiento, 17
love amor (*m.*), 2, amar
lower berth litera baja (*f.*), 16
luck suerte (*f.*), 17
luggage equipaje (*m.*), 5
lunch almuerzo (*m.*), 5
lyric letra (*f.*), 4

M

madam señora, PI
magazine revista (*f.*), 5
magnificent magnífico(a), 8
mail correo (*m.*); echar al correo, 20
mailbox buzón (*m.*), 20; (*in an office*) casillero (*m.*), 20
major especialización (*f.*), 17
make hacer, 8
— **a reservation** hacer una reservación
— **a stopover** hacer escala
— **the bed** hacer la cama, 10
makeup maquillaje (*m.*), 9
manager gerente (*m., f.*), 4
manicure manicura (*f.*), 9
many muchos(as), 3
margarine margarina (*f.*)
marina club club náutico (*m.*), PII
marked down rebajado(a)
marmalade mermelada (*f.*)
mashed potatoes puré de papas (*m.*), 1
match hacer juego (con), combinar (con), 13
mathematics matemáticas (*f. pl.*), 17
mattress colchón (*m.*), 6
May I help you? ¿En qué puedo servirle?, 4
meal comida (*f.*), 5
means medios (*m. pl.*)
meanwhile mientras tanto
measles sarampión (*m.*), 19
measure medir (e:i)
meat carne (*f.*)
— **market** carnicería (*f.*)
meatball albóndiga (*f.*)

mechanic mecánico(a) (*m., f.*), 14
medical doctor, M.D. médico(a) (*m., f.*), 18
　— **test** análisis (*m.*)
medicine medicina (*f.*), 19
medicine cabinet botiquín (*m.*), 9
medium mediano(a), 12
　— **height** estatura mediana, 3
　— **rare** término medio
meet (*for the first time*) conocer, 13, encontrarse con (o:ue), 9
meeting reunión (*f.*), 9
melon melón (*m.*), 1
member socio(a) (*m., f.*), 14; miembro (*m.*)
memorize memorizar, 2
men's clothing artículos para caballeros (*m.*), 12
mention mencionar
menu menú (*m.*), 1
message mensaje (*m.*), PII
Mexican mexicano(a)
midnight Mass misa de gallo (*f.*)
midterm exam examen parcial (*m.*), examen de mitad de curso, 17
midwife partera (*f.*)
mile milla (*f.*)
milk leche (*f.*)
mind mente (*f.*)
mine mío(a), 9
mineral water agua mineral (*f.*), 1
minute minuto (*m.*), 1
mirror espejo (*m.*), 9
Miss señorita, PI
miss perder (e:ie)
　— **the train (plane, bus)** perder el tren (avión, autobús)
mixed mixto(a), 1
moment momento (*m.*), 8
monastery monasterio (*m.*)
Monday lunes
money dinero (*m.*), 2
　— **order** giro postal (*m.*), 20
monkey mono(a) (*m., f.*)
month mes (*m.*), 7
monthly mensual, por mes
monument monumento (*m.*)
moon luna (*f.*), 8
mop trapear, 70
more más
morning mañana (*f.*), 10
mosque mezquita (*f.*)
most más
mother madre (*m.*), mamá (*f.*), 3
　— **-in-law** suegra (*f.*)
motor motor (*m.*), 14
　— **scooter** motoneta (*f.*)
mountain montaña (*f.*), 8
　— **climbing** alpinismo (*m.*)
mouth boca (*f.*), 17
mouthwash enjuague bucal (*m.*), 9
movie theater cine (*m.*), 3
mow the lawn cortar el césped, 10
Mr. señor, PI
Mrs. señora, PI
much mucho, PI
mumps paperas (*f. pl.*), 19
museum museo (*m.*), 6
mushrooms champiñones (*m. pl.*), hongos (*m. pl.*), 10
musical musical, 9
must deber, 4
mustache bigote (*m.*), 9
my love mi amor, 2

N

nail polish esmalte para las uñas (*m.*), pintura de uñas (*f.*) (*Puerto Rico*)
　— **remover** acetona (*f.*), quitaesmalte (*m.*), 9
name nombre (*m.*)
napkin servilleta (*f.*), 11
narrow estrecho(a)
　— **bridge** puente angosto, 15
nausea náusea (*f.*), 19
navigate the Web navegar la red
near cerca (de), 6; junto a, 8
necessary necesario(a), 18
neck cuello (*m.*), 17
necklace collar (*m.*), 13
need necesitar, 4; hacer(le) falta (a uno), 8
nephew sobrino (*m.*)
never nunca, 6
new nuevo(a), 12
newspaper diario (*m.*), periódico (*m.*), 5
next próximo(a), 5; que viene, 17
　— **to** junto a, 8
nice amable, 12
nickname sobrenombre (*m.*)
niece sobrina (*f.*)
night noche (*f.*), 4
　— **club** club nocturno (*m.*), 6
nightgown bata de dormir (*f.*), camisón (*m.*), 13
nightstand mesita de noche (*f.*)
no no, PI
　— **parking** prohibido estacionar, 15
　— **smoking** no fumar, 7
nobody nadie, 19
noise ruido (*m.*)
non-smoking section sección de no fumar (*f.*)
noodles fideos (*m. pl.*), tallarines, (*m. pl.*)
noon mediodía (*m.*), 4
north norte (*m.*), 16
North American (from the U.S.) norteamericano(a), 3
nose nariz (*f.*), 18
not no, PI
note nota (*f.*)
nothing nada, 10
noun nombre (*m.*)
now ahora, 3; ya, 6
number número (*m.*), 16
nurse enfermero(a) (*m., f.*), 18

O

oculist oculista (*m., f.*)
of de, 1
office oficina (*f.*), 9
often a menudo
oil aceite (*m.*), 10
okay bueno, 12
on a, sobre
　— **installments** a plazos, 15
　— **the telephone** por teléfono, PII
　— **time** a tiempo, 16
　— **vacation** de vacaciones, 5
one moment un momento, PII
one way (*ticket*) de ida, 7; (*street*) una vía, 15
onion cebolla (*f.*), 10
only solamente, sólo, 5
open abrir, 2; abierto(a)
operate operar, 19
operation operación (*f.*), cirugía (*f.*), 19
or o, 1
orange naranja (*f.*), china (*f.*) (*Puerto Rico*), 1
order pedir (e:i), 2; pedido (*m.*), 2
orthopedist ortopédico(a) (*m., f.*)
other otro(a), 4
outdoor activity actividad al aire libre (*f.*), 8
outdoor cafe café al aire libre, 9
oven horno (*m.*)
overcoat abrigo (*m.*), 12
owner dueño(a) (*m., f.*), 5

P

package paquete (*m.*), 13
paddle remar
pain dolor (*m.*), 17
pair par (*m.*), 13
pajamas pijama (*m.*), 13
palace palacio (*m.*)
pancake panqueque (*m.*)
pants pantalón (*m.*), pantalones (*m. pl.*), 12
pantyhose pantimedias (*f. pl.*), 13
paper papel (*m.*), 11
　— **plate** plato de cartón (*m.*), 11
parents padres (*m. pl.*)
park aparcar, estacionar, parquear; parque (*m.*)
parking estacionamiento (*m.*)
　— **lot** zona de estacionamiento (*f.*)
party fiesta (*f.*), 3
pass (an exam) aprobar (o:ue), 18
passenger pasajero(a) (*m., f.*), 7
passport pasaporte (*m.*), 7
pay pagar, 1
　— **bills** pagar cuentas
payment pago (*m.*), 15
peach durazno (*m.*), melocotón (*m.*), 1
pear pera (*f.*), 1
peas arvejas (*f. pl.*), guisantes (*m. pl.*), 5
pedestrian crossing paso de peatones (*m.*), 15
peel pelar, 11
people gente (*f.*), 20
pepper pimienta (*f.*)
per por
　— **day** por día, 15
　— **night** por noche, 4
　— **week** por semana, 15

percent por ciento (*m.*), 16
perfect perfecto(a), 8
perfume perfume (*m.*), 9
perhaps quizá(s), 3
permanent wave permanente (*f.*), 9
person persona (*f.*), 4
personal personal, 5
personal check cheque personal, 5
pharmacy farmacia (*f.*), 6
phone teléfono (*m.*), PII; llamar por teléfono, 15
photocopier fotocopiadora (*f.*), 20
photocopy fotocopia (*f.*), 20; fotocopiar, hacer fotocopias, 20
physical físico(a),
— **education** educación física (*f.*), 17
physics física (*f.*), 17
pick up buscar, 6; recoger
pickup truck camioneta (*f.*), 15
pie pastel (*m.*), 2
pill pastilla (*f.*), 16; píldora (*f.*), 19
pillow almohada (*f.*), 5
pillowcase funda (*f.*), 6
pineapple piña (*f.*), 1
pink rosado(a), 12
pitcher jarra (*f.*)
place lugar (*m.*), 6
— **of interest** lugar de interés (*m.*), 6
plan pensar (e:ie), 5; planear, 8
plane avión (*m.*), 7
plate plato (*m.*), 1
platform (railway) andén (*m.*), 16
play (*a game*) jugar (u:ue), (*a sport*) practicar, 8; obra (*f.*)
player jugador(a) (*m.*, *f.*)
please por favor, PI; favor de (+ *inf.*), 7
pneumonia pulmonía (*f.*), 19
poem poema (*m.*)
polio poliomielitis (*f.*)
pork chop chuleta de cerdo (*f.*), 2
post office correo (*m.*), oficina de correos (*f.*), 20
— **box** apartado postal (*m.*), casilla de correos (*f.*), 20
— **window** ventanilla, 20
postage stamp estampilla (*f.*), sello (*m.*), 20
postcard tarjeta postal (*f.*), 20
pot olla (*f.*), 11
potato papa (*f.*), patata (*f.*) (*Spain*), 1
— **chips** papitas (*f. pl.*)
pound libra (*f.*), 19
practice practicar
precious stones brillantería (*f.*)
prefer preferir (e:ie), 6
pregnant embarazada, 19
prepare preparar, 10
prescribe recetar, 19
present regalo (*m.*), 12
pretty bonito(a), 3
prevent prevenir
price precio (*m.*), 5
print letra de molde (*f.*), 20
private privado(a), 4; propio(a)
probably probablemente, 6
problem problema (*m.*), 14

professor profesor(a) (*m.*, *f.*), PI
proprietor dueño(a) (*m.*, *f.*), 5
psychology psicología (*f.*)
pudding budín (*m.*), pudín (*m.*), 2
Puerto Rican puertorriqueño(a), 17
punch ponche (*m.*), 3
pure puro(a), 13
purse bolsa (*f.*), cartera (*f.*), 12
put poner, 10
— **in a cast** enyesar, 18
— **in stitches** dar (poner) puntos, 17
— **on** ponerse, 9

Q

quality calidad (*f.*), 13
quarter trimestre (*m.*)

R

race track hipódromo (*m.*)
racquet raqueta (*f.*), 8
radishes rabanitos (*m. pl.*)
railroad crossing ferrocarril (*m.*), 15
railway ferroviario(a)
rain llover (o:ue), 10; lluvia (*f.*)
raincoat impermeable (*m.*)
raise levantar, 14
ranch finca (*f.*), 8
rare medio crudo
rate tarifa (*f.*)
— **of exchange** cambio de moneda (*m.*), 7
razor máquina de afeitar (*f.*), 9
— **blade** navajita (*f.*), 13; hoja de afeitar (*f.*)
read leer, 2
ready listo(a), 13
ready-made hecho(a)
really de veras, 11
receipt recibo (*m.*), 15
recently recientemente
receptionist recepcionista (*m.*, *f.*), PII
recipe receta (*f.*), 11
recliner reclinadora (*f.*)
red rojo(a), 10
— **wine** vino tinto (*m.*), 1
refrigerator heladera (*f.*), nevera (*f.*), refrigerador (*m.*), 10
register registro (*m.*), 4; matricularse, 17
registered certificado(a), 20
relative pariente (*m.*, *f.*)
remember recordar (o:ue), 6
rent alquilar, 8
repair shop taller de mecánica (*m.*), 14
report informe (*m.*), 17
requirement requisito (*m.*), 17
reservation reservación (*f.*), 4
reserve reservar, 7
restaurant restaurante (*m.*), 1
return (*to a place*) regresar, 2; volver (o:ue), 6; (*something*) devolver (o:ue), 20, entregar
rice arroz (*m.*)
— **pudding** arroz con leche (*m.*)

ride a bicycle montar en bicicleta
ride horseback andar a caballo, montar a caballo, 8
riddle adivinanza (*f.*)
right? ¿verdad?, 5
— **away** en seguida, 2
— **here** aquí mismo, 18
— **now** ahora mismo
ring anillo (*m.*), sortija (*f.*), 13; sonar (o:ue)
road camino (*m.*)
roast asar, 11
roasted asado(a), 2
room cuarto (*m.*), habitación (*f.*), 4
— **service** servicio de cuarto (*m.*), servicio de habitación (*m.*)
round-trip de ida y vuelta, 7
row remar
rubella rubéola (*f.*)
rum cake torta al ron (*f.*), 2
run correr, 4
— **errands** hacer diligencias, 9

S

sad triste
safe deposit box caja de seguridad (*f.*), 20
sail boat barco de vela (*m.*)
salad ensalada (*f.*), 1
sale liquidación (*f.*), venta (*f.*), 12; rebaja (*f.*)
salt sal (*f.*)
same mismo(a)
sandals sandalias (*f. pl.*), 13
Saturday sábado (*m.*)
sauce salsa (*f.*), 2
saucepan cacerola (*f.*), 11
sausage chorizo (*m.*), salchicha (*f.*), 5
save ahorrar
savings account cuenta de ahorros (*f.*), 15
say decir (e:i), 7
— **hello to . . .** saludos a, PI
saying dicho (*m.*)
scale balanza (*f.*), 19
scarf bufanda (*f.*), 12
scarlet fever escarlatina (*f.*)
scholarship beca (*f.*), 18
school escuela (*f.*)
scissors tijeras (*f.*), 9
scrambled egg huevo revuelto (*m.*), 11
scrub fregar (e:ie), 11
season estación (*f.*)
seat asiento (*m.*), 7
second segundo(a), 5
see ver, 8
sell vender, 13
semester semestre (*m.*), 17
send mandar, 6; enviar, 20
sense sentido (*m.*)
serious grave
serve servir (e:i), 5
service servicio (*m.*)
— **station** estación de servicio (*f.*), gasolinera (*f.*), 14
set the table poner la mesa, 11
several varios(as), 9

Shall we dance? ¿Bailamos?, 3
shampoo champú (*m.*), lavado (*m.*), 9
shave (oneself) afeitar(se), 9
sheet sábana (*f.*), 6
shellfish mariscos (*m. pl.*), 2
shirt camisa (*f.*), 12
shoe zapato (*m.*), 13
— **store** zapatería (*f.*), 13
shop window vidriera (*f.*), vitrina (*f.*), 12
short (*height*) bajo(a), 3
— **hair** pelo corto, 9
shot inyección (*f.*), 18
should deber, 4
show enseñar, mostrar (o:ue), 8; función (*f.*), 9
shower ducha (*f.*), 4
shrimp camarón (*m.*), gamba (*f.*) (*Spain*), 2
sickness enfermedad (*f.*)
sign firmar, 5; letrero (*m.*)
silk seda (*f.*)
silver plata (*f.*)
silverware cubiertos (*m. pl.*), 11
since como, 10; ya que, 12; desde, 19
sing cantar, 3
single bed cama chica (*f.*), 4
sink fregadero (*m.*), pileta (*f.*), 11
sir señor, PI
sister hermana (*f.*), 3
— **-in-law** cuñada (*f.*), 3
sit down sentar(se) (e:ie), 9
situation situación (*f.*)
size medida (*f.*), talla (*f.*), 12; tamaño (*m.*)
skate patinar, 8
skates patines (*m. pl.*), 8
ski esquiar, 8
skirt falda (*f.*), saya (*f.*) (*Cuba*), 12
sky cielo (*m.*), 10
sleep dormir (o:ue), 8
sleeping bag bolsa de dormir (*f.*), 8
sleeping car coche litera (*m.*), coche-cama (*m.*), 16
slippers pantuflas (*f. pl.*), zapatillas (*f. pl.*)
slogan lema (*m.*)
small chico(a), 4; pequeño(a)
smallpox viruela (*f.*)
smog contaminación del aire (*f.*)
smoke fumar, 7
sneakers zapatos de tenis (*m.*)
snow nevar (e:ie), 10; nieve (*f.*)
so de modo que, 20; así que
— **many** tantos(as), 6
soap jabón (*m.*), 5
soccer fútbol (*m.*)
sociology sociología (*f.*), 17
socks calcetines (*m. pl.*), medias (*f. pl.*), 13
soda refresco (*m.*)
sofa sofá (*m.*)
soft-boiled egg huevo pasado por agua (*m.*), 11
some algún, alguno(a), unos(as), algunos(as), 11, 6
somebody alguien, 18
someone alguien, 18
something algo, 10

sometimes a veces, 11
son hijo (*m.*)
— **-in-law** yerno (*m.*)
song canción (*f.*), 3
sooner antes, 12
soup sopa (*f.*), 1
south sur (*m.*), 16
spaghetti espaguetis (*m. pl.*), tallarines (*m. pl.*)
spare part pieza de repuesto (*f.*), 14
spare tire llanta de repuesto (*f.*), 14
speak hablar, 4
specialty especialidad (*f.*), 2
speed limit velocidad máxima (*f.*)
spend gastar, 15
spoon cuchara (*f.*), 1
sport deporte (*m.*), 8
stadium estadio (*m.*), 6
stairs escalera (*f.*), 13
stamp sello (*m.*), estampilla (*f.*), 20
standard shift (car) de cambios mecánicos, 15
star estrella (*f.*), 8
start empezar (e:ie), 5; (*a motor*) arrancar, 14
station estación (*f.*)
stay in bed (when one is sick) guardar cama
steak bistec (*m.*), 1
steam (food) cocinar al vapor, 11
steel acero (*m.*)
steering wheel volante (*m.*), guía (*m.*) (*Puerto Rico*), 14
stepbrother hermanastro (*m.*)
stepdaughter hijastra (*f.*)
stepfather padrastro (*m.*)
stepmother madrastra (*f.*)
stepsister hermanastra (*f.*)
stepson hijastro (*m.*)
stew guisado (*m.*), guiso (*m.*), 2
stick out one's tongue sacar la lengua, 19
stomach estómago (*m.*), 18
stop alto, 15; parar
store tienda (*f.*), 5
stove cocina (*f.*), estufa (*f.*)
straight hair pelo lacio (*m.*), 9
strawberries fresas (*f. pl.*), 1
streetcar tranvía (*m.*)
strong fuerte
student estudiante (*m., f.*), 3
study estudiar, 17
study partner compañero(a) de estudios (*m., f.*), 18
stuffed turkey pavo relleno (*m.*)
subject (academic) asignatura (*f.*), materia (*f.*), 18
subsidized subvencionado(a)
subway metro (*m.*), subterráneo (*m.*), 18
suffer sufrir
sugar azúcar (*m.*), 1
suggest sugerir (e:ie), 16
suit traje (*m.*), 12
suitcase maleta (*f.*), 4
summer verano (*m.*), 10
sunglasses anteojos de sol (*m. pl.*), gafas de sol (*f. pl.*) (*Spain*), 13

suntan lotion bronceador (*m.*)
supermarket supermercado (*m.*), 10
surprise sorpresa (*f.*), 16
supper cena (*f.*), 5
sure seguro(a), 6
surgeon cirujano(a) (*m., f.*), 17
surgery cirugía (*f.*), 19
sweater suéter (*m.*), 10
sweep barrer, 11
swim nadar, 8
swimming natación (*f.*)
— **pool** piscina (*f.*), alberca (*f.*) (*Méx.*), pileta de natación (*f.*) (*South America*), 4
symptom síntoma (*m.*), 19
syringe jeringuilla (*f.*)
syrup jarabe (*m.*), 19

T

T-shirt camiseta (*f.*), 13
table mesa (*f.*), PII
— **linens** mantelerías (*f., pl.*)
tablecloth mantel (*m.*)
tablespoonful cucharada (*f.*), 19
tailor sastre (*m.*)
take (*someone or something someplace*) llevar, 2; (*a class*) tomar, 17; (*a bus*) tomar, 16
— **charge** encargarse
— **a cruise** hacer un crucero, 10
— **a deep breath** respirar hondo, 19
— **a hike** hacer una caminata, 8
— **off** quitarse, 18; (*plane*) despegar, 16
— **out the garbage** sacar la basura, 11
— **turns** turnarse
talk conversar, 2; hablar, 4
tall alto(a), 3
tank tanque (*m.*), 14
tasty rico(a), sabroso(a), 2
taxi stand parada de taxis (*f.*), 16
tea té (*m.*), 1
teach enseñar, 11
teacher profesor(a) (*m., f.*), PI
team equipo (*m.*)
teaspoonful cucharadita (*f.*), 19
teeth dientes (*m. pl.*), 9
telephone teléfono (*m.*), PII; llamar por teléfono
television televisión (*f.*), tele (*f.*), 8
— **set** televisor (*m.*), 4
tell decir (e:i), 7
teller cajero(a) (*m., f.*), 20
temperature temperatura (*f.*), 19
tennis tenis (*m.*), 8
— **shoes** zapatos de tenis (*m. pl.*)
tent tienda de campaña (*f.*), 8
terrace terraza (*f.*), 10
tetanus shot inyección antitetánica (*f.*), 18
thank you gracias, PI
that eso, 8; que, 10
That's great! ¡Qué bien!, 13
that's why... por eso..., 12
The pleasure is mine. El gusto es mío., PI

ENGLISH-SPANISH VOCABULARY 347

theater teatro (*m.*)
then entonces, 6
there allí, 3
there are hay, PII
there is hay, PII
therefore pues
there's going to be va a haber, 11
thermometer termómetro (*m.*), 19
thin delgado(a), 3
thing cosa (*f.*), 9
think pensar (e:ie), 5; creer, 12
this este(a), 8
— **afternoon** esta tarde, 10
— **very day** hoy mismo, 7
— **way** por aquí, 2
throat garganta (*f.*)
through por, 10
throw up vomitar, 19
Thursday jueves
ticket (*for a trip*) pasaje (*m.*), billete (*m.*), 7; (*for an event*) entrada (*f.*), 9; boleto (*m.*), 16; (*fine*) multa (*f.*)
— **window** despacho de boletos (*m.*), ventanilla (*f.*), 16
tie corbata (*f.*), 12
tight estrecho(a)
tile azulejo (*m.*)
time tiempo (*m.*), 5; (*as equivalent of occasion*) vez (*f.*), 10
tire goma (*f.*), llanta (*f.*), neumático (*m.*), 14
tired cansado(a), 3
to para, 16; a
— **the left** a la izquierda, 12
— **the right** a la derecha, 12
toast brindis (*m.*), 2, brindar, 2; pan tostado (*m.*), 5; tostada (*f.*), 11
toaster tostadora (*f.*), 11
today hoy, PI; hoy mismo, 7
toe dedo del pie (*m.*), 18
together juntos(as), 17
toiletries artículos de tocador (*m. pl.*)
tomato tomate (*m.*), 1
tomorrow mañana, 3
tongue lengua (*f.*), 18
tongue-twister trabalenguas (*m.*)
tonight esta noche, 6
too también, 2
toothbrush cepillo de dientes (*m.*)
toothpaste pasta de dientes (*f.*), pasta dentífrica (*f.*), 9
tossed (salad) mixto(a), 1
tourist turista (*m., f.*), 7
— **class** clase turista (*f.*), 7
tow remolcar, 14
— **truck** grúa (*f.*), remolcador (*m.*), 14
towel toalla (*f.*), 5
tower torre (*f.*)
town pueblo (*m.*)
traffic sign señal de tráfico (*f.*), 15
train tren (*m.*), 16
— **schedule** horario (itinerario) de trenes (*m.*), 16
— **station** estación de trenes (*f.*), 16

transfer transbordar, 16
travel viajar, 7
— **agency** agencia de viajes (*f.*), 7
traveler viajero(a) (*m., f.*), 7
traveler's check cheque de viajero (*m.*), 1
trip viaje (*m.*), 7
trousers pantalón (*m.*), pantalones (*m. pl.*), 12
trout trucha (*f.*)
truck camión (*m.*), 15
trunk (of a car) maletero (*m.*), baúl (*m.*) (*Puerto Rico*), cajuela (*f.*) (*Méx.*), 14
try (to) tratar (de), 8
try on probarse (o:ue), 12
Tuesday martes (*m.*)
tuition matrícula (*f.*), 17
tuna atún (*m.*), 5
tuning afinamiento (*m.*)
turkey pavo (*m.*)
turn doblar, girar, 16
tuxedo esmoquin (*m.*)
TV televisión (*f.*), tele (*f.*), 8
— **set** televisor (*m.*), 4
two-door car coche de dos puertas (*m.*), 15
type tipo (*m.*)

U

umbrella paraguas (*m.*)
uncle tío (*m.*)
uncomfortable incómodo(a), 6
under debajo de, 11
undershirt camiseta (*f.*), 13
undershorts (men's) calzoncillo (*m.*), 13
understand entender (e:ie), 15
underwear ropa interior (*f.*), 13
unfortunately desgraciadamente, por desgracia, 18
university universidad (*f.*), 17
unleaded sin plomo
until hasta, 8; hasta que, 19
upper berth litera alta (*f.*), 16
use usar, 6; gastar, 15; uso (*m.*)

V

vacate desocupar, 4
vacation vacaciones (*f. pl.*), 8
vaccination vacuna (*f.*), 19
vacuum pasar la aspiradora, 10
— **cleaner** aspiradora (*f.*), 10
valid válido(a)
van camioneta (*f.*), 15
vanilla ice cream helado de vainilla (*m.*), 1
vegetable market verdulería (*f.*)
vegetable soup sopa de verduras (*f.*), 17
vegetables vegetales (*m. pl.*), verduras (*f.*), 1
verb verbo (*m.*)

vermouth vermut (*m.*), 2
very muy, PI
— **well** muy bien, PI
vest chaleco (*m.*), 12
vinegar vinagre (*m.*)
visa visa (*f.*), visado (*m.*) (*Spain*), 7
visit visitar, 6
vocabulary vocabulario (*m.*)
vomit vomitar, 19

W

wait (for) esperar, 4
— **in line** hacer cola (fila), 16
— **on** atender (e:ie), 9
waiter camarero (*m.*), mesero (*m.*), mozo (*m.*), 1
waiting room sala de espera (*f.*), 18
waitress camarera (*f.*), mesera (*f.*), 1
walk caminar, 16
wallet billetera (*f.*), 9
want desear, 1; querer (e:ie), 5
wash lavado (*m.*), 9; (*oneself*) lavar(se), 9; (*dishes*) fregar (e:ie), 10
washing machine lavadora (*f.*), 10
water agua (*f.*), 1
— **pump** bomba de agua (*f.*), 14
— **skiing** esquí acuático (*m.*)
watermelon sandía (*f.*), melón de agua (*m.*) (*Cuba*), 1
we'll see you nos vemos, 17
weak débil, 19
wear llevar, usar, 12
— **a certain shoe size** calzar, 13
weather tiempo (*m.*)
wedding anniversary aniversario de bodas (*m.*), 2
week semana (*f.*), 5
weigh pesar, 19
weight peso (*m.*), 19
well bien, PI; bueno, 5
— **done** bien cocido
west oeste (*m.*), 16
what? ¿qué?, 1; ¿cuál?, 13
— **do you think of . . . ?** ¿Qué te parece... ?, 8
— **else?** ¿qué más?
— **for?** ¿para qué?
— **is . . . like?** ¿Qué tal es... ?, 6
— **size shoe do you wear?** ¿Qué número calza?, 13
What's new? ¿Qué hay de nuevo?, PI
What's the date today? ¿Qué fecha es hoy?, PI
What's the exchange rate? ¿A cómo está el cambio de moneda?, 7
wheelchair silla de ruedas (*f.*), 17
when cuando, 2
when? ¿cuándo?, 7
where? ¿dónde?, 4
— **from?** ¿de dónde?, PII
— **to?** ¿adónde?, 5
whether si, 5
which? ¿cuál?, 13
while rato (*m.*) 2; mientras, 4

white blanco(a), 1
   — **wine** vino blanco (*m.*), 2
who ¿quién?, 3; que, 10
Who's speaking? ¿De parte de quién?, PII
whom? ¿quién?, 3
whooping cough tos ferina (*f.*)
why ¿por qué?, 4
wide ancho(a), 12
wife esposa (*f.*), mujer (*f.*), 2
window ventana (*f.*), 10; (*of a car*) ventanilla (*f.*), 14
   — **seat** asiento de ventanilla (*f.*), 7
windshield parabrisas (*m. sing.*), 14
   — **wiper** limpiaparabrisas (*m. sing.*), 14
wine vino (*m.*), 1
   — **glass** copa (*f.*), 1
winter invierno (*m.*), 16
wish querer (*e:ie*), 5
with con, 1
   — **me** conmigo, 7
   — **you** (*fam.*) contigo, 6

without sin, 15
Wise Men Reyes Magos (*m. pl.*)
woman mujer (*f.*), 5
women's clothing artículos para señoras (*m. pl.*), 12
wool lana (*f.*), 13
word palabra (*f.*)
work funcionar, 6; trabajar, 10
worried preocupado(a), 12
worry preocuparse, 18
wound herida (*f.*), 18
wrist muñeca (*f.*)
wristwatch reloj de pulsera (*m.*), 13
write something down anotar, 2

X

x-ray radiografía (*f.*), 18
   — **room** sala de rayos X (*f.*), 18

Y

yacht club club náutico (*m.*), PII
yearly anual, 15
yes sí, 1
yesterday ayer, 19
yield ceda el paso, 15
you like te gusta, 2
young joven
   — **lady** señorita, PI
   — **man** chico (*m.*), muchacho (*m.*), 3
   — **people** gente joven (*f.*)
   — **woman** chica (*f.*), muchacha (*f.*), 3
yours tuyo(a), 9

Z

zoo zoológico (*m.*)

Hispanos en Estados Unidos

Estados con población hispana (U.S. Census 2000):

- WA 7,5% 441.509
- OR 8,0% 275.314
- CA 32,4% 10.966.556
- NV 19,7% 393.970
- ID 7,9% 101.690
- MT 2,0% 18.081
- WY 6,4% 31.669
- UT 9,0% 201.559
- AZ 25,3% 1.295.617
- CO 17,1% 735.601
- NM 42,1% 765.386
- ND 1,2% 7.786
- SD 1,4% 10.903
- NE 5,5% 94.425
- KS 7,0% 188.252
- OK 5,2% 179.304
- TX 32,0% 6.669.666
- MN 2,9% 143.382
- IA 2,8% 82.473
- MO 2,1% 118.592
- AR 3,2% 86.866
- LA 2,4% 107.738
- WI 3,6% 192.921
- IL 12,3% 1.530.262
- MS 1,4% 39.569
- MI 3,3% 323.877
- IN 3,5% 214.536
- TN 2,2% 123.838
- AL 1,7% 75.830
- GA 5,3% 435.227
- FL 16,8% 2.682.715
- OH 1,9% 217.123
- KY 1,5% 59.939
- WV 0,7% 12.279
- VA 4,7% 329.540
- NC 4,7% 378.963
- SC 2,4% 95.076
- DC 7,9% 44.953
- PA 3,2% 394.088
- NY 15,1% 2.867.583
- VT 0,9% 5.504
- NH 1,7% 20.489
- ME 0,7% 9.360
- MA 6,8% 428.729
- RI 8,7% 90.820
- CT 9,4% 320.323
- NJ 13,3% 1.117.191
- DE 4,8% 37.277
- MD 4,3% 227.916
- HI 7,2% 87.699
- AK 4,1% 25.852

Leyenda:
- Estados que tienen menos de 2% de población hispana
- Estados que tienen 2–5% de población hispana
- Estados que tienen 5,1–15,1% de población hispana
- Estados que tienen más de 15,1% de población hispana

Nota: El porcentaje es por estado. Así, para la Florida el 16,8% (2.682.715 personas) de la población estatal es hispana.

Hispanos en total: 12,5% (35,3 millones) de la población total de Estados Unidos.

Fuente: U.S. Census 2000

América del Sur